A CIDADANIA INEXISTENTE

Edvaldo Moita (org.)

A CIDADANIA INEXISTENTE

TEXTOS ESCOLHIDOS DE MARCELO NEVES

VOLUME I

wmf martinsfontes

1ª edição 2022

Acompanhamento editorial *Célia Camargo*
Preparação de texto *Célia Camargo*
Revisões *Sandra Regina de Souza e Beatriz de Freitas Moreira*
Edição de arte e capa *Gisleine Scandiuzzi*
Produção gráfica *Geraldo Alves*
Paginação *Renato Carbone*

Dados Internacionais de Catalogação na Publicação (CIP)
(Câmara Brasileira do Livro, SP, Brasil)

A cidadania inexistente : textos escolhidos de Marcelo Neves : volume 1 / Edvaldo Moita (org.). – 1ª ed. – São Paulo : Editora WMF Martins Fontes, 2022.

Bibliografia
ISBN 978-85-469-0412-9

1. Artigos – Coletâneas 2. Cidadania 3. Direito constitucional – Aspectos sociais 4. Direitos fundamentais 5. Estado de direito 6. Jurisdição 7. Sistema jurídico I. Moita, Edvaldo.

22-128073 CDU-34

Índice para catálogo sistemático:
1. Cidadania : Sistema jurídico : Direito 34

Cibele Maria Dias – Bibliotecária – CRB-8/9427

Todos os direitos desta edição reservados à
Editora WMF Martins Fontes Ltda.
Rua Prof. Laerte Ramos de Carvalho, 133 01325.030 São Paulo SP Brasil
Tel. (11) 3293.8150 e-mail: info@wmfmartinsfontes.com.br
http://www.wmfmartinsfontes.com.br

SUMÁRIO

APRESENTAÇÃO DA COLETÂNEA E NOTAS DO ORGANIZADOR

Esta coletânea é parte de uma iniciativa maior que visa reunir as obras do Professor Marcelo Neves para facilitar ao público brasileiro seu acesso. Já faz algum tempo que o Professor Marcelo havia sentido a necessidade de organizar de forma mais concatenada sua produção, que se estende por mais de quatro décadas. No total, incluindo traduções, são 22 livros, 104 artigos e inúmeros outros textos, que vão desde resenhas de livros, prefácios, artigos de opinião, entrevistas, verbetes em enciclopédias até pareceres técnicos sobre controvérsias jurídicas. Se for considerado que a maioria desses materiais é de produção individual, isto é, sem o recurso estratégico a coautorias de fachada para aumento quantitativo de publicações, tem-se então uma marca que pouquíssimos lograram na história do pensamento social e jurídico brasileiro.

Em meados de 2016, na tentativa de organizar esses materiais, o colega Francisco Sales e eu, na época pós-graduandos na Universidade de Brasília sob orientação do Professor Marcelo Neves, propusemos-lhe a criação de alguns perfis em redes acadêmicas digitais, não apenas para divulgar sua produção, mas também para fazer um arquivo geral dela e evitar que, com o tempo, viesse a se perder. Embora vários textos já pudessem ser obtidos *on-line*, havia um número considerável de publicações, principalmente as do início da década de 1990 e as publicadas em língua estrangeira, que, embora amplamente citadas, não estavam mais disponíveis para aquisição e dificilmente poderiam ser consultadas. O maior exemplo era a própria tese de doutorado do autor, a qual, publicada em 1992 apenas em alemão, só recebeu uma edição no vernáculo em 2018[1]. Em um esforço conjunto, iniciamos uma catalogação de todas as obras e, na medida do possível, fomos digitalizando e disponibilizando para o público. A esse intento, somou-se em 2017 Lucas Igor. E o resultado tem superado as expectativas: o número crescente de visualizações, citações, discussões, críticas e trabalhos que partem da obra do autor aponta claramente para a sua relevância no cenário brasileiro e internacional. O ápice desse movimento de divulgação talvez tenha se dado com a vitória de uma obra do Professor Marcelo Neves, por um número surpreendentemente expressivo de votos, em uma enquete organizada em 2020 pelo Professor Richard Albert (Universidade do Texas em Austin) sobre o livro mais importante do constitucionalismo moderno. Com a indicação espontânea feita pelo Professor Wilson Steinmetz, a edição espanhola do aclamado *A constitucionalização simbólica*[2] se manteve em primeiro lugar em todas as rodadas de votação.

---

[1] Em alemão: Marcelo Neves (1992). *Verfassung und Positivität des Rechts in der peripheren Moderne: Eine theoretische Betrachtung und eine Interpretation des Falls Brasilien*. Berlim: Duncker & Humblot. A edição brasileira, tal qual esta coleção, também foi fruto de uma parceria, hoje duradoura, com a WMF Martins Fontes, em: Marcelo Neves (2018). *Constituição e direito na modernidade periférica: uma abordagem teórica e uma interpretação do caso brasileiro*. Trad. de Antônio Luz Costa, revisão técnico-jurídica de Edvaldo Moita e colaboração de Agnes Macedo. São Paulo: WMF Martins Fontes.

[2] A edição brasileira mais recente é Marcelo Neves (2011). *A constitucionalização simbólica*. 3. ed. São Paulo: WMF Martins Fontes. A edição que concorreu na enquete foi Marcelo Neves (2015). *La constitucionalización simbólica*. Trad. esp. de Renzo Cavani. Lima: Palestra Editores. Uma edição inglesa foi publicada posteriormente à realização da enquete: Marcelo Neves (2021). *Symbolic Constitutionalization*. Trad. ingl. de Kevin Mundy. Oxford: Oxford University Press.

Esta coletânea dá um passo adiante e, assim, conduz esse projeto de organização e divulgação a outro nível, oferecendo fundamentalmente três contribuições.

A primeira contribuição consiste no trabalho minucioso de seleção dos textos mais importantes do autor, a fim de reuni-los em uma publicação consolidada, com o objetivo de facilitar para o público o conhecimento da integralidade da obra do autor para além dos livros. O resultado foi a divisão da coletânea em cinco volumes. Os quatro primeiros são de artigos publicados em revistas, anais de eventos e capítulos de livros. O último reúne os principais pareceres técnico-jurídicos confeccionados pelo autor, além de verbetes de enciclopédias especializadas, resenhas de livros, análises de conjuntura e entrevistas por ele concedidas.

A segunda contribuição reside no trabalho editorial empregado. Mais do que uma simples transposição de textos, tomei o cuidado de corrigir erros materiais (por exemplo, paginações equivocadas, lapsos de escrita, referências bibliográficas faltantes), atualizar a escrita para os padrões do novo acordo ortográfico da língua portuguesa, uniformizar traduções que se tornaram com o tempo consolidadas na literatura (o exemplo mais notório é a expressão "sistema/ambiente", que resolve uma certa ambiguidade encontrada em "sistema/meio ambiente") e, em um ou outro caso – sempre sob a supervisão do autor –, reestruturar trechos que haviam ficado truncados e que, por isso, dificultavam o entendimento. Nesse ponto, a assistência e as revisões prestadas pela equipe da WMF Martins Fontes foram fundamentais. Além disso, ao cotejar os arquivos originais do autor, quando foi possível recuperá-los, com os textos oficialmente publicados, notei ter havido em alguns casos modificações feitas pelos editores que, ao alterarem ênfases ou formas de citação, acabaram prejudicando a compreensão de alguns pontos. Procurei detectar essas modificações e desfazê-las. Por último, fiz ainda uma acareação dos textos que foram publicados em mais de uma língua e mapeei as alterações feitas posteriormente pelo próprio autor. Por vezes, foram pequenos acréscimos em notas de rodapé; por outras, linhas, parágrafos ou seções inteiras. Isso ocorreu mais frequentemente nos textos inicialmente publicados no começo da década de 1990 que ganharam nova edição no final da década ou no início dos anos 2000[3]. Com a concordância do autor, fiz as respectivas traduções e as integrei no texto aqui publicado. Assim, para esses casos, esta versão, além de estar textualmente mais polida, é a consolidação das diferentes edições do mesmo trabalho.

A terceira contribuição corresponde às traduções inéditas de trabalhos antes só disponíveis em línguas estrangeiras. São elas: os artigos "Do constitucionalismo ao transconstitucionalismo: além do constitucionalismo nacional, da unidade constitucio-

---

[3] Esse período foi extremamente marcante para a teoria dos sistemas em geral e para a sociologia do direito luhmanniana em específico. Em 1993, Luhmann lança a obra *O direito da sociedade* (*Das Recht der Gesellschaft.* Frankfurt am Main: Suhrkamp) e, em 1997, sua *magnus opum*, *A sociedade da sociedade* (*Die Gesellschaft der Gesellschaft.* Frankfurt am Main: Suhrkamp). É exatamente naquela que Luhmann passa a considerar seriamente as críticas de Neves sobre os problemas de diferenciação funcional na modernidade periférica. A última citação do livro (p. 584, nota 65, da edição alemã citada acima) é precisamente a tese de doutorado de Neves, a qual conduz Luhmann ao desfecho um tanto inesperado para uma obra que pretendia descrever o direito moderno: talvez este – nos próprios termos do autor alemão – não passasse de uma "anomalia europeia" (p. 586 da mesma edição). A partir de 1993, uma série de outros ensaios advieram, também enquadrando o tema na discussão sobre problemas de inclusão e exclusão, especialmente: Niklas Luhmann (1995). "Inklusion und Exklusion". *In*: N. Luhmann. *Soziologische Aufklärung 6: Die Soziologie und der Mensch*. Opladen: Westdeutscher Verlag, pp. 237-64; (1995). "Jenseits von Barbarei". *In*: N. Luhmann (org.). *Gesellschaftsstruktur und Semantik. Studien zur Wissenssoziologie der modernen Gesellschaft.* Frankfurt am Main: Suhrkamp, vol. 4, pp. 138-50 e 146 ss.; (1997). *Die Gesellschaft der Gesellschaft.* Frankfurt am Main: Suhrkamp, pp. 169 e 618-34. É nesse contexto que, em um tipo de diálogo acadêmico com a nova bibliografia luhmanniana, Neves procede às alterações a que me referi acima nas publicações posteriores para se posicionar.

nal cosmopolitana e do pluralismo constitucional fragmentado" (vol. II) e "Limites da autonomia do direito numa sociedade mundial assimétrica: de Luhmann a Kelsen" (vol. IV); os verbetes "Transconstitucionalismo", "Evolução", "Teoria dos sistemas" e "Sistema e mundo da vida" (vol. V); e a resenha "Teoria crítica e autopoiese jurídica: o caso do constitucionalismo social por Gunther Teubner" (vol. V). A missão de trazer para o vernáculo foi executada por Cristiano Moita, Francisco Sales e Lucas Igor. Para dividir a responsabilidade pelo trabalho, cuidei pessoalmente da revisão. Não desconsideramos as dificuldades e os desafios que a tradução profissional possui. Mas também não nos arrogamos esse papel. Foi minha familiaridade com as obras do autor, com boa parte dos referenciais teóricos envolvidos e com as línguas estrangeiras que me permitiu aceitar a tarefa com certa tranquilidade. Além disso, a disponibilidade do próprio Professor Marcelo Neves para atender às dúvidas foi fundamental para conferir segurança às escolhas tomadas.

Com isso, espero que todo o trabalho e a dedicação destinados à coletânea possam ser revertidos em facilitação de acesso e economia de tempo para o público interessado na obra do Professor Marcelo Neves. Aos leitores, bom proveito!

LISTA DE TEXTOS ESCOLHIDOS

Volume I

Capítulo 1: "Entre subintegração e sobreintegração: a cidadania inexistente". *Dados – Revista de Ciências Sociais* (Rio de Janeiro: Iuperj), 1994, vol. 37, nº 2, pp. 253-75.

Primeira publicação: *Revista Acadêmica da Faculdade de Direito do Recife* (Recife: UFPE), 1992, vol. LXXV, pp. 77-103.

Tradução alemã: "Zwischen Subintegration und Überintegration: Bürgerrechte nicht ernstgenommen". *Kritische Justiz* 32, 1999, nº 4, pp. 557-77.

Tradução francesa: "Entre sous-intégration et sur-intégration : la citoyenneté inexistante dans les pays de la modernité périphérique". *Droit et Société : Revue Internationale de Théorie du Droit et de Sociologie Juridique* 41 (Paris/Vaucresson: LGDJ/ CRIV), 1999, pp. 121-45.

Tradução inglesa: "Between Under-Integration and Over-Integration: Not Taking Citizenship Rights Seriously". *In*: J. Souza e V. Sinder (orgs.). *Imagining Brazil*. Lanham, Md: Lexington Books, 2005, pp. 61-90.

Capítulo 2: "Constitucionalização simbólica e desconstitucionalização fática: mudança simbólica da Constituição e permanência das estruturas reais de poder". *Revista de Informação Legislativa* (Brasília: Senado Federal), out.-dez. 1996, nº 132, pp. 321-30.

Primeira publicação: *Anuário dos Cursos de Pós-Graduação em Direito* (Recife: UFPE), 1995, nº 7, pp. 275-99.

Capítulo 3: "Aumento de complexidade nas condições de insuficiente diferenciação funcional: o paradoxo do desenvolvimento social da América Latina". *In*: G. Schwartz (org.). *Juridicização das esferas sociais e fragmentação do direito na sociedade contemporânea*. Porto Alegre: Livraria do Advogado, 2012, pp. 199-207.

Tradução alemã: "Komplexitätssteigerung unter mangelhafter funktionaler Differenzierung: Das Paradox der sozialen Entwicklung Lateinamerikas". *In*: P. Birle, M. Dewey e A. Mascareño (orgs.). *Durch Luhmanns Brille: Herausforderung an Politik und Recht in Lateinamerika und in der Weltgesellschaft*. Berlim: Springer VS, 2011, pp. 17-27.

Capítulo 4: "Justiça e diferença numa sociedade global complexa". *In*: J. Souza (org.). *Democracia hoje: novos desafios para a teoria democrática contemporânea*. Brasília: UnB, 2001, pp. 329-63.

Primeira publicação: *Anais da XVII Conferência Nacional dos Advogados do Brasil: Justiça: Realidade e Utopia* (Brasília: OAB), 2000, vol. II, pp. 1479-503.

Também em: *Revista do Instituto dos Advogados de Pernambuco*, 2000, nº 1, pp. 13-51.

Tradução espanhola: "Justicia y Diferencia en una Sociedad Global Compleja". *Doxa – Cuadernos de Filosofía del Derecho* 24, 2001, pp. 349-77.

Tradução alemã: "Gerechtigkeit und Differenz in einer komplexen Weltgesellschaft". *Archiv für Rechts- und Sozialphilosophie* 88 (Stuttgart: Franz Steiner), 2002, pp. 323-48.

Também em: H. Brunkhorst e S. Costa (orgs.). *Jenseits von Zentrum und Peripherie: Zur Verfassung der fragmentierten Weltgesellschaft*. Munique/Mering: Rainer Hammp, 2005, pp. 23-52.

Capítulo 5: "Do consenso ao dissenso: o Estado democrático de direito a partir e além de Habermas". *In*: J. Souza (org.). *Democracia hoje: novos desafios para a teoria democrática contemporânea*. Brasília: UnB, 2001, pp. 111-63.

Tradução inglesa: "From Consent to Dissent: The Democratic Constitutional State Beyond Habermas". *In*: C. Ungureanu, K. Günther e C. Joerges (orgs.). *Jürgen Habermas*. Adelshot: Ashgate, 2011, vol. 2, pp. 99-132.

Capítulo 6: "E se faltar o décimo segundo camelo? Do direito expropriador ao direito invadido". *In*: A.-J. Arnaud e D. Lopes Jr. (orgs.). *Niklas Luhmann: do sistema social à sociologia jurídica*. Rio de Janeiro: Lumen Juris, 2004, pp. 145-73.

Primeira publicação: "Et si le douzième chameau venait à manquer ? Du droit expropriateur au droit envahi". *Droit et Société : Revue Internationale de Théorie du Droit et de Sociologie Juridique* 47 (Paris/Vaucresson: LGDJ/CRIV), 2001, pp. 101-21.

Capítulo 7: "Da autopoiese à alopoiese do direito". *Revista Brasileira de Filosofia* (São Paulo: Instituto Brasileiro de Filosofia), abr.-jun. 1995, vol. XLII, nº 178, pp. 117-41.

Primeira publicação: *Anuário do Mestrado em Direito* (Recife: UFPE), 1992, nº 5, pp. 273-98.

Tradução espanhola: "De la autopoiesis a la alopoiesis del Derecho". *Doxa – Cuadernos de Filosofía del Derecho* 19, 1996, pp. 403-20.

Tradução inglesa: "From the Autopoiesis to the Allopoiesis of Law". *Journal of Law and Society* 28, jun. 2001, nº 2, pp. 242-64.

Tradução alemã: "Von der Autopoiesis zur Allopoiesis des Rechts". *Rechtstheorie* 34, nº 2, 2003, pp. 245-68.

CAPÍTULO 1

ENTRE SUBINTEGRAÇÃO E SOBREINTEGRAÇÃO: A CIDADANIA INEXISTENTE

O artigo aborda o problema da inexistência da cidadania no contexto de relações de subintegração e sobreintegração nos sistemas sociais, especialmente no sistema jurídico-político. O autor inicia com uma delimitação semântica do conceito de cidadania, analisando a evolução do seu conteúdo. A partir daí, caracteriza a conquista e ampliação da cidadania como processo de juridificação, estabelecendo a autonomia do sistema jurídico como condição da cidadania. Na segunda parte do trabalho, enfrenta-se a questão da desconexão entre as declarações constitucionais a respeito dos direitos de cidadania e a sua insuficiente concretização jurídico-política no Brasil. Vincula-se o problema às relações de subintegração e sobreintegração no sistema jurídico-constitucional ("subcidadania" *versus* "sobrecidadania"). O autor analisa essa questão mediante a concepção de desjuridificação no processo de concretização constitucional, enfatizando a falta de autonomia-identidade do campo jurídico. Também relaciona o problema à função predominantemente político-simbólica das declarações constitucionais de direitos fundamentais. Conclui associando-o à fragilidade do Estado e à carência de um espaço público de legalidade.

1.1 Introdução

A cidadania – entendida aqui não no sentido técnico-jurídico, mas como um mecanismo jurídico-político de inclusão social – tem sido um dos temas mais frequentes da retórica política e do discurso das ciências sociais no Brasil desde os anos 1980, ou seja, com o fim do autoritarismo militar (1964-1984). O discurso da cidadania remonta à luta contra a ditadura militar e suas políticas orientadas para a "exclusão social" de amplos setores da população e foi apoiado pela oposição democrática de modo a corresponder a uma constelação específica de valores e interesses. Mas após a promulgação da Constituição de 1988, a chamada "Constituição Cidadã", várias correntes políticas e de ciências sociais retomaram o discurso da cidadania. Nesse novo contexto, a expansão da discussão sobre os direitos de cidadania não implica nenhuma univocidade do termo. Pelo contrário, quanto mais se fala de "cidadania" ou "direitos de cidadania", tanto mais ambíguas se tornam as expressões. Parece que no Brasil a retórica dos direitos dos cidadãos estende-se e intensifica seus recursos estilísticos quanto menores forem as condições estruturais e conjunturais de sua realização. Por essa razão, "cidadania" (no sentido sociológico do debate anglo-americano sobre *citizenship* ou no sentido jurídico-político de um conjunto de direitos civis que permite a inclusão social de indivíduos e grupos) é acima de tudo um conceito-problema de política simbólica, mesmo quando a semântica da cidadania é incorporada ao texto constitucional através da declaração abrangente de direitos fundamentais, porque então se torna uma expressão de constitucionalização simbólica.

A seguir, procurarei, em primeiro lugar, delimitar semanticamente o sentido de "cidadania" e a sua evolução. Posteriormente, tratarei da construção e ampliação da cidadania enquanto processo de juridificação, analisando a questão da autonomia do sistema jurídico como condição de sua realização. Por fim, abordarei o tema central do presente artigo, a ausência da cidadania a partir das relações de subintegração e sobreintegração dos indivíduos, especialmente no sistema jurídico-constitucional, discutindo alguns aspectos específicos do problema.

1.2 Do conceito estrito à concepção ampla de cidadania

A noção de "direitos do cidadão", na semântica das revoluções burguesas modernas, tem um sentido estrito, apontando especificamente para o direito à participação na formação da "vontade" estatal. Assim é que se distinguiam os *droits de l'homme*, enquanto direitos individuais pré-estatais, dos *droits du citoyen*, que só seriam concebíveis a partir da construção do Estado como instituição política. A cidadania ficaria restrita aos "direitos políticos"[1].

Essa semântica estrita ultrapassou, porém, os modelos teóricos liberais, tendo sido adotada por Marx na "Questão judaica", onde ele vai distinguir dos *Menschenrechte* (direitos humanos), definidos "como os direitos do membro da sociedade burguesa, isto é, do homem egoísta", os direitos políticos, que implicam a participação no Estado como "comunidade política" (Marx, 1988, pp. 361 ss., espec. pp. 362 e 364). Os *droits de l'homme* eram vistos criticamente como resultantes da "desagregação do homem" (Marx, 1988, p. 357), enquanto os *droits du citoyen* como político-integrativos.

Tal concepção, que limita a cidadania ao direito à participação política, foi, mais recentemente, perdendo espaço na linguagem das ciências sociais, destacando-se a contribuição teórica de T. H. Marshall no sentido de sua maior abrangência semântica.

---

[1] Nessa perspectiva limitada, os direitos civis não estão devidamente incluídos no âmbito dos direitos (políticos) de cidadania; em primeiro lugar, eles constituem uma forma de direitos humanos preexistentes, organizados pelo Estado.

Nessa perspectiva, constata-se a ampliação evolutiva do conceito, incluindo os direitos civis, políticos e sociais, cujos períodos de formação teriam transcorrido, respectivamente, nos séculos XVIII, XIX e XX (Marshall, 1976, pp. 71 ss.)[2]. A igualdade inerente à cidadania só seria alcançada, então, caso se estendesse simultaneamente à liberdade (civil), à participação (política) e às necessidades (sociais). E é nesse sentido abrangente que ela entraria em "guerra", no século XX, com o sistema de classes capitalista, fundado na desigualdade (Marshall, 1976, p. 84).

Mas a cidadania, orientada pelo princípio da igualdade, não esgota o seu ciclo evolutivo nas três fases estudadas por Marshall, nas quais se conquistaram e ampliaram direitos cuja titularidade, em última análise, era individual. Os direitos políticos clássicos afirmavam a liberdade do *indivíduo* de participar politicamente no exercício do poder, inclusive de associar-se e reunir-se com outros *indivíduos* para esse fim. E mesmo os direitos sociais, enquanto *droits-créances* em contraposição aos *droits-libertés* (Ferry e Renaut, 1992, pp. 26-32), referem-se à exigência de uma prestação do Estado em relação ao indivíduo. Nas últimas décadas, a cidadania tem-se desenvolvido no sentido da conquista e ampliação dos direitos referentes a interesses coletivos e difusos, os chamados direitos de "terceira geração" (Lafer, 1988, pp. 131 ss.)[3]. É verdade que

---

[2] Acompanhando-o, ver Bendix (1969, pp. 92 ss.). Embora se possa criticar a formulação linear encontrada no modelo de Marshall dos momentos de emergência dos direitos civis, políticos e sociais, enfatizando a luta política e os movimentos sociais na conquista e ampliação da cidadania (Habermas, 1992, p. 103; Giddens, 1982, pp. 171-3 e 176; Barbalet, 1988; Held, 1989; Zolo, 1993), não se pode negar a importância dessa classificação tricotômica para uma melhor compreensão do Estado constitucional democrático como resultado de um processo de juridificação.

[3] Com restrições à "inflação normativa do conceito de cidadania", Zolo (1993, pp. 258-9) aponta para "o risco de diluição do seu significado histórico e funcional". Ver também Bobbio (1996, pp. xi e xvi, nota 9), referindo-se ao caráter "muito vago e heterogêneo" da concepção de uma "terceira geração de direitos".

durante o surgimento da legislação social trabalhista também houve a emergência de direitos coletivos, como o direito de greve e os decorrentes dos dissídios coletivos. Porém, a exigência mais generalizada de integração dos direitos coletivos à realidade dos Estados é algo que se manifesta somente nas três últimas décadas (Cappelletti, 1978; Cappelletti e Garth, 1981, pp. 11-4). A importância dos direitos coletivos e difusos reside no fato de viabilizarem ações concretas e eficazes contra as práticas ilícitas e socialmente danosas das grandes organizações impessoais, que se fortificam cada vez mais no mundo de hoje, o que não seria possível no período individualista dos direitos.

Por fim e como quinta fase no desenvolvimento do conteúdo da cidadania, surgem os direitos resultantes das chamadas "discriminações inversas". Dworkin, por exemplo, analisando reconstrutivamente a jurisprudência da Corte Suprema norte-americana, argumenta no sentido de que tais discriminações positivas em relação aos menos favorecidos podem estar perfeitamente de acordo com o direito – para ele axiomático – de igual consideração e respeito (Dworkin, 1991, pp. 223-39). Essa orientação vem sendo adotada na práxis de grupos políticos, na jurisprudência e também no âmbito da legislação, dirigindo-se a compensar discriminações sociais negativas contra minorias étnicas, sexuais e com deficiência física. As discriminações positivas rompem com a concepção universalista dos direitos dos cidadãos, abrindo-se fragmentariamente às diferenças e condições particulares de grupos minoritários, sem que disso resulte negação do princípio da igualdade[4].

---

[4] Aqui não é o lugar para entrar no controverso debate sobre discriminações inversas (*affirmative action*) nos Estados Unidos (para uma visão geral na Alemanha, ver Rössler, 1993; cf. também Forst, 1996, pp. 122 ss.). O que interessa é que as discriminações inversas podem ser conciliadas com o núcleo do princípio da igualdade como norma (não apenas como forma) de tratamento igual/desigual: "O tratamento igual passará a valer então como regra, com base na qual se fazem

Essa abertura representa simplesmente uma pluralização da cidadania[5].

1.3 Conquista e ampliação da cidadania como processo de juridificação

A ampliação dos temas juridificáveis nos quadros da positivação do direito (Luhmann, 1981a, p. 129; 1983a, p. 144; 1987a, p. 211) fez da juridificação um dos problemas críticos do Estado moderno. Conceituado "para fora" como expansão do direito e "para dentro" como seu detalhamento e especialização (condensação) (Voigt, 1980, p. 16; Habermas, 1982b, vol. II, p. 524; Werle, 1982, p. 4), o fenômeno da juridificação foi, no âmbito de um intenso debate na Alemanha Ocidental dos anos 1980, classificado em três tipos básicos: legalização, burocratização e justicialização (Voigt, 1980, pp. 18-23)[6]. Os efeitos juridificantes sobre a sociedade foram, por um lado, avaliados negativamente (alienação, burocratização, "colonização do mundo da vida"), por outro lado, positivamente (asseguramento da liberdade e do *status*) (Voigt, 1980, p. 30).

---

possíveis as exceções, quando a desigualdade dos casos se tornar patente. A igualdade de tratamento é razão suficiente para si mesma; o tratamento desigual, por outro lado, requer justificação. A simetria da forma de dois lados é assimetrizada pelo esquema regra/exceção" (Luhmann, 1993, pp. 111-2).

[5] As discriminações inversas, que importam a introdução de *vantagens competitivas* às minorias socialmente discriminadas (Dworkin, 1991, p. 224, especificamente em relação à questão dos grupos raciais minoritários nos Estados Unidos), não devem ser confundidas com "direitos sociais" no sentido clássico como mecanismos genéricos de compensação pelas desigualdades sociais. Mas é inegável que esses direitos estão frequentemente enredados na prática jurídico-política concreta. Por exemplo, na análise das recentes dificuldades dos direitos sociais, Frankenberg (1996, espec. p. 1389) aponta – no quadro mais amplo de uma crítica à concepção individualista dos direitos – uma estreita conexão desses direitos com aqueles que se referem a interesses coletivos e difusos e com aqueles das minorias discriminadas.

[6] Werle (1982, pp. 5 ss.) defende a limitação do conceito de juridificação ao aumento de leis e decretos em um determinado período. Contra essa posição, ver Voigt (1983, pp. 18 ss.), considerando os "aspectos qualitativos" da juridificação.

É quanto ao aspecto positivo que se pode sustentar que a conquista e ampliação da cidadania implicam um processo de juridificação das relações de poder.

O processo de juridificação desenvolveu-se no Estado moderno em quatro fases (Habermas, 1982b, vol. II, pp. 524 ss.; Neves, 1992a, pp. 31 ss.; 1994a, pp. 68 ss.; Teubner, 1984, pp. 301-2; Voigt, 1983, pp. 21-2), cada uma delas tendo um significado específico para a construção da cidadania.

No primeiro período, a juridificação conduz aos clássicos direitos subjetivos privados, estando vinculada ao conceito de "Estado burguês" do período absolutista. Na medida em que tais direitos não eram exercíveis perante o soberano, mas apenas diante de outros súditos, não se poderia, a rigor, falar de cidadania. A relação assimétrica entre soberano e súditos, constituída por poderes e direitos no polo superior e de deveres no polo inferior, era incompatível com o princípio de igualdade que informa a noção de cidadania.

Na segunda fase, a juridificação conduz à positivação dos direitos subjetivos públicos de caráter liberal, correspondendo ao Estado burguês de direito. Os sujeitos privados passam a dispor de direitos exercíveis contra o "soberano", que, por sua vez, fica obrigado a respeitar-lhes a esfera de ação preestabelecida jurídico-positivamente. A cidadania surge, então, como afirmação das liberdades negativas, na forma dos direitos civis clássicos.

Posteriormente, com o surgimento do Estado democrático de direito, tem-se a emergência dos direitos subjetivos públicos democráticos (juridificação do processo de legitimação) "na forma de direito de voto geral e igual, assim como do reconhecimento da liberdade de organização das associações políticas e partidos" (Habermas, 1982b, vol. II, p. 529). Na linguagem de Rawls, o princípio da liberdade igual passa a ser designado, então, "princípio da (igual) participação" (Rawls, 1990, p. 221 [trad. bras., 2002, p. 241]). A liberdade-autonomia cede espaço à liberdade-participação (Pedrosa, 1978, p. 193). A cidadania amplia-se afirmando as liberdades positivas, na forma dos direitos políticos[7].

Por último, destaca-se o problema da juridificação nos quadros do Estado democrático e social de direito, que trouxe consigo a positivação dos direitos sociais, a intervenção compensatória na estrutura de classes e na economia, a política social do Estado e a regulamentação jurídica das relações familiares e educacionais[8]. É a essa fase que se dirige a crítica habermasiana à juridificação (*Verrechtlichung*), com base na distinção entre direito como meio (*Medium Recht*) e direito como instituição. No primeiro caso, "o direito é combinado de tal forma com os meios [*Medien*] dinheiro e poder, que ele mesmo assume o papel de meio de controle [*Steuerungsmedium*]", como no campo do direito econômico, comercial e administrativo. Por "instituições jurídicas" compreende Habermas "normas jurídicas que por meio das referências positivas a procedimentos não podem se tornar suficientemente legitimadas". Na medida em que elas pertencem "às ordens legítimas do mundo da vida" (espaço do agir comunicativo), precisam de "justificação material" (Habermas, 1982b, vol. II, p. 536). De acordo com esse modelo analítico, o direito como meio teria "força constitutiva", o direito como instituição apenas "função regulativa" (Habermas, 1982b, vol. II, p. 537). Na medida em que

[7] Sobre a distinção entre liberdades negativas e positivas, ver Berlin (1975), Passerin D'Entrèves (1962, pp. 279-310), Macpherson (1990, pp. 95 ss.), Taylor (1985) e Habermas (1992, pp. 325 ss.), o qual as associa, respectivamente, aos conceitos de cidadania dos "liberais" e dos "republicanos" no contexto do debate constitucional dos Estados Unidos (Habermas, 1992, pp. 327-8).

[8] Claramente, o Estado liberal não eliminou a regulamentação das relações familiares e educacionais; no entanto, a intensificação e ampliação dessa regulamentação irá mais tarde caracterizar o Estado social.

o direito atuasse como meio na esfera regulada informalmente do "mundo da vida", como ocorre com o direito de família e a legislação do ensino, a juridificação teria efeitos negativos, socialmente desintegradores. Fala-se então de colonização interior do mundo da vida: "A tese da colonização interior afirma que os subsistemas economia e Estado, em face do crescimento capitalista, tornam-se mais complexos e invadem sempre mais profundamente a reprodução simbólica do mundo da vida" (Habermas, 1982b, vol. II, p. 539). O direito-meio, expressão sistêmica da racionalidade-com-respeito-a-fins, a serviço da economia e do poder, invadiria a esfera do agir comunicativo, fundada no entendimento, e, dessa forma, prejudicaria a construção de uma razão intersubjetiva[9].

Mas Habermas reconhece que a juridificação, também na fase do Estado social e democrático de direito, teria efeitos positivos quando o direito como instituição desempenhasse um papel regulativo a favor do plexo de ação do mundo da vida, orientado para o entendimento, ou servisse como meio de direção dos sistemas de ação da economia e do Estado (Habermas, 1982b, vol. II, pp. 536 ss.)[10]. É inegável também que os direitos sociais, enquanto

---

[9] Mais tarde, em relação ao Estado democrático de direito, Habermas divergiu do conceito dicotômico que opunha "direito como meio" ao "direito como instituição", definindo o direito como um "transformador" entre sistema e mundo da vida (Habermas, 1992, pp. 77-8, 108 e 217). No entanto, o problema da juridificação como "colonização do mundo da vida" permanece: ele se apresenta nos casos em que, na relação entre a instrumentalidade do direito e a indisponibilidade (Habermas, 1992, pp. 583 ss.; 1987), a instrumentalidade prevalece sobre a indisponibilidade com efeitos destrutivos para a reprodução autônoma do direito.

[10] Assim sendo, justifica-se a crítica de Nahamowitz (1985, espec. p. 42) a Teubner e Willke, na medida em que estes, em uma tentativa de unir a ética do discurso habermasiana à teoria dos sistemas de Luhmann, tiraram consequências neoliberais da concepção de juridificação de Habermas (Teubner e Willke, 1984, pp. 24 e 29; Teubner, 1982, pp. 26 ss. e 41-4). Teubner modificou mais tarde a sua posição (Teubner, 1989, pp. 81 ss. e 85 ss.).

resultantes da interferência do sistema jurídico na estrutura econômica e nas relações de classe, têm uma função social-integrativa. Embora lugar-comum, é ainda incontestável que, sem os direitos sociais como *droits-créances*, os *droits-libertés* não têm sentido. Portanto, a cidadania, enquanto integração generalizada nos sistemas sociais, com base no direito, amplia-se significativamente com a conquista dos direitos sociais, mesmo que, de um ponto de vista teórico-crítico, eles sejam passíveis de uma avaliação negativa em face da "lealdade das massas" no Estado de bem-estar[11].

Além das quatro fases acima referidas, podemos interpretar a instituição dos direitos coletivos/difusos e das discriminações inversas como um novo momento do processo de juridificação. Quanto aos primeiros, o direito positivo responde à incapacidade de ação eficaz dos indivíduos isolados contra a atuação das grandes organizações. As ações coletivas e referentes a direitos difusos possibilitam o acesso mais generalizado e eficiente dos indivíduos e grupos aos benefícios e vantagens do sistema social, fortificando a cidadania. Já as discriminações inversas, além de assegurarem juridicamente a integração das minorias nos sistemas sociais, institucionalizam o direito de ser diferente. Ao discriminarem juridicamente, orientam-se pelo princípio igualitário da cidadania.

---

[11] Sobre a concepção de "lealdade das massas" no *welfare state*, ver Narr e Offe (1975). Na linha de Offe, Preuss (1989, p. 2) refere-se à "domesticação da luta de classes por meio da juridificação da luta trabalhista". A noção de "lealdade das massas" está estreitamente vinculada à concepção de Bendix (1969, p. 89) de que as lutas das massas nos países ocidentais desenvolvidos se orientaram, antes, pela busca de integração ("participação") no sistema do que por uma "nova ordem social", podendo ser caracterizadas como expressão de um espírito conservador. Crítico em relação à concepção de "lealdade das massas", Luhmann (1981b, p. 10) enfatiza a constante mudança das motivações dos indivíduos no Estado de bem-estar.

1.4 Autonomia do sistema jurídico como condição da cidadania

Se, de um lado, a conquista e ampliação da cidadania podem ser interpretadas como processo de juridificação, por outro lado, é possível conceber a autonomia do sistema jurídico como condição de sua realizabilidade.

A questão da autonomia do direito vem sendo tratada de forma mais radical pela teoria sistêmica. Nessa perspectiva, a positividade do direito é definida como "autodeterminidade" do direito, ou seja, autonomia operacional do sistema jurídico em relação às determinações do seu "ambiente" (Luhmann, 1981a, pp. 419 ss., 1983b, 1985, 1988; Neves, 1992a, pp. 34 ss.)[12]. Reconstrói-se, então, o conceito de "autopoiese", originário da teoria biológica (Maturana e Varela, 1980, pp. 73 ss., 1987, espec. pp. 55-60; Maturana, 1982, espec. pp. 141 ss., 157 ss. e 279 ss.)[13], e afirma-se que o direito positivo (moderno) se reproduz primariamente de acordo com os seus próprios critérios e código de preferência (lícito/ilícito) (Luhmann, 1986; 1993, pp. 165 ss.). Assim como em relação aos outros sistemas sociais diferenciados, não se trata aqui de autarquia, (quase) privação de ambiente (Luhmann, 1983a, p. 69; Teubner, 1982, p. 20). O direito é visto como "um sistema *normativamente*

---

[12] Entrementes, Luhmann (1993, pp. 38 ss.) considera o conceito de positividade insatisfatório na medida em que pode ser censurado por "decisionismo" ou entendido como um conceito contrário ao conceito de direito natural, ou seja, a rigor ele não corresponde à autonomia operativa do direito.

[13] Quanto à reconstrução sociológica, ver, sobretudo, Luhmann (1987b); Haferkamp e Schmid (1987); Baecker *et al.* (1987, espec. pp. 394 ss.); Teubner e Febbrajo (1992). Para a crítica à recepção científico-social do conceito de autopoiese, ver Bühl (1989), com referência especial ao paradigma luhmanniano (pp. 229 ss.); e em uma perspectiva mais abrangente sobre a teoria sistêmica de Luhmann, ver Krawietz e Welker (1992). Para a leitura crítica a partir da teoria do discurso, ver Habermas (1992, pp. 573 ss.; 1988a, pp. 30 ss.; 1988b, pp. 426 ss.). Definindo a autopoiese como paradigma ideológico conservador, Zolo (1986). Em outro contexto, ver Neves (1992b).

fechado, mas *cognitivamente* aberto" (Luhmann, 1983b, p. 139). Ao mesmo tempo que o direito positivo fatorializaria a autorreferência através de conceitos, ele construiria sua heterorreferência mediante a assimilação de interesses (Luhmann, 1990a, p. 10; 1993, pp. 393 ss.). O fechamento autorreferencial, a normatividade para o sistema jurídico, não constituiria finalidade em si do sistema, antes seria condição de abertura (Luhmann, 1987b, p. 606; 1993, p. 76).

Nesse contexto, o sistema jurídico pode assimilar, de acordo com os seus próprios critérios, os fatores do ambiente, não sendo diretamente influenciado por esses fatores. A vigência jurídica das expectativas normativas não é determinada imediatamente por interesses econômicos, critérios políticos, representações éticas, nem mesmo por proposições científicas (Luhmann, 1985, p. 17; 1990b, pp. 593 ss. e 663 ss.); ela depende de processos seletivos de filtragem conceitual no interior do sistema jurídico[14].

Especialmente nesse ponto, emergem as divergências entre a teoria luhmanniana da positividade e a concepção ético-procedimental do direito proposta por Habermas. Para Luhmann, à positividade do direito é inerente não apenas a supressão da determinação imediata do direito por interesses, vontades e critérios políticos dos "donos do poder", mas também a neutralização moral do sistema jurídico. Habermas reconhece que as fronteiras entre direito e moral existem, considerando que a racionalidade procedimental do discurso moral não regulado juridicamente é incompleta, eis que inexiste um *terceiro* (*Unbeteiligte*) encarrega-

[14] "Desenvolvimentos externos" – enfatiza Teubner (1982, p. 21) – "não são, por um lado, ignorados, nem, por outro, convertidos diretamente, conforme o esquema 'estímulo-resposta', em efeitos internos." Nesse sentido, adverte o mesmo autor: "Autonomia do direito refere-se à circularidade de sua autorreprodução e não à sua independência causal do ambiente" (1989, p. 47).

do de decidir as questões entre as partes (Habermas, 1992, p. 565). Mas, embora não negue a autonomia do sistema jurídico, atribui-lhe uma fundamentação ética:

> Um sistema jurídico adquire autonomia não apenas para si sozinho. Ele é autônomo apenas na medida em que os procedimentos institucionalizados para legislação e jurisdição garantem formação imparcial de julgamento e vontade, e, por esse caminho, proporcionam a uma racionalidade ético-procedimental ingresso, igualmente, no direito e na política. Não há autonomia do direito sem democracia real. (Habermas, 1987, p. 16)[15]

Nesse sentido, sustenta que a positivação não significa eliminação da problemática da fundamentação, mas o deslocamento de problemas de fundamentação (Habermas, 1982b, vol. II, p. 359).

Entretanto, embora haja concepções teóricas diferenciadas da autonomia do sistema jurídico, uma de caráter ético-procedimental, outra de base sistêmico-funcional, não só Habermas vincula a autonomia do direito à democracia. Para Luhmann, a democracia no sistema político é condição da positividade do direito (Luhmann, 1981a, p. 147). Em ambas as teorias, portanto, a autonomia do direito pode ser vista como pré-requisito de realização da cidadania. Em Habermas, isso implica autonomia privada em conexão com autonomia pública, ou seja, direitos humanos e soberania do povo pressupondo-se reciprocamente (Habermas, 1992, pp. 111 ss.). No modelo luhmanniano, a cidadania pode ser lida como inclusão de toda a população na "prestação dos sistemas sociais", ou seja, acesso/dependência aos seus benefícios, vantagens e regras (Luhmann, 1981b, pp. 25 ss.). Assim concebida, estaria indissociavelmente vinculada à autorreferência dos

---

15 Cf. também Habermas (1992, espec. p. 599), onde as expressões "julgamento" e "ético" em cada caso seriam substituídas pelas palavras "opinião" e "moral".

sistemas político e jurídico (Luhmann, 1981b, pp. 26 ss., 35 e 118; 1980, pp. 31-2 e 168; 1981c, p. 239)[16].

Portanto, definindo-se a cidadania como autonomia pública e privada ou como inclusão, ela pressupõe autonomia do sistema jurídico em relação ao poder concreto de indivíduos e organizações, ou seja, sua conquista e ampliação requerem o desintrincamento de direito, poder e saber (Lefort, 1981, p. 64). Isso não significa que o "campo" jurídico não seja condicionado por fatores econômicos e políticos, mas tão só que a cidadania é incompatível com ingerências bloqueantes e destrutivas de particularismos políticos e econômicos na reprodução do direito. As influências políticas e econômicas no sistema jurídico subordinam-se aos critérios estabelecidos pelo próprio sistema jurídico. Isso implica generalização includente de toda a população no direito, significando tanto acesso aos seus benefícios e vantagens quanto dependência em relação aos seus critérios. Ou seja, a cidadania pressupõe não apenas a igualdade de direitos, mas também a igualdade de deveres (Marshall, 1976, pp. 112 ss.). E essa bipolaridade só é possível se o sistema jurídico se reproduz autonomamente.

---

[16] Nesse período, ele insistiu que a inclusão era uma característica distintiva da sociedade moderna. Mais tarde, Luhmann (1997, pp. 169-70 e 618-34; 1995b, pp. 237-64; 1995a, pp. 146 ss.; 1993, pp. 582 ss.) mudou sua posição a respeito da diferença entre inclusão e exclusão, afirmando que ela funciona como uma metadiferença ou metacódigo que medeia os códigos de todos os sistemas funcionais (Luhmann, 1997, p. 632; 1993, p. 583). Mas se esse for o caso, parece-me difícil continuar a sustentar que a sociedade moderna está fundada primariamente no princípio da diferenciação funcional e que a diferença "sistema/ambiente" é a principal dentro da sociedade. Para ser consistente, a proposta de que a inclusão/exclusão funciona como um *metacódigo* que medeia todos os outros códigos requer a admissão de que a sociedade é primeiramente diferenciada de acordo com essa *metadiferença*. É nesse sentido que Stichweh (1997, p. 132) interpreta o trabalho tardio de Luhmann. Entretanto, no que diz respeito à inclusão/exclusão e à diferença (funcionalmente orientada) sistema/ambiente, trata-se antes de distinções concorrentes dentro da sociedade mundial moderna.

1.5 Momentos jurídico-políticos da conquista e ampliação de direitos de cidadania

A conquista de novos direitos de cidadania e a sua ampliação passam por três momentos jurídico-políticos. Em primeiro lugar, surge a semântica dos direitos humanos, como exigência valorativa do reconhecimento e satisfação de determinadas expectativas normativas que vão emergindo na sociedade e são avaliadas como imprescindíveis à integração social e sistêmica dos indivíduos e grupos. A semântica dos direitos humanos pressupõe, inegavelmente, evolução da consciência moral no sentido da construção e ampliação da cidadania, como também complexificação e diferenciação sociais.

Em um segundo momento, a semântica dos direitos humanos passa a ser reconhecida estatalmente e incorporada ao sistema constitucional na forma de direitos fundamentais. Trata-se, portanto, de uma resposta do sistema jurídico às exigências de integração social e sistêmica, tornando-as conteúdo de normas constitucionais. Não penso que se excluam a leitura ético-procedimental e a sistêmico-funcional dos direitos fundamentais. A primeira procura defini-los como resultado da abertura dos procedimentos jurídicos à evolução da consciência moral para o nível pós-convencional (Habermas, 1982b, vol. I, pp. 353 ss.; 1992, espec. pp. 138 ss.), o que implica uma pretensão de consenso questionável sob condições de forte heterogeneidade; a segunda interpreta-os como resposta do direito positivo à diferenciação da sociedade e à exigência de inclusão nos diversos sistemas sociais (Luhmann, 1965, espec. pp. 23-5). Embora as respectivas fundamentações teóricas sejam antagônicas, as duas leituras complementam-se, avaliando a emergência dos direitos humanos e fundamentais como conquista da modernidade.

Evidentemente, a simples declaração dos direitos fundamentais na Constituição não significa a conquista e realização da cidadania. É imprescindível a força normativa da Constituição (Hesse, 1984), ou seja, a sua integração ao vivenciar e agir dos cidadãos e agentes públicos, na forma de direitos e deveres recíprocos. A cidadania exige, portanto, concretização das normas constitucionais referentes aos direitos fundamentais. Ausente tal concretização, permanece o texto sem o seu significado normativo generalizado. Só quando a Constituição é um reflexo da esfera pública (Häberle, 1980, p. 87), existe e desenvolve-se a cidadania. Havendo bloqueios do processo de concretização constitucional por fatores políticos, econômicos e culturais, a reprodução autônoma do direito não se realiza. E, portanto, a cidadania permanece no texto constitucional como bela fachada de uma construção interiormente em ruínas.

1.6 A cidadania inexistente: relações de subintegração e sobreintegração

Definida a cidadania como integração jurídica igualitária na sociedade, pode-se afirmar que ela está ausente quando se generalizam relações de subintegração e sobreintegração no sistema constitucional, tal como ocorre nos países periféricos e, destacadamente, no Brasil. Nesse caso, não se realiza a inclusão como acesso e dependência simultâneos ao direito positivo. A rigor, porém, não se trata de relações alopátricas entre grupos humanos no espaço social (Neves, 1992a, pp. 94 ss. e 155 ss.).

Do lado dos subintegrados, generalizam-se as relações concretas em que eles não têm acesso aos benefícios do ordenamento jurídico, embora permaneçam dependentes de suas prescrições impositivas. Portanto, os subcidadãos não estão excluídos. Embora lhes faltem as condições reais de exercer os direitos fundamentais constitucionalmente declarados, não estão liberados dos deveres e responsabilidades impostas pelo aparelho coercitivo estatal, submetendo-se radicalmente às suas estruturas punitivas. Os direitos fundamentais não desempenham papel relevante no horizonte do seu agir e vivenciar, nem sequer quanto à identificação de sentido das respectivas normas constitucionais. Para os subintegrados, os dispositivos constitucionais têm relevância quase exclusivamente em seus efeitos restritivos das liberdades. E isso vale para o sistema jurídico como um todo: os membros das camadas populares "marginalizadas" (a maioria da população) são integrados ao sistema, em regra, como devedores, indiciados, denunciados, réus, condenados etc., não como detentores de direitos, credores ou autores. Mas, no campo constitucional, o problema da subintegração ganha um significado especial, na medida em que, com relação aos membros das classes populares, as ofensas aos direitos fundamentais são praticadas principalmente nos quadros da atividade repressiva do aparelho estatal[17].

A subintegração das massas é inseparável da sobreintegração dos grupos privilegiados, que, principalmente com apoio da burocracia estatal, desenvolvem as suas ações bloqueantes da reprodução do direito. É verdade que os sobrecidadãos utilizam regularmente o texto constitucional democrático – em princípio, desde que isso seja favorável aos seus interesses e/ou para proteção da "ordem social". Tendencialmente, porém, na medida em que a Constituição impõe limites à sua esfera de ação política e econômica, é posta de lado. Ela não atua, pois, como *horizonte*

[17] Ver, entre outros, Oliveira (1994). Nessas circunstâncias, não é apropriado falar, na perspectiva de uma concepção constitucional "republicana", de "alcance constante para inclusão do outro, dos até então excluídos" (Michelman, 1988, p. 1529; cf. Habermas, 1992, p. 334). Também carece de referência contextual a noção normativa de "inclusão sensível à diferença" (Habermas, 1996, pp. 172-5).

do agir e vivenciar jurídico-político dos "donos do poder", mas sim como uma oferta que, conforme a eventual constelação de interesses, será usada, desusada ou abusada por eles. Assim sendo, a garantia da impunidade é um dos traços mais marcantes da sobrecidadania[18].

O chamado princípio da não identificação da Constituição (Krüger, 1966, pp. 178-85; Hollerbach, 1969, pp. 52-7)[19], que se vincula estreitamente ao princípio da indisponibilidade do direito e da imparcialidade do Estado de direito (Habermas, 1987; 1992, pp. 583 ss.), está ausente no contexto das relações de subintegração e sobreintegração no sistema constitucional (Neves, 1992a, pp. 53 ss. e 95 ss.). Em certa medida, a Constituição só é concretizada se interesses de grupos privilegiados não são comprometidos. Constitucionalidade contra os interesses da sobrecidadania "não é aconselhável", "é inadequada ao ambiente". (Daí não se deve deduzir nenhuma esquematização simplista, porque entre os sobrecidadãos ocorrem conflitos jurídicos também no plano constitucional, que não raramente são solucionados conforme a "lei fundamental". Mas se o *status quo* é ameaçado, eles tendem a

[18] É evidente que não há pessoas que estejam "absolutamente" sobre ou subintegradas no mundo moderno altamente complexo, porque essas posições não se baseiam, como nas sociedades pré-modernas, em princípios ou normas sólidas, mas dependem de condições factuais concretas de reprodução da comunicação. Entretanto, existem indivíduos ou grupos que geralmente se encontram no polo privilegiado das relações de sobreintegração e subintegração. Por essa razão, eles podem orientar suas expectativas e conduzir suas ações contando com uma grande probabilidade de impunidade. Para um estudo que apoia minha posição com referência à América Latina em geral, ver O'Donnell (1999, espec. pp. 312-32, nota 47).

[19] Luhmann (1993, p. 96) se opõe a esse princípio, argumentando que a não identidade da Constituição implica uma opção por valores pluralistas. Entretanto, quando se fala do "princípio da não identificação", pretende-se apenas negar o vínculo exclusivo da Constituição a um valor totalitário ou a um grupo social dominante, para o qual ela seria simplesmente uma ferramenta. Isso não implica negar que a Constituição faz referências a valores em geral.

fórmulas conciliatórias que "rompem" ou "escavam" a Constituição.) Reformas sociais dentro da "ordem constitucional" são frequentemente caracterizadas como subversivas, tão logo ponham na ordem do dia a abolição de privilégios e/ou a introdução eventual de medidas favoráveis à subcidadania. Subjacente à não identificação formal do texto constitucional estatuído, encontra-se a identidade da realidade constitucional com as classes e grupos privilegiados, de tal maneira que a institucionalização dos direitos fundamentais é estruturalmente deturpada. O agir e o vivenciar normativo do subcidadão e do sobrecidadão fazem implodir a Constituição como ordem básica da comunicação jurídica[20]. Nessas condições, a Constituição não atua como mecanismo de autonomia operacional do direito, sendo deformada durante o processo concretizador por força da sobreposição de injunções políticas particularistas e interesses econômicos concretos. Isso nos põe diante do problema da desjuridificação.

---

[20] Observe-se que prefiro os termos "subcidadão" e "sobrecidadão" às expressões "cidadãos de primeira, segunda e terceira classes" (Velho, 1980, p. 362; Weffort, 1981, pp. 141-4), que podem levar à ideia equivocada de que só os subintegrados são carentes de cidadania. Por outro lado, a distinção conceitual que proponho, embora análoga, diferencia-se nitidamente dos conceitos antropológicos de subcidadão e supercidadão a que se refere DaMatta (1991, p. 100), que associa o primeiro ao espaço sem direitos da "rua" e o segundo à esfera dos privilégios ("direitos sem deveres") domésticos ("universo da casa"). Parece-me excesso antropológico vincular, na realidade brasileira, o espaço doméstico dos subintegrados (marginalizados) à noção de privilégios e desconhecer que o "mundo da rua" pode constituir-se em espaço de privilégios dos sobreintegrados.

De uma perspectiva distinta, baseada principalmente na dependência (deveres, responsabilidades etc.) e não no acesso (direitos, ações etc.) como dois aspectos do conceito de inclusão, Luhmann (1993, pp. 584-5; 1997, pp. 631 ss.; 1995b, pp. 259 ss.) afirma que o "setor de exclusão" (*Exklusionsbereich*) é altamente integrado (porque é mais dependente), enquanto a inclusão permite menos integração. No entanto, como formulo, a subintegração e a sobreintegração implicam uma inclusão insuficiente, seja por falta de acesso, seja por dependência, respectivamente. Isso ocorre porque tanto os subcidadãos quanto os sobrecidadãos carecem de cidadania.

1.7 A desjuridificação como negação da cidadania

O debate em torno de juridificação e desjuridificação nas sociedades periféricas deve ser enfrentado em perspectiva diversa daquela na qual tem sido desenvolvido nos países da modernidade central. Partindo-se da distinção de Blankenburg (1980, p. 84) entre juridificação no plano das expectativas (emissão de "mais" regras jurídicas no lugar de regulações informais) e juridificação no plano da ação ("mais" eficácia do direito), poder-se-ia formular que, nos países periféricos, à juridificação no sentido de aumento na produção de normas jurídicas positivas estatais opor-se-ia a desjuridificação ao nível da condução do comportamento. Desse ponto de vista, a desjuridificação seria considerada apenas no plano do "agir" (eficácia). Porém, as tendências desjuridificantes abrangem, nas condições de reprodução das sociedades periféricas, principalmente no tocante ao direito constitucional, também o "vivenciar" do direito (as expectativas de comportamento)[21]. A pretensa filtragem das expectativas de comportamento mediante a normatização constituinte não é seguida, de maneira alguma, da orientação generalizada das expectativas normativas com base no texto constitucional, quer dizer, não é acompanhada da generalização congruente das expectativas normativo-constitucionais[22].

Contra a noção de uma realidade constitucional desjuridificante, poder-se-ia apresentar, nos quadros do pluralismo jurídico, a objeção de que outras formas jurídicas atuariam no lugar do direito positivo com relação à solução de conflitos (Santos, 1977;

[21] Quanto à distinção entre "agir" e "vivenciar", ver Luhmann (1991). A respeito da correspondente diferenciação entre direção da conduta (condução do comportamento) e asseguramento das expectativas normativas como funções do direito, ver Luhmann (1981a, pp. 73-91).

[22] Sobre o conceito de direito como "congruente generalização de expectativas normativas de comportamento", ver Luhmann (1987a, pp. 94-106).

1980; 1988). Quanto a essa restrição, deve-se advertir que o debate em torno da juridificação e desjuridificação refere-se ao direito positivo como sistema social diferenciado[23]. As "alternativas" para o funcionamento insatisfatório do direito positivo implicam, nas sociedades periféricas, tanto um discurso "ético-social" (Santos, 1988, p. 25), como também a interferência não mediatizada do código do poder e do código econômico nos mecanismos de solução de conflitos. O fato de, nesse contexto social, muitas "unidades sociais" de uma sociedade supercomplexa disporem de diferentes códigos "lícito/ilícito"[24] não leva, de forma alguma, a uma racionalidade jurídica tópica, como ocorreria no caso de um direito pós-moderno (Ladeur, 1985), mas, antes, a uma extrema insegurança jurídica, cuja manutenção está relacionada, contraditoriamente, à conservação de privilégios, sendo, portanto, prejudicial sobretudo aos socialmente "deficientes" (os "subintegrados"). Esse tipo de situação não representa nenhum pluralismo como alternativa ao *legalismo*[25], mas sim reações difusas à falta de *legalidade*.

Não se pode aplicar, nessas condições, o modelo do pós-modernismo jurídico (ao qual aderiu Santos [1987] para dar respaldo à sua concepção do pluralismo jurídico), que, negando a unidade do direito como cadeia de comunicações operacionalmente diferenciada, sustenta que o sistema jurídico se institui pluralisticamente como uma malha de comunicações, importando incerteza e instabilidade (des)construtivas (Ladeur, 1985; 1990; 1991; 1992). O problema da desjuridificação implica, na situação dos países periféricos, a insegurança destrutiva com relação à prática de soluções de conflitos e à orientação das expectativas normativas.

---

[23] Ver Voigt (1983, p. 20); Habermas (1982b, vol. II, p. 524), que usa, porém, a expressão "direito escrito".

[24] Santos (1980, p. 116) usou a expressão "privatização possessiva do direito".

[25] Ver, em sentido diverso, Santos (1977, pp. 89 ss.; 1988, p. 25).

A noção de um constitucionalismo pós-moderno refere-se à abertura da Constituição para a fragmentação da sociedade, pressupondo a inexistência de critérios universalistas de regulação da esfera pública. A Constituição vai apresentar-se, então, como mecanismo propulsor da "autonomia do contexto" (Teubner e Willke, 1984; Teubner, 1982; 1988; 1989, pp. 81 ss.) ou como guia de "redes de relações" entre sistemas tópicos de ações, sem interferir impositivamente na fixação dos limites do desenvolvimento e reprodução dos mesmos (Ladeur, 1990). No caso da modernidade periférica, não pode haver Constituição promotora do desenvolvimento de contextos fragmentários e instáveis do seu ambiente social, na medida em que esse, como condição de seu funcionamento e concretização, atua destrutivamente em relação a ela. O problema está na própria falta de realização de Constituição como espaço jurídico da cidadania ou, como diriam os pós-modernos, das cidadanias.

1.8 A falta de identidade/autonomia de uma esfera da juridicidade

Já observei que se, de um lado, a conquista e ampliação da cidadania podem ser interpretadas como processo de juridificação, por outro, é possível conceber a autonomia do sistema jurídico como condição de sua realizabilidade. A *contrario sensu*, a desjuridificação, enquanto condição negativa da cidadania, implica falta de autonomia do sistema jurídico. Ou seja, enquanto não se constrói a identidade da(s) esfera(s) de juridicidade, a partir de uma concretização constitucional generalizante, não há espaço para a cidadania. No plano da teoria da sociedade, esse é um dos problemas específicos da modernidade periférica, que pode ser caracterizada como "modernidade negativa", partindo-se tanto da perspectiva sistêmica quanto do modelo com pretensão ético-procedimental.

De acordo com a teoria dos sistemas, a sociedade moderna resultaria da hipercomplexificação social vinculada à diferenciação funcional das esferas do agir e do vivenciar. Implicaria, portanto, o desaparecimento de conteúdos morais válidos para todas as conexões de comunicação e o surgimento de sistemas sociais operacionalmente autônomos, reproduzidos com base nos seus próprios códigos e critérios, embora condicionados pelo seu ambiente circundante (autopoiese) (Luhmann, 1987b). Na modernidade periférica, à hipercomplexificação social e à superação do "moralismo" fundamentador da diferenciação hierárquica, não se seguiu a construção de sistemas sociais que, embora interpenetráveis e mesmo interferentes, construam-se autonomamente no seu *tópos* específico. Isso nos põe diante de uma complexidade desestruturada e desestruturante. Daí resultam problemas sociais bem mais complicados do que aqueles que caracterizam os países da "modernidade central". As relações entre os "campos" de ação assumem formas autodestrutivas e heterodestrutivas, com todas as suas consequências bem conhecidas entre nós. Portanto, a modernidade não se constrói positivamente, como superação da tradição mediante o surgimento de sistemas autônomos de ação, mas apenas negativamente, como hipercomplexificação desagregadora do moralismo hierárquico tradicional.

Conforme a concepção ético-procedimental proposta por Habermas, a modernidade resultaria da evolução da consciência moral no sentido da superação das estruturas pré-convencionais e convencionais com o advento de uma moral pós-convencional (Habermas, 1982a, espec. pp. 12 ss.; 1983, pp. 127 ss.). Isso significa uma clara diferenciação entre sistema e "mundo da vida"[26], este

[26] Tal diferenciação é definida por Habermas (1982b, vol. II, pp. 229 ss.) como processo de evolução social.

enquanto horizonte do "agir comunicativo", orientado na busca do entendimento intersubjetivo, aquele como espaço de intermediação do "agir-racional-com-respeito-a-fins" (instrumental e estratégico)[27]. Nessa perspectiva, a modernidade exigiria positivamente a construção de uma "esfera pública" (*Öffentlichkeit*), *tópos* democrático discursivamente autônomo com relação aos "meios" sistêmicos "poder" e "dinheiro". Tal pretensão "normativa", embora encontre indícios na "modernidade central", não parece encontrar o mínimo de fundamento nas relações sociais da "modernidade periférica". Aqui, a modernidade constrói-se negativamente como desagregação da consciência moral convencional (e inclusive da pré-convencional), sem que daí resulte a estruturação da consciência moral pós-convencional e, muito menos, a autonomia de uma "esfera pública".

E mesmo se partirmos para a concepção fragmentária da pós-modernidade, ainda assim a sua construção nos países periféricos teria um sentido negativo. É que as principais teorias da pós-modernidade desenvolvem, em contraposição à racionalidade sistêmica generalizada e à razão universalista, a noção de racionalidade tópica. Tal situação implicaria interconexões de incer-

---

[27] A respeito, ver, em diferentes fases de desenvolvimento da "teoria do agir comunicativo", Habermas (1969, pp. 62-5; 1973, pp. 9 ss.; 1982b, vol. I, espec. pp. 384 ss.; 1982b, vol. II, pp. 182 ss.; 1986; 1988a, pp. 68 ss.). Quando me refiro ao sistema como espaço de intermediação do agir-racional-com-respeito-a-fins, não desconheço que, no modelo habermasiano, o plano sistêmico e a esfera da ação se distinguem claramente, tendo um sentido figurado a noção de racionalidade sistêmica: "Mudanças do estado de um sistema autorregulado podem ser compreendidas como quase-ações, *como se* nelas a capacidade de ação de um sujeito se manifestasse" (Habermas, 1982a, p. 261). Mas é inegável que, na obra de Habermas, a noção de sistema está vinculada estreitamente à racionalidade-com-respeito-a-fins e, portanto, aos conceitos de agir instrumental e estratégico (ver, p. ex., Habermas, 1969, pp. 63-5; 1982a, p. 261; 1986, pp. 578 ss.), enquanto a concepção de "mundo da vida" se associa intimamente à de agir comunicativo (ver, p. ex., Habermas, 1982b, vol. II, espec. p. 182; 1986, espec. p. 593).

tezas (des)construtivas entre sistemas tópicos de comunicação (Ladeur, 1985; 1990; 1991; 1992). No caso da (pós-)modernidade periférica, as inter-relações entre os campos de ação tendem, imprevisivelmente, a intrincamentos bloqueantes e destrutivos. Essa situação de miscelânea social implica dificuldades na construção da identidade do sistema jurídico, o que resulta diretamente da falta de autonomia da respectiva esfera de ação.

No que diz respeito à teoria ético-procedimental, já observei que a desagregação da moral pré-convencional primitiva e convencional pré-moderna não conduziu, na modernidade periférica, à construção e ao desenvolvimento da consciência moral pós-convencional. Daí por que a fundamentação moral da indisponibilidade e imparcialidade do sistema jurídico, em contraposição à sua instrumentalidade sistêmica (Habermas, 1992, pp. 583 ss.; 1987), não encontra espaço nas relações intersubjetivas em torno do direito. A tendência é a instrumentalização política do direito, seja por meio da mutação casuística das estruturas normativas, principalmente durante os períodos autoritários, ou mediante o jogo de interesses particularistas bloqueadores do processo de concretização normativa. Nesse contexto, a autonomia privada ("direitos humanos") e a autonomia pública ("soberania popular"), embora, em regra, declaradas no texto constitucional, são rejeitadas mediante os mecanismos de desestruturação política do processo concretizador da Constituição.

Da mesma maneira, é intransponível o modelo luhmanniano da autopoiese à realidade jurídica da modernidade periférica, destacadamente no Brasil. As sobreposições particularistas dos códigos político e econômico às questões jurídicas impossibilitam a construção da identidade do sistema jurídico. Em lugar da autopoiese, está a alopoiese do direito (Neves, 1992a, espec. pp. 81 ss. e 182 ss.; 1992b; 1994a, pp. 72-3). Isso significa que não surge uma esfera de juridicidade apta a, de acordo com seus próprios critérios e de forma congruentemente generalizada, reciclar as influências advindas do seu contexto econômico e político, como também daquilo que os alemães denominam de "boas relações". O intrincamento do(s) código(s) jurídico(s) com outros códigos sociais atua autodestrutiva e heterodestrutivamente. O problema não reside, em princípio, na falta de abertura cognitiva (heterorreferência ou adaptação), mas sim no insuficiente fechamento operacional (autorreferência), que obstaculiza a construção da própria identidade do sistema jurídico. Se tal identidade pode ser vista, eventualmente, no plano da estrutura dos textos normativos, ela é destruída gradativamente durante o processo de concretização jurídica[28]. Assim sendo, não se constrói, em ampla medida, congruente generalização de expectativas normativas a partir dos textos constitucionais e legais. Daí resulta que a própria distinção entre lícito e ilícito é socialmente obnubilada, seja por falta de institucionalização (consenso) ou de identificação do sentido das normas[29]. A consequência mais grave é a insegurança destrutiva nas relações de conflitos de interesses.

O último recurso seria afirmar a autonomia/identidade de esferas jurídicas pluralistas de ação, na perspectiva pós-moderna do direito. Contudo, nesse caso, pressupõe-se racionalidade jurídica a partir da congruência tópica de expectativas normativas,

---

[28] O conceito kelseniano de autoprodução do direito (Kelsen, 1960, espec. pp. 73, 228 e 283 [trad. bras., 1998, espec. pp. 80, 246 e 309]) permanece no plano estrutural hierárquico do ordenamento normativo-jurídico. Portanto, ao contrário do que propõe Ost (1986, pp. 141-4), não cabe vinculá-lo ao paradigma autopoiético, que se refere primariamente ao nível operacional e à circularidade da reprodução do direito. Daí por que o primeiro pode ser abstratamente transportado a diferentes Estados, enquanto o segundo exige certas condições sociais concretas.

[29] A institucionalização e a identificação de sentido, além da normatização, são definidas por Luhmann (1987a, pp. 94 ss.) como mecanismos de generalização do direito.

como também compatibilização (des)construtiva do dissenso entre sistemas locais de ação. E são exatamente as incongruências autodestrutivas das expectativas normativas e as incompatibilidades heterodestrutivas de dissensos entre campos de ação que impedem a construção da identidade de esfera(s) de juridicidade na modernidade periférica.

Nesse contexto de falta de direitos congruentemente generalizados, ou, no mínimo, topicamente congruentes, não é possível a construção e ampliação da cidadania. Esta significa exatamente a integração jurídica igualitária na sociedade, implicando direitos neutralizadores das eventuais desigualdades econômicas e políticas. Se isso não ocorre, prevalecem as relações de subcidadania e sobrecidadania, destrutivas da identidade do sistema jurídico.

1.9 Função político-simbólica da declaração constitucional de direitos fundamentais na experiência jurídica brasileira

Já observei anteriormente que para conquista e ampliação da cidadania não é suficiente a adoção da semântica valorativa dos direitos humanos no texto constitucional, na forma de direitos fundamentais. À realização da cidadania é imprescindível a concretização das normas constitucionais referentes aos direitos fundamentais.

Na experiência jurídico-política brasileira, a ampliação dos dispositivos constitucionais concernentes aos direitos fundamentais não teve grande relevância no processo de concretização. Assim sendo, a "cidadania" construída e ampliada aparentemente no interior dos textos constitucionais encobre uma realidade de não cidadania. Excluídos aqui, esquematicamente, os períodos autoritários de negação da cidadania no plano das próprias Cartas e leis constitucionais (1937 e 1964), observa-se uma crescente ampliação dos direitos fundamentais sem que se verifique, no plano da realidade constitucional, uma resposta relevante no sentido da construção da cidadania. Do período de restrição dos direitos civis aos ingênuos e libertos na Carta Imperial de 1824 até o amplo reconhecimento dos direitos civis, políticos, sociais e coletivos no texto constitucional de 1988, teria havido um processo intenso de conquista e desenvolvimento da cidadania. Mas essa evolução no cenário do palco constitucional não teve significado relevante na práxis político-jurídica (Neves, 1992a, espec. pp. 110 ss.; 1994b, pp. 153 ss.).

Indaga-se, portanto, qual o sentido das declarações constitucionais de direitos de cidadania, se lhes resta um grau muito reduzido de eficácia jurídica. A resposta parece-me encontrar-se na sua importância político-simbólica. Paradoxalmente, à medida que se reduz a eficácia jurídico-normativa das declarações constitucionais de direitos, fortifica-se a sua função simbólica. Ocorre como que uma hipertrofia da sua dimensão político-simbólica em detrimento de sua função jurídico-normativa (Neves, 1992a, pp. 61-5 e 104-6; 1994b).

Nesse contexto, a cidadania surge como *tópos* simbólico do discurso constitucionalista. Do lado dos "donos do poder", as declarações constitucionais de direitos de cidadania desempenham o papel de um álibi (Neves, 1994b, pp. 37-40 e 92-5). O Estado e os respectivos legisladores ou governantes apresentam-se, retoricamente, identificados com os valores da cidadania, sendo atribuídos à "sociedade" os obstáculos da sua não realização. Do lado dos críticos do *status quo*, a declaração de direitos de cidadania serve de referencial simbólico do discurso pela transformação das relações reais de poder. Ao proporem e defenderem textos constitucionais com elencos mais abrangentes de direitos fundamentais, justificam simbolicamente ao público sua atividade no sentido da conquista da cidadania. De ambos os lados, a cidadania enquanto *tópos* simbólico permanece como algo do discurso. E tanto mais dela se fala na esfera política, quanto mais se intensificam os obstáculos à sua realização.

Em certa medida, o discurso simbólico da cidadania serve para encobrir o fato de que os problemas estruturais da subintegração e sobreintegração na sociedade, ou seja, as situações de subcidadania e sobrecidadania, estão indissociavelmente vinculados às posições e relações dos respectivos agentes políticos. O álibi simbólico do "discurso cidadão" transfere para um outro os obstáculos à cidadania e dificulta, de certa maneira, o desenvolvimento de uma autocrítica efetiva de indivíduos e grupos a respeito de suas posições nas relações de sobrecidadania e subcidadania. Nessa perspectiva, o *tópos* simbólico e ideológico "cidadania" pode servir mais à manutenção do *status quo* do que à integração jurídica generalizada e igualitária na sociedade, isto é, atuar contra a própria realização da cidadania.

1.10 Conclusão

No âmbito das ciências sociais e dos estudos jurídicos com pretensão sociológica que se vêm desenvolvendo correntemente no Brasil, há uma tendência a contrapor-se um Estado forte, orientado no legalismo, à fragilidade da "sociedade civil" e da cidadania. A essa compreensão do problema subjaz a ideia equivocada de que a ordem jurídica estatal, também no caso brasileiro, autorreproduz-se consistentemente através da legalidade generalizada das atividades dos seus agentes. Ao contrário, é exatamente o pressuposto jurídico mínimo de construção da cidadania, a legalidade como generalização includente do direito, que está ausente. Nas relações de poder, generaliza-se então a ilegalidade da práxis dos agentes estatais, grupos sociais e indivíduos, privilegiando, sobretudo, a sobrecidadania e prejudicando os subcidadãos.

Parece-me claro que, em tal contexto de ausência de autonomia operacional da ordem jurídica estatal, não cabe falar de Estado forte contrapondo-se à construção da cidadania. O Estado é permanentemente bloqueado pelos particularismos dos interesses econômicos e políticos concretos, a partir tanto dos privilégios da sobrecidadania quanto das premências da subcidadania. Não se constrói de forma consistente a própria identidade de uma esfera do Estado em contraposição aos particularismos privados; isso porque não ocorre a filtragem constitucional e legal das interferências da economia e do poder na ação estatal. Assim sendo, os códigos generalizados "dinheiro" e "poder" não apenas condicionam o direito, sobrepõem-se-lhe destrutivamente.

Portanto, a conquista e ampliação da cidadania, no caso brasileiro, passa pela construção de um espaço público da legalidade que, de um lado, promova a identidade do Estado perante os interesses privados e, de outro, possibilite a integração jurídica igualitária de toda a população na sociedade.

1.11 Bibliografia

BAECKER, Dirk *et al.* (orgs.) (1987). *Theorie als Passion: Niklas Luhmann zum 60. Geburtstag*. Frankfurt am Main: Suhrkamp.

BARBALET, Jack M. (1988). *Citizenship: Rights, Struggle and Class Inequality*. Milton Keynes: Open University Press.

BENDIX, Reinhard (1969). *Nation-Building and Citizenship. Studies of Our Changing Social Order*. Garden City/Nova York: Anchor.

BERLIN, Isaiah (1975). "Two Concepts of Liberty". *In*: I. Berlin (org.). *Four Essays on Liberty*. Londres/Nova York: Oxford University Press, pp. 118-172 (artigo publicado originariamente em 1958).

BLANKENBURG, Erhard (1980). "Recht als gradualisiertes Konzept – Begriffsdimensionen der Diskussion um Verrechtlichung und Entrechtlichung". *In*: E. Blankenburg *et al.* (orgs.). *Alternative Rechts-*

formen und Alternativen zum Recht (Jahrbuch für Rechtssoziologie und Rechtstheorie 6). Opladen: Westdeutscher Verlag, pp. 83-98.

BOBBIO, Norberto (1996). *The Age of Rights*. Trad. ingl. de Allan Cameron. Cambridge: Polity Press.

BÜHL, Walter L. (1989). "Grenzen der Autopoiesis". *Kölner Zeitschrift für Soziologie und Sozialpsychologie* 39 (Opladen: Westdeutscher Verlag), pp. 225-53.

CAPPELLETTI, Mauro (1978). "Formaciones sociales e intereses de grupo frente a la justicia civil". *Boletin Mexicano de Derecho Comparado* XI (nova série) (México: Unam), nºs 31-32, pp. 1-40.

______; GARTH, Bryant (1981). "Access to Justice and the Welfare State: an Introduction". *In*: M. Cappelletti *et al.* (orgs.). *Access to Justice and the Welfare State*. Alphen aan den Rijn/Bruxelas/Stuttgart/Florença: Sijthoff/Bruylant/Klett-Cotta/Le Monnier, pp. 1-24.

DAMATTA, Roberto (1991). *A casa & a rua*. 4. ed. Rio de Janeiro: Guanabara Koogan.

DWORKIN, Ronald (1991). *Taking Rights Seriously*. 6. ed. Londres: Duckworth (1. ed. 1977).

FERRY, Luc; RENAUT, Alain (1992). *Philosophie politique 3 – Des droits de l'Homme à l'Idée Républicaine*. Paris: Presses Universitaires de France.

FORST, Rainer (1996). *Kontexte der Gerechtigkeit: politische Philosophie jenseits von Liberalismus und Kommunitarismus*. Frankfurt am Main: Suhrkamp.

FRANKENBERG, Günter (1996). "Why Care? The Trouble with Social Rights". *In*: J. Habermas *et al. Habermas on Law and Democracy: Critical Exchanges. Cardozo Law Review* 17 (Nova York: Benjamin N. Cardozo School of Law – Yeshiva University), nºs 4-5, pp. 1365-90.

GIDDENS, Anthony (1982). "Class division, class conflict and citizenship rights". *In*: A. Giddens (org.). *Profiles and Critiques in Social Theory*. Londres: Macmillan.

HÄBERLE, Peter (1980). *Die Verfassung des Pluralismus: Studien zur Verfassungstheorie der offenen Gesellschaft*. Königstein/Ts.: Athenäum.

HABERMAS, Jürgen (1969). "Technik und Wissenschaft als 'Ideologie'". *In*: J. Habermas. *Technik und Wissenschaft als Ideologie*. Frankfurt am Main: Suhrkamp, pp. 48-103 [trad. bras.: "Técnica e ciência como 'ideologia'". *In*: W. Benjamin *et al. Textos escolhidos*. São Paulo: Abril Cultural, 1980, col. Os Pensadores].

______ (1973). *Legitimationsprobleme im Spätkapitalismus*. Frankfurt am Main: Suhrkamp.

______ (1982a). *Zur Rekonstruktion des Historischen Materialismus*. 3. ed. Frankfurt am Main: Suhrkamp.

______ (1982b). *Theorie des kommunikativen Handelns*. 2. ed. Frankfurt am Main: Suhrkamp, 2 vols.

______ (1983). *Moralbewußtsein und kommunikatives Handeln*. Frankfurt am Main: Suhrkamp.

______ (1986). "Erläuterungen zum Begriff des kommunikativen Handelns". *In*: J. Habermas. *Vorstudien und Ergänzungen zur Theorie des kommunikativen Handelns*. 2. ed. Frankfurt am Main: Suhrkamp, pp. 571-606.

______ (1987). "Wie ist Legitimität durch Legalität möglich?". *Kritische Justiz* 20 (Baden-Baden: Nomos), pp. 1-16.

______ (1988a). *Nachmetaphysisches Denken: philosophische Aufsätze*. Frankfurt am Main: Suhrkamp.

______ (1988b). *Der philosophische Diskurs der Moderne*. Frankfurt am Main: Suhrkamp.

______ (1992). *Faktizität und Geltung: Beiträge zur Diskurstheorie des Rechts und des demokratischen Rechtsstaats*. Frankfurt am Main: Suhrkamp.

______ (1996). *Die Einbeziehung des Anderen: Studien zur politischen Theorie*. Frankfurt am Main: Suhrkamp.

HAFERKAMP, Hans; SCHMID, Michael (orgs.) (1987). *Sinn, Kommunikation und soziale Differenzierung: Beiträge zu Luhmanns Theorie sozialer Systeme*. Frankfurt am Main: Suhrkamp.

HELD, David (1989). "Citizenship and Autonomy". *In*: D. Held (org.). *Political Theory and the Modern State: Essays on State, Power, and Democracy*. Cambridge: Polity Press, pp. 189-213.

HESSE, Konrad (1984). "Die normative Kraft der Verfassung". *In*: K. Hesse. *Ausgewählte Schriften*. Orgs. P. Häberle e A. Hollerbach. Heidelberg: Müller, pp. 3-18.

HOLLERBACH, Alexander (1969). "Ideologie und Verfassung". *In*: W. Maihofer (org.). *Ideologie und Recht*. Frankfurt am Main: Klostermann, pp. 37-61.

KELSEN, Hans (1960). *Reine Rechtslehre*. 2. ed. Viena: Franz Deuticke (reimpr. inalterada de 1983) [trad. bras.: *Teoria pura do direito*. 6. ed. São Paulo: Martins Fontes, 1998].

KRAWIETZ, Werner; WELKER, Michael (orgs.) (1992). *Kritik der Theorie sozialer Systeme: Auseinandersetzungen mit Luhmanns Hauptwerk*. 2. ed. Frankfurt am Main: Suhrkamp.

KRÜGER, Herbert (1966). *Allgemeine Staatslehre*. 2. ed. Stuttgart/Berlim/Colônia/Mainz: Kohlhammer Verlag.

LADEUR, Karl-Heinz (1985). "Perspektiven einer post-modernen Rechtstheorie: zur Auseinandersetzung mit Niklas Luhmanns Konzept der 'Einheit des Rechtssystems'". *Rechtstheorie* 16 (Berlim: Duncker & Humblot), pp. 383-427.

______ (1990). "Selbstorganisation sozialer Systeme und Prozeduralisierung des Rechts: von der Schrankenziehung zur Steuerung von Beziehungsnetzen". *In*: D. Grimm e E. Hagenah (orgs.). *Wachsende Staatsaufgaben – sinkende Steuerungsfähigkeit des Rechts*. Baden-Baden: Nomos, pp. 187-216.

______ (1991). "Gesetzinterpretation, 'Richterrecht' und Konventionsbildung in kognitivistischer Perspektive – Handeln unter Ungewissheitsbedingungen und richterliches Entscheiden". *Archiv für Rechts- und Sozialphilosophie* 77 (Stuttgart: Steiner), pp. 176-94.

______ (1992). *Postmoderne Rechtstheorie*. Berlim: Duncker & Humblot.

LAFER, Celso (1988). *A reconstrução dos direitos humanos: um diálogo com o pensamento de Hannah Arendt*. São Paulo: Companhia das Letras.

LEFORT, Claude (1981). "Droits de l'homme et politique". *In*: C. Lefort. *L'invention démocratique: les limites de la domination totalitaire*. Paris: Fayard, pp. 45-83.

LUHMANN, Niklas (1965). *Grundrechte als Institution: Ein Beitrag zur politischen Soziologie*. Berlim: Duncker & Humblot.

______ (1980). *Gesellschaftsstruktur und Semantik: Studien zur Wissenssoziologie der modernen Gesellschaft*. Frankfurt am Main: Suhrkamp, vol. 1.

______ (1981a). *Ausdifferenzierung des Rechts: Beiträge zur Rechtssoziologie und Rechtstheorie*. Frankfurt am Main: Suhrkamp.

______ (1981b). *Politische Theorie im Wohlfahrtsstaat*. Munique: Olzog.

______ (1981c). *Gesellschaftsstruktur und Semantik: Studien zur Wissenssoziologie der modernen Gesellschaft*. Frankfurt am Main: Suhrkamp, vol. 2.

______ (1983a). *Legitimation durch Verfahren*. Frankfurt am Main: Suhrkamp.

______ (1983b). "Die Einheit des Rechtssystems". *Rechtstheorie* 14 (Berlim: Duncker & Humblot), pp. 129-54.

______ (1985). "Einige Probleme mit 'reflexivem Recht'". *Zeitschrift für Rechtssoziologie* 6 (Opladen: Westdeutscher Verlag), pp. 1-18.

______ (1986). "Die Codierung des Rechtssystems". *Rechtstheorie* 17 (Berlim: Duncker & Humblot), pp. 171-203.

______ (1987a). *Rechtssoziologie*. 3. ed. Opladen: Westdeutscher Verlag.

______ (1987b). *Soziale Systeme: Grundriß einer allgemeinen Theorie*. Frankfurt am Main: Suhrkamp.

______ (1988). "Positivität als Selbstbestimmtheit des Rechts". *Rechtstheorie* 19 (Berlim: Duncker & Humblot), pp. 11-27.

______ (1990a). "Interesse und Interessenjurisprudenz im Spannungsfeld von Gesetzgebung und Rechtsprechung". *Zeitschrift für Neuere Rechtsgeschichte* 12 (Viena: Manz), pp. 1-13.

LUHMANN, Niklas (1990b). *Die Wissenschaft der Gesellschaft*. Frankfurt am Main: Suhrkamp.

______ (1991). "Erleben und Handeln". *In*: N. Luhmann. *Soziologische Aufklärung* 3. 2. ed. Opladen: Westdeutscher Verlag, pp. 67-80.

______ (1993). *Das Recht der Gesellschaft*. Frankfurt am Main: Suhrkamp.

______ (1995a). "Jenseits von Barbarei". *In*: N. Luhmann (org.). *Gesellschaftsstruktur und Semantik: Studien zur Wissenssoziologie der modernen Gesellschaft*. Frankfurt am Main: Suhrkamp, vol. 4.

______ (1995b). *Soziologische Aufklärung 6: Die Soziologie und der Mensch*. Opladen: Westdeutscher Verlag.

______ (1997). *Die Gesellschaft der Gesellschaft*. Frankfurt am Main: Suhrkamp, 2 tomos.

MACPHERSON, C. B. (1990). "Berlin's Division of Liberty". *In*: C. B. Macpherson (org.). *Democratic Theory: Essays in Retrieval*. 6. ed. Oxford: Oxford University Press/Clarendon Press, pp. 95-119.

MARSHALL, T. H. (1976). *Class, Citizenship, and Social Development*. Westport, Connecticut: Greenwood Press (reimpr. da ed. de Nova York, 1964).

MARX, Karl (1988). "Zur Judenfrage". *In*: K. Marx e F. Engels. *Werke*. 15. ed. Berlim: Dietz Verlag, vol. 1. pp. 347-77 (originariamente em: *Deutsch-Französische Jahrbücher*, Paris, 1844).

MATURANA, Humberto R. (1982). *Erkennen: Die Organisation und Verkörperung von Wirklichkeit. Ausgewählte Arbeiten zur biologischen Epistemologie*. Trad. alemã de Wolfgang K. Köck. Braunschweig/Wiesbaden: Vieweg.

______; VARELA, Francisco J. (1980). *Autopoiesis and Cognition: The Realization of the Living*. Dordrecht: D. Reidel Publishing Company.

MATURANA, Humberto R.; VARELA, Francisco J. (1987). *Der Baum der Erkenntnis: Die biologischen Wurzeln des menschlichen Erkennens*. 3. ed. Trad. alemã de Kurt Ludewig. Berna/Munique/Viena: Scherz.

MICHELMAN, Frank I. (1988). "Law's Republic". *Yale Law Journal* 97, nº 8, pp. 1493-537.

NAHAMOWITZ, Peter (1985). "'Reflexives Recht': Das unmögliche Ideal eines post-interventionistischen Steuerungskonzepts". *Zeitschrift für Rechtssoziologie* 6 (Opladen: Westdeutscher Verlag), pp. 29-44.

NARR, Wolf-Dieter; OFFE, Claus (orgs.) (1975). *Wohlfahrtsstaat und Massenloyalität*. Colônia: Kiepenheuer & Witsch.

NEVES, Marcelo (1992a). *Verfassung und Positivität des Rechts in der peripheren Moderne: Eine theoretische Betrachtung und eine Interpretation des Falls Brasilien*. Berlim: Duncker & Humblot.

______ (1992b). "Da autopoiese à alopoiese do direito". *Anuário do Mestrado em Direito* (Recife: UFPE), nº 5, pp. 273-98.

______ (1994a). "A crise do Estado: da modernidade central à modernidade periférica – anotações a partir do pensamento filosófico e sociológico alemão". *Revista de Direito Alternativo* (São Paulo: Acadêmica), nº 3, pp. 64-78.

______ (1994b). *A constitucionalização simbólica*. São Paulo: Acadêmica.

O'DONNELL, Guillermo (1999). "Polyarchies and the (Un)Rule of Law in Latin America: A Partial Conclusion". *In*: J. E. Méndez *et al*. (orgs.). *The (Un)Rule of Law and the Underprivileged in Latin America*. Notre Dame, Indiana: University of Notre Dame Press.

OLIVEIRA, Luciano (1994). *Do nunca mais ao eterno retorno: uma reflexão sobre a tortura*. São Paulo: Brasiliense.

OST, François (1986). "Entre ordre et désordre : le jeu du droit. Discussion du paradigme autopoïétique appliqué au droit". *Archives de Philosophie du Droit* 31 (Paris: Sirey), pp. 133-62.

PASSERIN D'ENTRÈVES, Alessandro (1962). *La dottrina dello Stato: Elementi di Analisi e di Interpretazione*. Torino: Giappichelli.

PEDROSA, Bernardette (1978). "Estado de direito e segurança nacional". *Anais da VII Conferência Nacional da Ordem dos Advogados do Brasil*. Curitiba, 7-12 de maio de 1978, pp. 185-201.

PREUSS, Ulrich K. (1989). "Perspektiven von Rechtsstaat und Demokratie". *Kritische Justiz* 22 (Baden-Baden: Nomos), pp. 1-12.

RAWLS, John (1990). *A Theory of Justice*. Oxford: Oxford University Press (1. ed. 1972) [trad. bras.: *Uma teoria da justiça*. 2. ed. São Paulo: Martins Fontes, 2002].

RÖSSLER, Beate (org.) (1993). *Quotierung und Gerechtigkeit: Eine moralphilosophische Kontroverse*. Frankfurt am Main: Campus Verlag.

SANTOS, Boaventura de Souza (1977). "The Law of the Oppressed: The Construction and Reproduction of Legality in Pasargada". *Law & Society Review* 12, pp. 5-126.

______ (1980). "Notas sobre a história jurídico-social de Pasargada". *In*: C. Souto e J. Falcão (orgs.). *Sociologia e direito: leituras básicas de sociologia jurídica*. São Paulo: Pioneira, pp. 109-17.

______ (1987). "Law: A Map of Misreading. Toward a Postmodern Conception of Law". *Journal of Law and Society* 14, pp. 279-302.

______ (1988). *O discurso e o poder: ensaio sobre a sociologia da retórica jurídica*. Porto Alegre: Fabris.

STICHWEH, Rudolf (1997). "Inklusion/Exklusion, funktionale Differenzierung und die Theorie der Weltgesellschaft". *Soziale Systeme: Zeitschrift für soziologische Theorie* 3 (Opladen: Leske + Budrich), pp. 123-36.

TAYLOR, Charles (1985). "What's Wrong with Negative Liberty". *In*: C. Taylor (org.). *Philosophical Papers*. Cambridge: Cambridge University Press, vol. 2, pp. 211-29.

TEUBNER, Gunther (1982). "Reflexives Recht: Entwicklungsmodelle des Rechts in vergleichender Perspektive". *Archiv für Rechts- und Sozialphilosophie* 68 (Wiesbaden: Steiner), pp. 13-59.

______ (1984). "Verrechtlichung – Begriffe, Merkmale, Grenzen, Auswege". *In*: F. Kübler (org.). *Verrechtlichung von Wirtschaft,*

Arbeit und sozialer Solidarität: Vergleichende Analysen. Baden-Baden: Nomos, pp. 289-344.

Teubner, Gunther (1988). "Gesellschaftsordnung durch Gesetzgebungslärm? Autopoietische Geschlossenheit als Problem für die Rechtsetzung". *In*: D. Grimm e W. Maihofer (orgs.). *Gesetzgebungstheorie und Rechtspolitik (Jahrbuch für Rechtssoziologie und Rechtstheorie* 13). Opladen: Westdeutscher Verlag, pp. 45-64.

______ (1989). *Recht als autopoietisches System*. Frankfurt am Main: Suhrkamp.

______; Febbrajo, Alberto (orgs.) (1992). *State, Law, and Economy as Autopoietic Systems: Regulation and Autonomy in a New Perspective* (*EYSL – European Yearbook in the Sociology of Law* 91/92). Milão: Giuffrè.

______; Willke, Helmut (1984). "Kontext und Autonomie: Gesellschaftliche Selbststeuerung durch reflexives Recht". *Zeitschrift für Rechtssoziologie* 6 (Opladen: Westdeutscher Verlag), pp. 4-35.

Velho, Gilberto (1980). "Violência e cidadania". *Dados – Revista de Ciências Sociais* (Rio de Janeiro: Iuperj), vol. 23, nº 3, pp. 361-4.

Voigt, Rüdiger (1980). "Verrechtlichung in Staat und Gesellschaft". *In*: R. Voigt (org.). *Verrechtlichung: Analysen zu Funktion und Wirkung von Parlamentarisierung, Bürokratisierung und Justizialisierung sozialer, politischer und ökonomischer Prozesse*. Königstein/Ts.: Athenäum, pp. 15-37.

______ (1983). "Gegentendenzen zur Verrechtlichung: Verrechtlichung und Entrechtlichung im Kontext der Diskussion um den Wohlfahrtsstaat". *In*: R. Voigt (org.). *Gegentendenzen zur Verrechtlichung (Jahrbuch für Rechtssoziologie und Rechtstheorie* 9*)*. Opladen: Westdeutscher Verlag, pp. 17-41.

Weffort, Francisco Corrêa (1981). "A cidadania dos trabalhadores". *In*: B. Lamounier *et al.* (orgs.). *Direito, cidadania e participação*. São Paulo: T. A. Queiroz, pp. 139-50.

WERLE, Raymund (1982). "Aspekte der Verrechtlichung". *Zeitschrift für Rechtssoziologie* 3 (Opladen: Westdeutscher Verlag), pp. 2-13.

ZOLO, Danilo (1986). "Autopoiesis: un paradigma conservatore". *Micro Mega* 1 (Roma: Periodici Culturale), pp. 129-73.

______ (1993). "Democratic Citizenship in a Post-communist Era". *In*: D. Held (org.). *Prospects for Democracy: North, South, East, West*. Cambridge: Polity Press, pp. 254-68.

CAPÍTULO 2

CONSTITUCIONALIZAÇÃO SIMBÓLICA E DESCONSTITUCIONALIZAÇÃO FÁTICA: MUDANÇA SIMBÓLICA DA CONSTITUIÇÃO E PERMANÊNCIA DAS ESTRUTURAS REAIS DE PODER

2.1 Permanência e mudança da Constituição na teoria constitucional corrente

A discussão corrente em torno da permanência e mudança das Constituições tem como ponto de partida o modelo das "Constituições normativas", definidas como aquelas que regulam relevantemente as relações reais de poder. Nessa perspectiva, aponta-se para um núcleo permanente das Constituições, do qual elas retiram sua própria identidade. Entretanto, enfatiza-se a possibilidade de mutações constitucionais. A respeito dessas mutações, podem-se verificar duas espécies básicas: mudanças da normatividade constitucional decorrentes diretamente de alterações do texto constitucional; e mudanças do sentido normativo da Constituição em face do processo de concretização ou realização constitucional.

A mudança da Constituição que resulta diretamente da modificação do texto constitucional pode ocorrer de acordo com o procedimento estabelecido na própria Constituição ou resultar de ruptura com o ordenamento jurídico constitucional. No primeiro caso, a mutação jurídica da Constituição é denominada, frequentemente, reforma constitucional. Alguns autores procuram classificar as reformas em emenda e revisão: as primeiras seriam mais específicas; as últimas teriam uma pretensão de atingir mais genericamente o texto constitucional (cf. Jacques, 1983, p. 515; Menezes, 1972, pp. 226-7). Porém, não há univocidade no uso de tais expressões no direito constitucional positivo (cf. Horta, 1992, pp. 19 ss.; Pinto Ferreira, 1983, pp. 116-7). A rigor, cabe, sim, uma distinção entre a reforma constitucional, como mutação jurídico-positiva, e as mutações fáticas ou meramente políticas da Constituição. Produz-se, então, um novo texto constitucional sem vínculo consistente com a normatividade que decorria do anterior, sobretudo sem nenhuma base em procedimentos jurídicos preestabelecidos. Normalmente, a doutrina constitucional reduz tal situação ao poder constituinte revolucionário – do qual vai distinguir o poder constituinte fundacional (cf. Vanossi, 1975, pp. 136-7), que, na verdade, assume características revolucionárias quando implica uma ruptura com a ordem jurídico-política colonial imposta pela metrópole. Contudo, além da mutação constitucional de fato que resulta de uma ruptura radical com o conteúdo da ordem jurídica anterior, há também a possibilidade do poder constituinte resultante de processo de transição política, sem respeitar o procedimento de alteração constitucional previsto no sistema anterior. No caso de revolução, além de realizar-se em desconformidade com o procedimento de mutação constitucional preestabelecido, há uma ruptura radical e brusca com o conteúdo da ordem jurídica anterior. Na hipótese do poder constituinte (originário) de transição política, também não se atua conforme os procedimentos preestabelecidos, mas há acordos políticos entre agentes da antiga e nova ordem em torno do conteúdo da futura Constituição; há, então, continuidade política e descontinuidade jurídica.

Quanto às mutações constitucionais que resultam da transformação do sentido normativo do texto constitucional no processo de sua concretização, podem-se distinguir duas possibilidades: mudanças decorrentes da interpretação/aplicação constitucional; alterações resultantes da práxis política independentemente de atividade hermenêutica em face do texto constitucional.

É indiscutível que o sentido normativo do texto constitucional modifica-se profundamente pela variação interpretativa (cf., em perspectivas as mais diversas, Kelsen, 1960, pp. 348-9 [trad. bras., 1998, pp. 390-1]; Smend, 1968, p. 236; Ehrlich, 1967, p. 295; Ross, 1971, pp. 111-2 e 130; Pontes de Miranda, 1972, p. 99; Carbonnier, 1972, pp. 150-2). A hermenêutica tem sublinhado que o intérprete, ao construir o sentido normativo de textos jurídicos, fica condicionado pelo contexto histórico-social em que os mesmos são aplicados (cf. Gadamer, 1990, pp. 330 ss.). Tal variação semântica no tempo e no espaço é indissociável dos condicionamentos pragmáticos, ou seja, dos interesses, expectativas e valores envolvidos no momento da interpretação/aplicação (Neves, 1988, pp. 127 ss.; Edelman, 1967, p. 141). E isso não só com relação aos órgãos oficiais de interpretação/aplicação jurídica ("intérpretes *stricto sensu*"), mas também ao público, enquanto dirige suas expectativas ao texto constitucional (Häberle, 1980). Daí por que se torna insustentável a "doutrina originalista" radical nos Estados Unidos, que defende um retorno ao sentido que os membros da Convenção de Filadélfia atribuíam ao texto constitucional de 1787 (a respeito, cf. Rakove, 1990). É sobretudo no sistema norte-americano que se verifica o quanto se destaca a mutação constitucional decorrente da atividade jurisprudencial. Mas também no sistema eurocontinental explicita-se cada vez mais o papel de construção e reconstrução constitucional desempenhado pelos tribunais constitucionais.

A mudança da Constituição no processo de sua concretização ou realização resulta também da práxis constitucional não vinculada à atividade de interpretação/aplicação normativa. A maneira como se desenvolvem concretamente as relações básicas de poder, como atuam os órgãos estatais supremos, como se relacionam os cidadãos com o Estado e entre si pode implicar transformações constitucionais relevantes. É possível que isso resulte tanto em mutações de sentido normativo do texto da Constituição ou no preenchimento de "lacunas constitucionais" quanto no surgimento de uma normatividade constitucional marginal em face do texto constitucional ou no desuso em relação a certos dispositivos da Constituição. Além do mais, essa forma de transformação constitucional é típica das Constituições costumeiras, não intermediadas por texto constitucional.

2.2 Concretização desconstitucionalizante do texto constitucional como manutenção das estruturas reais de poder

Quando tratamos dos modos de mudança da Constituição nos termos da teoria constitucional corrente, partimos das "Constituições normativas", pressupomos "a força normativa da Constituição" (Hesse, 1984), entendida como a orientação das expectativas e o direcionamento das condutas na esfera pública de acordo com o modelo normativo constitucional. No caso das "Constituições nominalistas", nas quais há um hiato radical entre texto e realidade constitucionais (cf. Loewenstein, 1975, pp. 151-7, 1956, pp. 222-5; Neves, 1992a, pp. 91 ss., 1994, pp. 95-9), exige-se uma avaliação mais cuidadosa do problema de sua mutação. De um lado, a deturpação do texto constitucional no processo de concretização, sem base em critérios normativos generalizáveis, torna discutível a aplicação da semântica de "mudança da Constituição". Nessas situações, cabe falar de desconstitucionalização fática ou concretização desconstitucionalizante. Por outro lado, o problema passa a ser mais complexo quando consideramos a função hipertroficamente simbólica das mutações do texto constitucional. A "mudança da Constituição" torna-se, então, *tópos* de constitucionalização simbólica.

A desconstitucionalização a que nos referimos aqui não é aquela que vem sendo discutida no âmbito do debate mais amplo sobre desjuridicização (cf. Voigt, 1983). Não se trata da redução das matérias e relações constitucionalizáveis, ou seja, reguláveis por normas constitucionais. Esse é um problema típico dos países centrais, onde as "Constituições normativas" levaram a uma juridificação radical da esfera pública (cf. Voigt, 1980; Habermas, 1982, pp. 522 ss.; Werle, 1982), possibilitando o surgimento de contratendências desconstitucionalizantes ou desjuridicizantes. A questão da desconstitucionalização fática nos países periféricos com "Constituições nominalistas" diz respeito à degradação semântica do texto constitucional no processo de sua concretização. Em tal contexto, não surge, de maneira generalizada, uma relação consistente da atividade de interpretação/aplicação constitucional e da práxis política dos órgãos estatais e cidadãos com o modelo normativo do texto constitucional. Não se pode falar, então, de "generalização congruente de expectativas normativas" (Luhmann, 1987, pp. 94-106) estruturada e operacionalizada com base no texto constitucional. Não está presente, portanto, uma esfera pública pluralista constitucionalmente integrada. A concretização normativo-jurídica do texto constitucional é bloqueada (não simplesmente condicionada) de forma permanente e generalizada por injunções econômicas, políticas, familiares, de boas relações etc., implicando, contrariamente à codificação binária nos termos da teoria dos sistemas autopoiéticos (cf. Luhmann, 1986a, pp. 75 ss.; 1986b; 1993, pp. 165 ss.), a própria quebra de autonomia operacional do sistema jurídico e uma miscelânea social autodestrutiva e heterodestrutiva dos códigos jurídico, econômico, político, "relacional" etc. A desconstitucionalização significa, pois, a desjuridicização pela fragilidade do código jurídico na sua incapacidade de generalização congruente e a falta de autonomia/identidade consistente de uma esfera de juridicidade (Neves, 1993).

Aqui caberiam referências à teoria normativo-estruturante de Müller (1989, 1990a, 1990b, 1994a, 1994b; cf. Canotilho, 1991, pp. 208 ss. e 221 ss.). Observa-se, no âmbito desse paradigma teórico, que não só a "norma de decisão" (norma individual) mas também a "norma jurídica" (norma geral) são construídas no processo de concretização. O texto constitucional apresenta-se, por um lado, como "o mais importante dado de entrada" desse processo (Müller, 1990b, p. 20, cf. 1990b, pp. 127 e 129; Jeand'Heur, 1989, p. 22). Por outro lado, a decisão concretizante deve ser reconduzível consistentemente ao texto, embora possa apresentar conteúdos os mais variáveis (Müller, 1994b, p. 134). Quando ocorre, porém, concretização desconstitucionalizante, não há uma relação consistente entre texto e atividades concretizantes. O texto constitucional é uma referência distante dos agentes estatais e cidadãos, cuja práxis desenvolve-se frequentemente à margem do modelo textual de Constituição.

À perspectiva predominantemente semântica de Müller cabe acrescentar a concepção eminentemente pragmática de Häberle (1980) a respeito da interpretação constitucional. Além dos intérpretes *stricto sensu* (agentes técnico-jurídicos de interpretação/aplicação constitucional), Häberle inclui toda a esfera pública no processo de interpretação da Constituição: "Nos processos de interpretação da Constituição, estão potencialmente envolvidos todos os órgãos estatais, todas as potências públicas, todos os cidadãos e grupos" (1980, pp. 79-80).

A força normativa da Constituição estaria assegurada quando a esfera pública pluralista fosse integrada no processo de concretização constitucional. Nessa perspectiva, os interesses e valores do público, os mais divergentes, devem ser levados em consideração pelo intérprete em sentido estrito. Em linguagem sistêmica, pode-se dizer que os procedimentos oficiais de interpretação/aplicação jurídica apresentam-se, então, como mecanismos seletivos das diversas expectativas do público em torno do texto constitucional. Tal seletividade teria uma função estabilizadora e congruentemente generalizante das expectativas normativas constitucionais. Porém, na hipótese de concretização desconstitucionalizante, não está presente, em primeiro lugar, uma esfera pública pluralista. As relações excludentes de subintegração e sobreintegração na sociedade, especialmente no sistema jurídico, impedem a construção de uma esfera pública pluralista formada de cidadãos como indivíduos integrados igualitariamente, do ponto de vista jurídico, na sociedade (cf. Neves, 1992a, pp. 94 ss. e 155 ss.; 1992b). O agir e o vivenciar normativos do subcidadão e do sobrecidadão fazem implodir a própria Constituição como modelo jurídico-político da esfera pública. Nesse contexto, a referência à esfera pública deve ser ponderada pela observação de que se trata de uma "esfera pública restrita" a certos grupos e organizações, de tal maneira que a noção ético-discursiva de autonomia privada e pública (direitos humanos e soberania do povo) (Habermas, 1992, pp. 112 ss.) torna-se carente de relevância empírica. Ao problema da insuficiente construção da esfera pública nos casos de concretização desconstitucionalizante, vincula-se a deficiência de seletividade adequada por parte dos procedimentos oficiais de interpretação/aplicação constitucional diante das expectativas políticas de indivíduos e grupos. Não só essas expectativas são, em ampla medida, constitucionalmente marginais ou destrutivas, como também os procedimentos conduzem, com frequência, à distorção casuística do sentido normativo do texto constitucional. Tal situação não significa desconstrução do texto constitucional na perspectiva pós-moderna, mas antes uma prática destrutiva dos seus possíveis sentidos normativos.

A concretização desconstitucionalizante não deve ser lida com base na dicotomia clássica "Constituição formal *versus* Constituição material". Os bloqueios políticos, econômicos e "relacionais" do processo de concretização normativo-jurídica do texto constitucional não implicam, então, congruente generalização de expectativas normativas em torno das relações políticas fundamentais. Há uma tendência particularista e difusa, impedindo a própria construção de constitucionalidade jurídica material, que exigiria critérios normativos generalizáveis. E isso significa, como já observamos acima, uma miscelânea autodestrutiva e heterodestrutiva de códigos de comportamento, atingindo a própria autonomia/identidade da(s) esfera(s) de juridicidade. Desconstitucionalização fática apresenta-se, portanto, como forma principal de desjuridicização no processo concretizador.

A concretização desconstitucionalizante nos âmbitos das "Constituições nominalistas" dos países periféricos, destacando-se o Brasil, atua no sentido da manutenção do *status quo* social. Serve à permanência das estruturas reais de poder, em desacordo com o modelo textual de Constituição, cuja efetivação relevante importaria profundas transformações sociais. Em contraposição aos indícios de mudança expressos no texto constitucional, impõem-se relações reais de poder com pretensão de eternizarem-se, embora desestruturadas e desestruturantes do Estado como instituição. Indaga-se, então, qual o sentido da elaboração de textos constitucionais em tais circunstâncias.

2.3 "Constitucionalização" como mudança simbólica da Constituição

O problema da mutação frequente dos textos constitucionais sem uma relevante repercussão normativo-jurídica nas relações de poder complica-se quando introduzimos a discussão sobre constitucionalização simbólica (Neves, 1994; 1992a, pp. 61-5 e 104-6). A concretização desconstitucionalizante é um requisito imprescindível da constitucionalização simbólica. Mas esta distingue-se especialmente pelo seu significado positivo: a função hipertroficamente político-ideológica do modelo textual de Constituição.

A discussão em torno da constitucionalização simbólica desenvolve-se a partir do debate sobre legislação simbólica (Kindermann, 1988, 1989; Noll, 1981; Hegenbarth, 1981). A própria ambiguidade dos termos "símbolo", "simbólico" e "simbolismo" já dificulta uma delimitação semântica dessa expressão (Neves, 1994, pp. 11 ss.). Talvez se possa vislumbrar uma analogia com a concepção de simbolismo freudiana, na medida em que nela se distingue entre significado latente e significado manifesto (cf. Freud, 1969, pp. 159-77; 1972, pp. 345-94) e afirma-se que na legislação simbólica a sua função latente prevalece sobre a manifesta (cf. Aubert, 1967).

Entretanto, a questão da legislação simbólica está usualmente relacionada com a distinção entre variáveis instrumentais, expressivas e simbólicas no âmbito das ciências sociais. As funções instrumentais implicariam uma relação de meio/fim, a tentativa consciente de alcançar resultados objetivos mediante a ação. Na atitude expressiva, há uma confusão entre o agir e a satisfação da respectiva necessidade. Enquanto a ação instrumental constitui-se "veículo de conflito", o agir expressivo é "veículo de catarse" (Gusfield, 1986, p. 179). Afastando-se de outros autores que abordaram o problema da política simbólica, Gusfield distinguiu o simbólico não apenas do instrumental, mas também do expressivo (1986, pp. 77 ss.). Em contraposição à atitude expressiva e semelhantemente à ação instrumental, a postura simbólica não é caracterizada pela imediatidade da satisfação das respectivas necessidades e se relaciona com o problema da solução de conflitos de interesses (1986, p. 183). Contudo, diferentemente das variáveis instrumentais, a atitude simbólica não é orientada conforme uma relação linear de meio/fim e, por outro lado, não se caracteriza por uma conexão direta e manifesta entre significante e significado, distinguindo-se por seu sentido mediato e latente (1967, pp. 176-7). Como bem observou Gusfield, "a distinção entre ação instrumental e simbólica é, em muitos aspectos, similar à diferença entre discurso denotativo e conotativo" (1986, p. 170).

Na denotação, há uma conexão relativamente clara entre expressão e conteúdo; na ação instrumental, similarmente, um direcionamento da conduta para fins fixos. Na conotação, a linguagem é mais ambígua; o agir simbólico é conotativo na medida em que ele adquire um sentido mediato e impreciso que se acrescenta ao seu significado imediato e manifesto (1986, p. 170; 1967, p. 177), e prevalece em relação ao mesmo.

Evidentemente, a distinção entre função instrumental, expressiva e simbólica só é possível analiticamente; na prática dos sistemas sociais, estão sempre presentes essas três variáveis. Porém, quando se afirma que um plexo de ação tem função simbólica, instrumental ou expressiva, quer-se referir à predominância de uma dessas variáveis, nunca de sua exclusividade. Assim é que "legislação simbólica" aponta para o predomínio, ou mesmo hipertrofia, no que se refere ao sistema jurídico, da função simbólica da atividade legiferante e do seu produto, a lei, sobretudo em detrimento da função jurídico-instrumental.

Não se trata aqui das concepções da política simbólica (Edelman, 1967; 1977) ou do direito como simbolismo (Arnold, 1935, espec. pp. 33 ss., ou 1971), que reduzem, respectivamente, a análise de todo e qualquer sistema político ou jurídico à sua "eficácia simbólica". Embora direito e política tenham sempre uma dimensão simbólica, há variáveis instrumentais relevantes em ambos os sistemas. A própria força normativa da legislação depende de uma combinação de variáveis instrumentais e simbólicas. E todo sistema jurídico funciona com base em ambas as variáveis. O problema surge quando há efeitos hipertroficamente simbólicos da legislação em detrimento de sua eficácia instrumental-normativa.

Enquanto a legislação simbólica atinge apenas setores específicos do sistema jurídico, a constitucionalização simbólica, pela maior amplitude dos âmbitos material e pessoal de vigência do direito constitucional, atinge o núcleo do sistema jurídico, comprometendo toda a sua estrutura operacional e a sua própria autonomia/identidade. Aqui não se desconhece que também as "Constituições normativas" desempenham função simbólica, como bem enfatizaram Burdeau (1962, p. 398; cf., outrossim, Massing, 1989) e Edelman (1967, pp. 18-9), amparados, respectivamente, na experiência constitucional europeia e norte-americana; tampouco que a distinção entre "Constituição normativa" e "Constituição simbólica" é relativa, tratando-se "antes de dois pontos extremos de uma escala do que de uma dicotomia" (Bryde, 1982, p. 27). Porém, a função simbólica das "Constituições normativas" está vinculada à sua relevância jurídico-instrumental, isto é, a um amplo grau de concretização normativa generalizada das disposições constitucionais. Além de servir de expressão simbólica de "consistência", "liberdade", "igualdade", "participação" etc. como elementos caracterizadores da ordem política fundada na Constituição, é inegável que as "Constituições normativas" implicam juridicamente um grau elevado de direção da conduta em interferência intersubjetiva e de orientação das expectativas de comportamento. Às respectivas disposições constitucionais correspondem, numa amplitude maior ou menor, mas sempre de forma socialmente relevante, "expectativas normativas congruentemente generalizadas". O "simbólico" e o "instrumental" interagem reciprocamente para possibilitar a concretização das normas constitucionais. A Constituição funciona realmente como instância reflexiva de um sistema jurídico vigente e eficaz.

Já no caso da constitucionalização simbólica, à atividade constituinte e à emissão do texto constitucional não se segue uma normatividade jurídica generalizada, uma abrangente concretização normativa do texto constitucional. Assim como já afirmamos em relação à legislação simbólica, o elemento de distinção é também a hipertrofia da dimensão simbólica em detrimento da realização jurídico-instrumental dos dispositivos constitucionais. Portanto, o sentido positivo da constitucionalização simbólica está vinculado à sua característica negativa, já considerada no item anterior (cf. Villegas, 1991, p. 120, com relação à experiência colombiana). Sua definição engloba esses dois momentos: de um lado, sua função não é direcionar as condutas e orientar expectativas conforme as determinações jurídicas das respectivas disposições constitucionais; mas, por outro lado, ela responde a exigências e objetivos políticos concretos. "Isso pode ser a reverência retórica diante de determinados valores (democracia, paz). Pode tratar-se também de propaganda perante o estrangeiro" (Bryde, 1982, p. 28).

Nós nos encontramos aqui na esfera do ideológico no sentido de Habermas (1987, p. 246 [trad. bras., 1980, p. 115]): "O que chamamos ideologia são exatamente as ilusões dotadas do poder das convicções comuns". Mas não se trata de ideologia como deformação de uma verdade essencial. Em caso de constitucionalização simbólica, o problema ideológico consiste em que se transmite um modelo cuja realização só seria possível sob condições sociais totalmente diversas. Dessa maneira, perde-se transparência em relação ao fato de que a situação social correspondente ao modelo constitucional simbólico só poderia tornar-se realidade mediante uma profunda transformação da sociedade. Ou o figurino constitucional atua como *ideal*, que por meio dos "donos do poder" e sem prejuízo para os grupos privilegiados deverá ser realizado, desenvolvendo-se, então, a fórmula retórica da "boa intenção" do legislador constituinte e dos governantes em geral (cf. Schindler, 1967, pp. 66-7).

O "Constitucionalismo aparente" (Grimm, 1989, p. 634, ou 1991, p. 13) implica, nessas condições, uma representação ilusória em relação à realidade constitucional, servindo antes para imunizar o sistema político contra outras alternativas. Por meio dele, não apenas podem permanecer inalterados os problemas e relações que seriam normatizados com base nas respectivas disposições constitucionais (Bryde, 1982, pp. 28-9), mas também ser obstruído o caminho das mudanças sociais em direção ao proclamado Estado Constitucional (cabe advertir, porém, que mesmo as Constituições normativas não podem resolver diretamente os problemas sociais, mas apenas influenciar mediatamente em sua solução – Grimm, 1989, p. 638, ou 1991, p. 19). Ao discurso do poder pertencem, então, tanto a invocação permanente do documento constitucional como estrutura normativa garantidora dos direitos fundamentais (civis, políticos e sociais), da "divisão" de poderes e da eleição democrática, quanto o recurso retórico a essas instituições como conquistas do Estado-Governo e como provas da existência da democracia no país. A fórmula ideologicamente carregada "sociedade democrática" é utilizada pelos governantes (em sentido amplo) *com* "Constituições simbólicas" tão regularmente como pelos seus colegas *sob* "Constituições normativas", supondo-se que se trata da mesma realidade constitucional. Daí decorre uma deturpação pragmática da linguagem constitucional, que, se, por um lado, diminui a tensão social e obstrui os caminhos para a transformação da sociedade, imunizando o sistema contra outras alternativas, pode, por outro lado, conduzir, nos casos extremos, à desconfiança pública no sistema político e nos agentes estatais. Isso importa que a própria função ideológica da constitucionalização simbólica tem os seus limites, podendo inverter-se, contraditoriamente, a situação, no sentido de uma tomada de consciência da discrepância entre ação política e discurso constitucionalista.

Não se confunde o problema da constitucionalização simbólica com a ineficácia de alguns dispositivos específicos do diploma constitucional, mesmo que, nesse caso, a ausência de concretização normativa esteja relacionada com a função simbólica. É sempre possível a existência de disposições constitucionais com efeito simplesmente simbólico, sem que daí decorra o comprometimento do sistema constitucional em suas linhas fundamentais. Falamos de constitucionalização simbólica quando o problema do funcionamento hipertroficamente político-ideológico da atividade e do texto constitucionais atinge as vigas mestras do sistema jurídico constitucional. Isso ocorre quando as instituições constitucionais básicas – os direitos fundamentais (civis, políticos e sociais), a "separação" de poderes e a eleição democrática – não encontram ressonância generalizada na práxis dos órgãos estatais, nem na conduta e expectativas da população. Mas é sobretudo no que diz respeito ao princípio da igualdade perante a lei, que implica a generalização do código "lícito/ilícito", ou seja, a inclusão de toda a população no sistema jurídico, que se caracterizará de forma mais clara a constitucionalização simbólica. Pode-se afirmar que, ao contrário da generalização do direito que decorreria do princípio da igualdade, proclamado simbólico-ideologicamente na Constituição, a "realidade constitucional" é então particularista, inclusive no que concerne à prática dos órgãos estatais. Ao texto constitucional simbolicamente includente, contrapõe-se a "realidade constitucional" excludente. Os direitos fundamentais, a "separação de poderes", a eleição democrática e a igualdade perante a lei, institutos previstos abrangentemente na linguagem constitucional, são deturpados na práxis do processo concretizador, principalmente com respeito à generalização, na medida em que se submetem a uma filtragem por critérios particularistas de natureza política, econômica etc. Nesse contexto, só caberia falar de normatividade restrita e, portanto, excludente, particularista, em suma, contrária à normatividade generalizada e includente proclamada no texto constitucional. Mas as "instituições jurídicas" consagradas no texto constitucional permanecem relevantes como referências simbólicas do discurso do poder.

Por fim, quero advertir que não se confunde aqui o simbólico com o ideológico. Inegavelmente, o simbólico da legislação pode ter um papel relevante na tomada de consciência e, portanto, efeitos "emancipatórios". Lefort aponta para a relevância das declarações "legais" dos "direitos do homem" no Estado de direito democrático, cuja função simbólica teria contribuído para a conquista e ampliação desses direitos (1981, pp. 67 ss. e 82 [trad. bras., 1987, pp. 56 ss. e 68]). Mas, no caso da constitucionalização simbólica, principalmente enquanto constitucionalização-álibi (Neves, 1994, pp. 92 ss.; cf. Kindermann, 1989), ocorre antes uma interseção entre simbólico e ideológico do que um processo crítico de conscientização dos direitos, na medida mesmo em que se imuniza o sistema político contra outras possibilidades e transfere-se a solução dos problemas para um futuro remoto.

A compreensão da constitucionalização simbólica como álibi em favor dos agentes políticos dominantes e em detrimento da concretização constitucional encontra respaldo nas observações de Bryde (1982, p. 29) a respeito da experiência africana: as "Constituições simbólicas", em oposição às "normativas", fundamentam-se sobretudo nas "pretensões (correspondentes a necessidades internas ou externas) da elite dirigente pela representação simbólica de sua ordem estatal". Delas não decorre nenhuma modificação real no processo de poder. No mínimo, há um adiamento retórico da realização do modelo constitucional para um futuro remoto, como se isso fosse possível sem transformações radicais nas relações de poder e na estrutura social.

2.4 Ponderações finais

A análise no sentido de que a constitucionalização simbólica implica mudança de(o) texto constitucional sem correspondente alteração das estruturas reais subjacentes, servindo mesmo como mecanismo construtivo de ilusões, pode conduzir a interpretações simplistas de que seriam totalmente vãs as tentativas de transformações sociais intermediadas por mutações de(o) documento constitucional. Entretanto, a função hipertroficamente simbólica do texto constitucional não se refere apenas à retórica "legitimadora" da elite dirigente. Também no discurso político dos críticos do sistema de dominação, a invocação aos valores proclamados no texto constitucional desempenha relevante papel simbólico. Por exemplo, a retórica político-social dos "direitos humanos", paradoxalmente, é tanto mais intensa quanto menor o grau de concretização normativa do texto constitucional.

À constitucionalização simbólica, embora relevante no jogo político, não se segue, principalmente na estrutura excludente da sociedade brasileira, "lealdade das massas", que pressuporia um

Estado de bem-estar eficiente (cf. Neves, 1994, pp. 107 ss.). Contraditoriamente, à medida que se ampliam extremamente a falta de concretização normativa do documento constitucional e, simultaneamente, o discurso constitucionalista do poder, intensifica-se o grau de desconfiança no Estado. A autoridade pública cai em descrédito. A inconsistência da "ordem constitucional" desgasta o próprio discurso constitucionalista dos críticos do sistema de dominação. Desmascarada a farsa constitucionalista, seguem-se o cinismo das elites e a apatia do público (cf. Kindermann, 1989, p. 270, especificamente em relação à legislação-álibi). Tal situação pode levar à estagnação política. É possível que, como reação, recorra-se ao "realismo constitucional" ou "idealismo objetivo", em contraposição ao "idealismo utópico" existente (cf. Vianna, 1939, espec. pp. 7 ss. e 303 ss.; Reale, 1983, p. 67; Torres, 1978, pp. 160 ss.). Mas, como ensinaram as experiências de "constitucionalismo instrumental" de 1937 e 1964, o recurso a essa semântica autoritária não implicará, seguramente, a "reconciliação do Estado com a realidade nacional", mas, antes, a *identificação* excludente do sistema jurídico estatal com as "ideologias" e interesses dos detentores eventuais do poder. Nesse caso, serão impostas "regras-do-silêncio" ditatoriais, negando-se a possibilidade de críticas generalizadas ao sistema de poder, típica da constitucionalização simbólica.

É principalmente por isso que não se deve interpretar a constitucionalização simbólica como um jogo de soma zero na luta política pela ampliação ou restrição da cidadania, equiparando-a ao "instrumentalismo constitucional" das experiências autocráticas (em sentido diverso, Loewenstein, 1956, p. 224). Enquanto não estão presentes "regras-do-silêncio" democráticas nem ditatoriais (Neves, 1992a, pp. 106-7, 1994, pp. 110 ss.; cf. Holmes, 1988), o contexto da constitucionalização simbólica proporciona o surgimento de movimentos e organizações sociais envolvidos criticamente na realização dos valores proclamados solenemente no texto constitucional e, portanto, integrados na luta política pela ampliação da cidadania. Assim sendo, é possível a construção de uma esfera pública pluralista que, embora restrita, tenha capacidade de articular-se com êxito mediante os procedimentos democráticos previstos no texto constitucional. Não se pode excluir a possibilidade, porém, de que a realização dos valores democráticos expressos no documento constitucional pressuponha um momento de ruptura com a ordem de poder estabelecida. E isso torna-se tanto mais provável na medida em que os procedimentos democráticos previstos no texto constitucional são deturpados no processo concretizador, não se operacionalizando como mecanismos de legitimação do Estado.

2.5 Bibliografia

ARNOLD, Thurman W. (1935). *The Symbols of Government*. New Haven: Yale University Press (5. impr., 1948).

______ (1971). "El derecho como simbolismo". *In*: V. Aubert (org.). *Sociología del derecho*. Trad. esp. de J. V. Roberts. Caracas: Tiempo Nuevo.

AUBERT, Vilhelm (1967). "Einige soziale Funktionen der Gesetzgebung". *In*: E. Hirsch e M. Rehbinder (orgs.). *Studien und Materialien zur Rechtssoziologie* (*Sonderheft* [Suplemento] 11 do Kölner Zeitschrift für Soziologie und Sozialpsychologie). Colônia/Opladen: Westdeutscher Verlag, pp. 284-309.

BRYDE, Brun-Otto (1982). *Verfassungsentwicklung: Stabilität und Dynamik im Verfassungsrecht der Bundesrepublik Deutschland*. Baden-Baden: Nomos.

BURDEAU, Georges (1962). "Zur Auflösung des Verfassungsbegriffs". *Der Staat* 1 (Berlim: Duncker & Humblot), pp. 389-404.

CANOTILHO, J. J. Gomes (1991). *Direito constitucional*. 5. ed. Coimbra: Almedina.

CARBONNIER, Jean (1972). *Sociologie juridique*. Paris: A. Colin.

EDELMAN, Murray (1967). *The Symbolic Uses of Politics*. Urbana/Chicago/Londres: University of Illinois Press.

______ (1977). *Political Language: Words That Succeed and Policies That Fail*. Nova York/São Francisco/Londres: Academic Press.

EHRLICH, Eugen (1967). *Grundlegung der Soziologie des Rechts*. 3. ed. Berlim: Duncker & Humblot (reimpr. inalterada da 1. ed. de 1913).

FREUD, Sigmund (1969). "Vorlesungen zur Einführung in die Psychoanalyse" (1916-1917 [1915-1917]). *In*: *Freud – Studienausgabe*. Frankfurt am Main: Fischer, vol. 1, pp. 33-445.

______ (1972). *Die Traumdeutung* (1900). Freud – Studienausgabe. Frankfurt am Main: Fischer, vol. II.

GADAMER, Hans-Georg (1990). *Wahrheit und Methode: Grundzüge einer philosophischen Hermeneutik*. 6. ed. Tübingen: Mohr (1. ed. 1960).

GRIMM, Dieter (1989). "Verfassung". *In*: Görres-Gesellschaft (org.). *Staatslexikon: Recht, Wirtschaft, Gesellschaft*. 7. ed. Friburgo/Basileia/Viena: Herder, vol. V, colunas 633-43.

______ (1991). *Die Zukunft der Verfassung*. Frankfurt am Main: Suhrkamp.

GUSFIELD, Joseph R. (1967). "Moral Passage: the Symbolic Process in Public Designations of Deviance". *Social Problems* 15 (Brooklyn: Society for the Study of Social Problems), nº 2, pp. 175-88.

______ (1986). *Symbolic Crusade: Status Politics and the American Temperance Movement*. 2. ed. Urbana/Chicago: University of Illinois Press.

HÄBERLE, Peter (1980). "Die offene Gesellschaft der Verfassungsinterpreten: ein Beitrag zur pluralistischen und 'prozessualen' Verfassungsinterpretation". *In*: P. Häberle. *Die Verfassung des Pluralismus: Studien zur Verfassungstheorie der offenen Gesellschaft*. Königstein/

Ts.: Athenäum, pp. 79-105 (originariamente em: *Juristische Zeitung – JZ*, 1975, pp. 297-305).

HABERMAS, Jürgen (1982). *Theorie des kommunikativen Handelns*. 2. ed. Frankfurt am Main: Suhrkamp, vol. 2.

______ (1987). "Hannah Arendts Begriff der Macht" (1976). *In*: J. Habermas. *Philosophisch-politische Profile*. Frankfurt am Main: Suhrkamp, pp. 228-48 [trad. bras.: "O conceito de poder de Hannah Arendt". *In*: B. Freitag e S. P. Rouanet (orgs.). *Habermas: Sociologia*. São Paulo: Ática, 1980, pp. 100-18].

______ (1992). *Faktizität und Geltung: Beiträge zur Diskurstheorie des Rechts und des demokratischen Rechtsstaats*. Frankfurt am Main: Suhrkamp.

HEGENBARTH, Rainer (1981). "Symbolische und instrumentelle Funktionen moderner Gesetze". *Zeitschrift für Rechtspolitik* 14 (Munique/Frankfurt am Main: Beck), nº 9, pp. 201-4.

HESSE, Konrad (1984). "Die normative Kraft der Verfassung". *In*: K. Hesse. *Ausgewählte Schriften*. Org. P. Häberle e A. Hollerbach. Heidelberg: Müller, pp. 3-18.

HOLMES, Stephen (1988). "Gag Rules or the Politics of Omission". *In*: J. Elster e R. Slagstad (orgs.). *Constitutionalism and Democracy* (*Studies in Rationality and Social Change*). Cambridge: Cambridge University Press, pp. 19-58.

HORTA, Raul Machado (1992). "Permanência e mudança na Constituição". *Revista de Informação Legislativa* (Brasília: Senado Federal), vol. 29, nº 115, pp. 5-26.

JACQUES, Paulino (1983). *Curso de direito constitucional*. 9. ed. Rio de Janeiro: Forense.

JEAND'HEUR, Bernd (1989). "Gemeinsame Probleme der Sprach- und Rechtswissenschaft aus der Sicht der Strukturierenden Rechtslehre". *In*: F. Müller (org.). 1989, pp. 17-26.

KELSEN, Hans (1960). *Reine Rechtslehre*. 2. ed. Viena: Franz Deuticke (reimpr. inalterada de 1983) [trad. bras.: *Teoria pura do direito*. 6. ed. São Paulo: Martins Fontes, 1998].

KINDERMANN, Harald (1988). "Symbolische Gesetzgebung". *In*: D. Grimm e W. Maihofer (orgs.). *Gesetzgebungstheorie und Rechtspolitik* (*Jahrbuch für Rechtssoziologie und Rechtstheorie* 13). Opladen: Westdeutscher Verlag, pp. 222-45.

______ (1989). "Alibigesetzgebung als symbolische Gesetzgebung". *In*: R. Voigt (org.). *Symbole der Politik, Politik der Symbole*. Opladen: Leske + Budrich, pp. 257-73.

LEFORT, Claude (1981). "Droits de l'homme et politique". *In*: C. Lefort. *L'invention démocratique: les limites de la domination totalitaire*. Paris: Fayard, pp. 45-83 [trad. bras.: "Direitos do homem e política". *In*: C. Lefort. *A invenção democrática: os limites do totalitarismo*. São Paulo: Brasiliense, 1987, pp. 37-69].

LOEWENSTEIN, Karl (1956). "Gedanken über den Wert von Verfassungen in unserem revolutionären Zeitalter". *In*: A. J. Zurcher (org.). *Verfassungen nach dem zweiten Weltkrieg*. Trad. alemã de Ebba Vockrodt. Meisenheim am Glan: Hain, pp. 210-46.

______ (1975). *Verfassungslehre*. Trad. alemã de Rüdiger Boerner. 3. ed. Tübingen: Mohr.

LUHMANN, Niklas (1986a). *Ökologische Kommunikation: Kann die moderne Gesellschaft sich auf ökologische Gefährdungen einstellen?* Opladen: Westdeutscher Verlag.

______ (1986b). "Die Codierung des Rechtssystems". *Rechtstheorie* 17 (Berlim: Duncker & Humblot), pp. 171-203.

______ (1987). *Rechtssoziologie*. 3. ed. Opladen: Westdeutscher Verlag.

______ (1993). *Das Recht der Gesellschaft*. Frankfurt am Main: Suhrkamp.

MASSING, Otwin (1989). "Identität als Mythopoem: zur politischen Symbolisierungsfunktion verfassungsgerichtlicher Spruchweisheiten". *In*: R. Voigt (org.). *Politik der Symbole, Symbole der Politik*. Opladen: Leske + Budrich, pp. 235-56.

MENEZES, Aderson de (1972). *Teoria geral do Estado*. Rio de Janeiro: Forense.

MÜLLER, Friedrich (org.) (1989). *Untersuchungen zur Rechtslinguistik: interdisziplinäre Studien zu praktischer Semantik und strukturierender Rechtslehre in Grundfragen der juristischen Methodik*. Berlim: Duncker & Humblot.

______ (1990a). *Die Positivität der Grundrechte: Fragen einer praktischen Grundrechtsdogmatik*. 2. ed. Berlim: Duncker & Humblot.

______ (1990b). *Essais zur Theorie von Recht und Verfassung*. Org. Ralph Christensen. Berlim: Duncker & Humblot.

______ (1994a). *Strukturierende Rechtslehre*. 2. ed. Berlim: Duncker & Humblot.

______ (1994b). "Juristische Methodik – Ein Gespräch im Umkreis der Rechtstheorie", entrevista a Jan Möller. *Verwaltungsrundschau* 4 (Stuttgart: Kohlhammer), pp. 133-6.

NEVES, Marcelo (1988). *Teoria da inconstitucionalidade das leis*. São Paulo: Saraiva.

______ (1992a). *Verfassung und Positivität des Rechts in der peripheren Moderne: Eine theoretische Betrachtung und eine Interpretation des Falls Brasilien*. Berlim: Duncker & Humblot.

______ (1992b). "Entre subintegração e sobreintegração: a cidadania inexistente". *Revista Acadêmica da Faculdade de Direito do Recife* (Recife: UFPE), vol. 75, pp. 77-103.

______ (1993). "Do pluralismo jurídico à miscelânea social: o problema da falta de identidade da(s) esfera(s) de juridicidade na modernidade periférica e suas implicações na América Latina". *Anuário do Mestrado em Direito* (Recife: UFPE), nº 6, pp. 313-57.

______ (1994). *A constitucionalização simbólica*. Guarulhos/São Paulo: Acadêmica.

NOLL, Peter (1981). "Symbolische Gesetzgebung". *Zeitschrift für Schweizerisches Recht* (nova série) 100 (Basileia: Helbing & Lichtenhahn), pp. 347-64.

PINTO FERREIRA, Luiz. *Princípios gerais do Direito Constitucional moderno*. 6. ed. São Paulo: Saraiva, 1983, vol. 1.

PONTES DE MIRANDA, Francisco Cavalcanti (1972). *Sistema de ciência positiva do direito: introdução à ciência do direito*. 2. ed. Rio de Janeiro: Borsoi.

RAKOVE, Jack N. (org.) (1990). *Interpreting the Constitution: The Debate over Original Intent*. Boston: Northeastern University Press.

REALE, Miguel (1983). "Momentos decisivos do constitucionalismo brasileiro". *Revista de Informação Legislativa* (Brasília: Senado Federal), ano 20, nº 77, pp. 57-68.

ROSS, Alf (1971). *Lógica de las normas*. Trad. esp. de José Hierro. Madri: Technos.

SCHINDLER, Dietrich (1967). *Verfassungsrecht und soziale Struktur*. 4. ed. Zurique: Schulthess.

SMEND, Rudolf (1968). "Verfassung und Verfassungsrecht" (1928). *In*: R. Smend. *Staatsrechtliche Abhandlungen und andere Aufsätze*. 2. ed. Berlim: Duncker & Humblot, pp. 119-276.

TORRES, Alberto (1978). *A organização nacional: primeira parte, a Constituição*. 3. ed. São Paulo: Nacional (1. ed. 1914).

VANOSSI, Jorge Reinaldo A. (1975). *Teoría constitucional I: Teoría constituyente. Poder constituyente: fundacional, revolucionario, reformador*. Buenos Aires: Depalma.

VIANNA, Oliveira (1939). *O idealismo da Constituição*. 2. ed. São Paulo/Rio de Janeiro/Recife/Porto Alegre: Nacional.

VILLEGAS, Maurício García (1991). "La Constitución y su eficacia simbólica". *Revista de la Universidad de Antioquia* 60 (Medellín: Universidad de Antioquia), nº 225, pp. 4-21.

VOIGT, Rüdiger (org.) (1980). *Verrechtlichung: Analysen zu Funktion und Wirkung von Parlamentalisierung, Bürokratisierung und Justizialisierung sozialer, politischer und ökonomischer Prozesse*. Königstein/Ts.: Athenäum.

VOIGT, Rüdiger (org.) (1983). *Gegentendenzen zur Verrechtlichung* (*Jahrbuch für Rechtssoziologie und Rechtstheorie* 9). Opladen: Westdeutscher Verlag.

WERLE, Raymund (1982). "Aspekte der Verrechtlichung". *Zeitschrift für Rechtssoziologie* 3 (Opladen: Westdeutscher Verlag), pp. 2-13.

CAPÍTULO 3

AUMENTO DE COMPLEXIDADE NAS CONDIÇÕES DE INSUFICIENTE DIFERENCIAÇÃO FUNCIONAL: O PARADOXO DO DESENVOLVIMENTO SOCIAL DA AMÉRICA LATINA

Minha exposição será dividida em cinco partes. Em primeiro lugar, apresentarei algumas considerações preliminares sobre o conceito de complexidade, baseada na diferença entre elemento e relação, e sobre o conceito de diferenciação funcional, associada à diferença entre sistema e ambiente. Nesse passo, salientarei que no âmbito da teoria luhmanniana dos sistemas, esses conceitos são independentes um do outro (I). Em segundo lugar, considerarei o problema da complexidade desestruturada, para examinar a questão da insuficiente diferenciação funcional na América Latina (II). Na terceira parte, será tratado o problema da corrupção sistêmica e da exclusão (III). Em seguida, analisarei a desdiferenciação referente a funções na América Latina e proporei um modelo da forma mista da diferenciação no contexto social dessa região da sociedade mundial (IV). Então, chegarei às observações finais (V).

I

No âmbito da teoria luhmanniana dos sistemas, não se pode distinguir o conceito de complexidade das noções de elemento e relação. Nesse sentido, sublinha Luhmann:

> Nós elegemos, não sem ponto de apoio na literatura, um conceito orientado para problemas e o definimos com base nos con-

> ceitos de elemento e relação. Isso tem a vantagem de que o conceito também é aplicável a não sistemas (ambiente, mundo) e de que ele, porque é definido sem emprego do conceito de sistema, pode enriquecer as análises sistêmico-teóricas com pontos de vista adicionais.[1]

Luhmann compreende a complexidade como uma situação em "que há mais possibilidades do que as que podem ser atualizadas"[2]. Com base nessa concepção, pode-se afirmar que sucede um estado de coisas complexo, quando, "no aumento do número de elementos", é ultrapassado um limiar, "a partir do qual não é mais possível pôr todo elemento em relação com os outros"[3]. Isso significa que há complexidade quando existem mais elementos do que os que podem ser atualizados mediante relações. Daí por que a complexidade implica pressão seletiva. Somente em conexão com o conceito de seleção, o conceito de complexidade torna-se relevante para a diferença entre sistema e ambiente. E, a esse respeito, a diferença entre complexidade organizada ou estruturada e complexidade desestruturada ou desorganizada encontra-se no primeiro plano. A propósito, é oportuno citar novamente Luhmann:

> A determinação de quais relações entre elementos são realizadas não pode ser deduzida da complexidade mesma; isso decorre, em qualquer nível de formação de sistema, da diferença entre sistema e ambiente e das condições de sua comprovação em termos evolutivos.[4]

---

[1] Luhmann, 1984, p. 45.

[2] *Id.*, 1987, p. 31.

[3] *Id.*, 1984, p. 46.

[4] *Ibid.*, p. 47.

Com isso não se desconhece que "o problema da diferença sistema/ambiente pode ser esclarecido com ajuda do conceito de complexidade"[5], porque complexidade estruturada ou organizada "só pode ocorrer mediante formação de sistema; pois 'complexidade organizada' significa nada mais do que complexidade com relações seletivas entre elementos"[6]. No plano da diferença entre sistema e ambiente não é, portanto, a própria complexidade que é decisiva, mas sim o desnível entre complexidade do ambiente e complexidade do sistema ou, mais precisamente, entre complexidade desestruturada ou desorganizada do ambiente e complexidade estruturada ou organizada do respectivo sistema. A forma de diferenciação de uma sociedade está associada, na teoria dos sistemas de Luhmann, ao grau desse desnível e à intensidade da pressão para a estruturação ou redução da complexidade, isto é, ao grau da pressão seletiva formadora de sistema. Com a crescente complexidade da sociedade moderna, a diferenciação funcional passa a ser uma exigência, porque essa forma de diferenciação apresenta-se como a mais adequada para que se realize, com êxito, a estruturação de complexidade que leva à formação de sistema. E, com isso, relaciona-se o conceito de racionalidade, pois, em Luhmann, o problema da racionalidade pressupõe a questão de "como é possível aumentar a complexidade apreensível mediante redução de complexidade"[7]. Pode-se, em outras palavras, afirmar que o problema funcional da racionalidade sistêmica consiste em determinar como é possível transformar a complexidade desestruturada do ambiente em complexidade sistêmica estruturada.

Na teoria dos sistemas, o incremento da complexidade é vinculado tão intimamente com a diferenciação funcional da socieda-

---

5 Luhmann, 1984, p. 47.

6 *Ibid.*, p. 46.

7 *Ibid.*, p. 236.

de mundial que existe o risco de equiparar esses dois momentos e, até mesmo, de apresentar o aumento da complexidade como resultado da diferenciação funcional. Partindo-se, porém, de que "o motor da evolução é a crescente complexidade da sociedade"[8], cabe inferir, conforme Luhmann, que a diferenciação funcional é a forma de diferenciação que dá uma resposta racional a esse processo evolutivo na sociedade moderna. Mas, apesar do aumento da complexidade, pode fracassar a diferença, referente a funções, entre sistema e ambiente em diversos contextos de expectativas e comunicações. Isso implica bifurcações no desenvolvimento da sociedade (mundial) moderna, que, "em relação ao número, à diversidade e à interdependência de ações possíveis, é altamente complexa – muito mais complexa do que qualquer uma das formações sociais de tipo mais antigo, limitadas regionalmente"[9].

II

No início da década de 1990, sustentei a tese de que no Brasil, em especial, e na América Latina, em geral, a crescente complexidade da sociedade não levou ao primado da diferenciação funcional[10]. Tendo o modelo sistêmico-teórico como ponto de referência, defendi uma leitura no sentido de que, na América Latina, a alta complexidade da sociedade não foi seguida pela construção e pelo desenvolvimento de sistemas funcionais autônomos. Isso nos põe perante uma complexidade desestruturada e desestruturante. Disso resultam problemas sociais muito mais complicados do que os característicos dos países da "modernidade central". As relações entre conexões de comunicações assu-

---

[8] Luhmann, 1987, p. 106.

[9] *Id.*, 1981, p. 80.

[10] Neves, 1992a; 1992b; 1992c; 1992d; 1993; 1994, espec. pp. 113 ss. (2. ed. 2007, pp. 127 ss.).

mem formas autodestrutivas e heterodestrutivas, com todos os seus efeitos fatídicos para a integração sistêmica e a inclusão social. Nesse contexto, a modernidade não se apresenta positivamente, como superação da tradição mediante a formação de sistemas funcionais autônomos, mas, antes, negativamente, como uma complexidade crescente que dissolve o moralismo hierárquico tradicional sem que, em contrapartida, desenvolva-se satisfatoriamente a diferenciação funcional.

Trata-se, então, de incapacidade dos sistemas sociais para determinar ou estruturar adequadamente a complexidade[11]. Isso não implica o caso-limite de uma complexidade absolutamente indeterminada: "Complexidade inteiramente desestruturada seria o caso-limite da poeira originária, da arbitrariedade e igualdade de todas as possibilidades."[12] Trata-se, antes, de uma incapacidade relativa dos sistemas funcionais para estruturar a complexidade determinável dos seus respectivos ambientes[13]. De fato, existe sempre um desnível de complexidade entre sistema e ambiente[14], e certa subdeterminidade do sistema em face do seu ambiente é condição de flexibilidade[15]. Mas, no que diz respeito à sociedade na América Latina, a subdeterminidade importa "acoplamentos" insuficientemente complexos "entre sistema e ambiente" e, por conseguinte, insegurança das expectativas[16]. Embora o aumento da complexidade exija a correspondente seletividade

[11] Acerca da distinção entre complexidade estruturada e desestruturada, ver Luhmann, 1984, p. 383; 1987, pp. 6-7. Paralelamente, ele faz distinção entre complexidade indeterminada/indeterminável e determinada/determinável (cf., p. ex., 1971, pp. 300-2; 1975a, pp. 209 ss.).

[12] Luhmann, 1987, p. 7. Cf. também 1975a, pp. 211-2; 1984, p. 383.

[13] Luhmann, 1975a, p. 211.

[14] Cf. *ibid.*, pp. 210-1.

[15] *Ibid.*, p. 209.

[16] Cf. *id.*, 1981, p. 96.

estrutural[17], fracassam os sistemas sociais complexos na função seletiva em face do supercomplexo ambiente, no contexto social dos países latino-americanos. No âmbito de uma sociedade hipercomplexa, essa situação envolve especialmente deficiência de racionalidade sistêmica na diferenciação[18]. Confrontamo-nos, destarte, com flexibilidade ou subdeterminidade (relativamente) desorganizadas e com negativa contingência/abertura para o futuro, ou seja, com a falta de segurança.

Nessa perspectiva, é possível interpretar os problemas da modernidade periférica com base na diferença entre redundância e variedade, tal como formulada por Henri Atlan[19]. Partindo-se da assertiva de Luhmann de que a "complexidade desestruturada seria complexidade entrópica, [uma vez que] ela desintegrar-se-ia, a todo tempo, em elementos desconectados"[20], pode-se acrescentar, de acordo com Atlan, que os contextos sociais da América Latina carecem de redundância funcional. Em consequência, a entropia, como informação que falta ("incerteza probabilista")[21], não é suficientemente reduzida[22]. Entre redundância e variedade há, então, um grande abismo, que leva a uma elevada insegurança. Aumento de variedade exige incremento de redundância, pois o equilíbrio entre ambas é condição de autonomia[23]. Na reprodu-

---

[17] Luhmann, 1975a, p. 207.

[18] "Cada nível de desenvolvimento das relações sistema/ambiente tem chances específicas de racionalidade, conforme o modo em que seja tratada a diferença de complexidade em face do ambiente. O problema da racionalidade reside, por fim, na conexão de seleções, e a necessidade disso varia com a complexidade do sistema" (Luhmann, 1975a, p. 214).

[19] Cf. Atlan, 1979.

[20] Luhmann, 1984, p. 383.

[21] Atlan, 1979, pp. 33 ss. e 74-5.

[22] Segundo Atlan, "H" ("informação que nos falta") está em relação inversa para "R" (redundância); cf. 1979, pp. 48, 50-1, 76-7 e 79.

[23] Cf. Atlan, 1979, espec. p. 43.

ção da sociedade mundial na América Latina, o desnível entre (alta) variedade e (baixa) redundância tem efeitos heteronomizantes, que conduzem à flexibilidade desorganizada e uma negativa abertura para o futuro. Trata-se aqui, no entanto, não de ausência de "redundância estrutural inicial", mas sim de falta de "redundância funcional", que garante a "fiabilidade" como "conectividade" dos elementos sistêmicos[24]. Nos termos do dualismo "cristal/fumaça", proposto por Henri Atlan, os sistemas funcionais tendem, na América Latina, por falta de redundância funcional, a uma complexidade entrópica, ou seja, à "fumaça"[25].

III

Esse problema relaciona-se com o fato de que ao código primário e aos critérios de um sistema sobrepõem-se os códigos e critérios de outros sistemas, ou uns bloqueiam os outros, do que resulta uma miscelânea social de códigos e critérios em detrimento da diferenciação funcional[26]. A esse respeito, o conceito de corrupção sistêmica ocupa lugar destacado.

Nesse contexto, cumpre observar que a corrupção emergente no nível das organizações apresenta-se como o contraponto do acoplamento estrutural entre sistemas funcionais autônomos no

---

[24] "A redundância inicial seria uma redundância de módulos, simples repetição de elementos estruturais, enquanto a fiabilidade seria uma redundância de funções" (Atlan, 1979, p. 52). Em outro trecho (p. 129), Atlan fala de "conectividade"; a respeito, cf. também Luhmann, 1986, p. 35, nota 61.

[25] "A morte por rigidez, a do cristal, do mineral, e a morte por decomposição, a da fumaça", assim se refere Atlan (1979, p. 281) aos dois casos-limite da relação "redundância/variedade". Cumpre observar que Atlan propõe uma aplicação "analógica e diferenciante" (1979, p. 7) de sua construção primariamente biológica à organização psíquica e social (pp. 131 ss.) como à ética (pp. 233 ss.). Eu também procedo aqui a uma aplicação "analógica e diferenciante" (não ao biologismo!) do esquema "redundância/variedade", mas, de maneira nenhuma, no sentido proposto por Atlan.

[26] Neves, 1993.

plano da sociedade. Em relação ao direito, afirma Luhmann, por exemplo: "Sem acoplamentos estruturais na relação recíproca dos sistemas parciais da sociedade, o direito permanece corrupto no sentido do uso de linguagem moderno"[27]. É claro que o sistema da sociedade mediante os seus respectivos subsistemas pode reagir com êxito contra a corrupção nas organizações, de tal sorte que as práticas isoladas de corrupção, qualificada como lado negativo do correspondente código-diferença, possam ser rejeitadas e, assim, a diferenciação funcional não seja afetada. Então, cabe distinguir uma mera corrupção dentro da sociedade de uma corrupção sistêmica, que afeta a diferenciação da sociedade. Mas é necessário distinguir tanto entre os níveis quanto entre os graus de amplitude da corrupção sistêmica.

Uma corrupção sistêmica é apenas operativa quando ela é momentânea e, portanto, só atinge uma ou algumas operações. Nesse caso, ela tem efeitos simplesmente sobre os acoplamentos operativos entre sistemas funcionais da sociedade. Em muitas situações, a redundância e a durabilidade da corrupção conduzem à formação de estruturas de expectativas, de tal maneira que tanto cognitiva quanto normativamente não se pode expectar, com segurança, no correspondente contexto, outra coisa senão a atividade corrupta. Nesse caso, a corrupção sistêmica afeta os acoplamentos estruturais entre sistemas funcionais e, igualmente, a autonomia desses, sendo dependente das organizações.

Mas a corrupção sistêmica pode permanecer setorial, sem apresentar tendência à generalização no sistema funcional atingido. Só quando a corrupção sistêmica atua de maneira generalizada no subsistema como um todo é que a tese da diferenciação funcional ou da autonomia operativa do sistema torna-se inade-

[27] Luhmann, 1993, p. 445.

quada, fora da realidade. E há fortes indícios de que, nesse caso, a corrupção sistêmica tenha sua origem em uma organização que se localiza no centro do sistema; a corrupção organizada tem, então, efeitos desdiferenciantes sobre o subsistema da sociedade e, portanto, sobre a sociedade.

Também Luhmann reconhece, referindo-se à corrupção sistêmica, que, "em caso extremo, não se pode mais falar de fechamento operativo [...]"[28], mas ele não retira daí as devidas consequências empíricas para a sua construção teórica, tendo em vista que insiste fortemente na tese do primado da diferenciação funcional da sociedade mundial do presente[29]. Há, no entanto, muitas evidências empíricas, com as quais me confrontei em trabalhos anteriores[30], que sugerem outras inferências teóricas.

Na América Latina não se trata simplesmente de uma "corrupção sistêmica" operativa ou estrutural no âmbito das organizações, o que se pode verificar também nas experiências do Estado democrático de direito na Europa Ocidental e na América do Norte[31]. A corrupção sistêmica nos países latino-americanos tem tendências à generalização, de tal sorte que o próprio primado da diferenciação funcional é afetado.

A corrupção sistêmica referente às organizações está intimamente vinculada com o problema da exclusão de amplos setores da população na América Latina.

Nesse contexto, o seguinte trecho de Luhmann é relevante: "Os sistemas funcionais partem da inclusão e deixam exclusão, em certa medida, apenas acontecer. Nas organizações, dá-se o

---

28 Luhmann, 1993, p. 82.

29 Cf., p. ex., *ibid.*, p. 572; 1997, pp. 743 ss.

30 Além das referências contidas na nota 10, ver Neves, 2006; 2007.

31 Cf. Luhmann, 2000, pp. 295-7; 1993, p. 445 *passim*.

caso contrário."[32] Isso quer dizer: o fato de que a organização parte da qualidade de não membro vincula-se ao primado da inclusão nos sistemas funcionais. Mas, quando os sistemas funcionais são bloqueados por corrupções referentes às organizações, a diferença "membro/não membro", concernente às organizações, transforma-se em diferença "inclusão/exclusão", relativa à sociedade, do que decorre que a exclusão ocupa o primeiro plano. E essa situação continua a exigir uma nova autodescrição da sociedade mundial hodierna.

Eu parto aqui da suposição de que a corrupção sistêmica referente às organizações, associada à exclusão primária na América Latina e outras regiões do globo terrestre, contradiz o primado da diferenciação funcional na sociedade mundial.

IV

A questão que se impõe, nessas circunstâncias, é a seguinte: qual é a forma primária de diferenciação na modernidade periférica? Inicialmente, pretendo apresentar o problema de outra maneira: quais são as condições da desdiferenciação referente às funções nos contextos sociais altamente complexos da modernidade periférica? Embora Luhmann não tenha respondido de maneira consequente a essa questão, encontram-se, em sua obra, algumas insinuações. Ele confirmou, por exemplo, em prefácio ao meu livro sobre a modernidade periférica, a relevância dos fatos nele apresentados para a teoria da diferenciação funcional da sociedade mundial, nos seguintes termos:

> Isso aponta para problemas que nem a teoria de classe de proveniência marxista ou pós-marxista nem o conceito usual de diferenciação funcional da sociedade sabe dar uma resposta. Essas

[32] Luhmann, 2000, p. 392.

> teorias estão, por isso, refutadas? Mas como, se não mediante uma outra teoria?
> Talvez os fatos descritos já permitam perceber que outras diferenças sobrepõem-se às teorias de nossa tradição, construídas de maneira demasiadamente simples.[33]

Apesar disso, insistiu no primado da diferenciação funcional da sociedade mundial contemporânea. Contudo, embora a diferenciação funcional constitua uma exigência da sociedade mundial, exigência essa irradiada a partir da modernidade central, a realização dessa forma de diferenciação tem sido, especialmente na América Latina, tão fortemente obstaculizada por um tipo de forma mista (miscelânea de diferenças), que não se pode falar de um "primado", sem restrições. E esse é um dos graves paradoxos da sociedade mundial: a forma de diferença exigível para ela não encontra as condições sociais de sua realização – ao menos de maneira abrangente.

Caso se queira ir além de uma descrição e um esclarecimento da desdiferenciação funcional da sociedade mundial na América Latina, para perguntar como essa forma mista deve ser caracterizada, a seguinte exposição de Luhmann no mesmo trecho pode ajudar. Ele continua:

> Talvez a realização da diferenciação funcional no nível da sociedade mundial, com alta dinâmica da economia, da ciência e dos meios de comunicação de massas e da política, não queira dizer, por muito tempo, que as correspondentes condições possam realizar-se também no plano regional. E talvez já haja, entrementes, indícios de diferença preordenada, primordial, que regule o acesso às vantagens da diferenciação funcional, a saber, a diferença de inclusão e exclusão [...]. Isso significaria que a

---

33 Luhmann, 1992, p. 3.

> sociedade no Brasil é integrada de maneira dupla, a saber, positivamente através da rede de favores, de gratidões, de relações patrão/cliente, da corrupção, e negativamente mediante a exclusão prática de muitos da participação em todos os sistemas funcionais, situação em que uma exclusão (falta de documento, de trabalho, de alimentação regular, de educação, de seguro de saúde, da segurança do corpo e da vida) implica, a cada vez, forçosamente, outras exclusões.[34]

Nós podemos, então, falar de dois modelos de forma de diferenciação da sociedade moderna: um que serve de referência para a reprodução da sociedade mundial, especialmente nos países desenvolvidos da Europa Ocidental e da América do Norte; outro que é dominante nos países latino-americanos e inumeráveis países de outras regiões do globo terrestre.

No primeiro modelo, vale o primado da diferenciação funcional, do que resulta que a rede de boas relações na forma de "sistemas de contato" e a diferenciação hierárquica mediante estratificação social são postas em segundo plano. A rede de boas relações só provocará corrupção operativa ou corrupção estrutural localizada, não, porém, corrupção sistêmica com efeitos generalizados sobre o correspondente sistema funcional. A estratificação, por sua vez, só provocará exclusão secundária, não levando à exclusão primária[35].

Na América Latina, podemos falar de formas mistas de diferenciação, nas quais a diferenciação funcional não possui o primado. Assim, a rede difusa das boas relações degenera em redes abrangentes e difusas de corrupção sistêmica, que se sobrepõem à diferenciação funcional. Da mesma maneira, a estratifi-

---

[34] Luhmann, 1992, pp. 3-4.

[35] Cf. Müller, 1997, pp. 50 ss.

cação condicionada economicamente degenera em relações de sobreinclusão e subinclusão nos sistemas funcionais, do que decorre que a exclusão primária bloqueia o correspondente código sistêmico funcionalmente estruturado[36].

Mas, sendo assim, pode-se continuar a insistir no primado da diferenciação funcional da sociedade mundial? Minha resposta é "não". A diferenciação funcional constitui – eu repito – uma exigência da sociedade mundial, irradiada da modernidade central. E isso representa um dos graves paradoxos da sociedade hodierna, a saber: a forma de diferenciação que se apresenta como exigência funcional dessa sociedade não encontra as condições sociais de sua realização na maioria das regiões do globo terrestre. A tese do primado reduz-se a uma concepção eurocêntrica – ou válida apenas para os chamados "países desenvolvidos" – da sociedade mundial.

V

Poder-se-ia levantar a questão de se a tese do primado está associada a uma pretensão normativa da sociedade mundial, funcionalmente determinada, que irradia a partir do centro dessa sociedade. A autodescrição das estruturas normativas da sociedade mundial levaria à necessidade de que se trate dessa questão. Para essa possibilidade de interpretação, há indícios na obra tardia de Luhmann. O seguinte trecho deve ser considerado:

> Em suma: a autonomia dos sistemas funcionais, assegurada por códigos binários próprios, exclui uma metarregulação por um supercódigo moral, *e a moral mesma aceita e, inclusive, remoraliza essa condição.* Pois, agora, sabotagens de código tornam-

[36] Acerca das relações de sobreintegração ou sobreinclusão e subintegração ou subinclusão, ver Neves, 1992a, pp. 94 ss. e 155 ss.; 1992c; 2006, pp. 261 ss.

> -se o problema moral – como corrupção na política e no direito, o *doping* no esporte, a compra de amor ou a fraude de dados na pesquisa empírica.[37]

Em uma perspectiva jurídica e interdisciplinar, Teubner confrontou-se com essa questão como um problema normativo da sociedade hodierna. A sua resposta aponta para as Constituições civis da sociedade mundial, que poderiam servir de mecanismos contra a expansão de determinadas esferas sociais em prejuízo de outras[38]. Essa resposta pode, sem dúvida, ser relevante para as novas questões transnacionais da sociedade mundial, mas ela tem pouco significado para os problemas do desenvolvimento da América Latina, que, na perspectiva do direito, já residem na deficiente realização do Estado de direito nos respectivos países.

Por fim, pode-se questionar se esse problema não está ligado ao primado dos sistemas vinculados primordialmente às expectativas cognitivas, a saber, a economia, a técnica e a ciência. De fato, em suas primeiras obras, Luhmann confirmava, a meu ver com razão, a compatibilidade da diferenciação funcional com o primado das expectativas cognitivas. Essa tese foi revivificada recentemente por Teubner e Fischer-Lescano. A sociedade é, então, caracterizada como uma sociedade que se reproduz primariamente com base nas expectativas cognitivas (economia, ciência e técnica)[39], podendo ser compreendida mesmo como uma sociedade que se distingue por "um primado social da economia" ou como "uma sociedade econômica"[40]. É verdade que Luhmann se afastou dessa sua posição mais tarde, para, em favor de uma radi-

---

37 Luhmann, 1997, p. 1043.

38 Teubner, 2003; 2002.

39 Luhmann, 1975b, espec. pp. 55 e 57-8; 1981, pp. 32 e 149 ss.; 1973, p. 5; Fischer-Lescano e Teubner, 2006, p. 7; Neves, 1992a, pp. 75-6.

40 Luhmann, 1981, p. 150.

calização da tese da autopoiese, sustentar a horizontalidade nas relações entre sistemas funcionais[41]. Mas a antiga posição de Luhmann parece-me que deve ser mantida, não no sentido de um primado "ôntico essencial"[42] ou de uma necessária falta de autopoiese nos outros sistemas sociais, mas sim no sentido de que, nos ambientes dos diversos sistemas parciais da sociedade moderna (mundial), a economia constitui o fator mais relevante, a ser observado primariamente. Em outras palavras: a economia é, apesar de todo o êxito da diferenciação funcional, equipada com o código binário mais forte entre um "sim" e um "não". No entanto, não se pode excluir que, nos casos de fortes abismos de estratificação e exclusões no interior do sistema econômico, esse primado degenere em uma desdiferenciação economicamente condicionada da sociedade. E isso está no centro dos problemas sociais da América Latina.

Dessa discussão, poderíamos até ousar dizer que as patologias dos sistemas funcionais por força de corrupção sistêmica[43] transformam-se, no contexto latino-americano, paradoxalmente, em "patologias da normalidade"[44], sendo tal situação especialmente marcante no âmbito do direito e da política, ou seja, da realidade constitucional.

Bibliografia

ATLAN, Henri (1979). *Entre le cristal et la fumée: essai sur l'organisation du vivant*. Paris: Seuil.

---

[41] Cf., p. ex., Luhmann, 1988, espec. p. 27; 1997, espec. pp. 747-8 e 762-3.

[42] Cf. Luhmann, 1975b, pp. 63-4.

[43] Luhmann relaciona as "patologias" dos sistemas funcionais com moralizações ("a moral concentra sua atenção nas patologias"), pressupondo que, atualmente, "sabotagens de código tornam-se o problema moral, como a corrupção na política e no direito" (1997, p. 1043).

[44] Nesse passo, parafraseio, com respeitosa ironia, Fromm, 1956, pp. 12 ss.

FISCHER-LESCANO, Andreas; TEUBNER, Gunther (2006). *Regime-Kollisionen: zur Fragmentierung des globalen Rechts*. Frankfurt am Main: Suhrkamp.

FROMM, Erich (1956). *The Sane Society*. Londres: Routledge & Kegan Paul.

LUHMANN, Niklas (1971). "Systemtheoretische Argumentationen: Eine Entgegnung auf Jürgen Habermas". *In*: J. Habermas e N. Luhmann. *Theorie der Gesellschaft oder Sozialtechnologie – Was leistet die Systemforschung?* Frankfurt am Main: Suhrkamp, pp. 291-405.

______ (1973). "Politische Verfassungen im Kontext des Gesellschaftssystems". *In*: *Der Staat* 12 (Berlim: Duncker & Humblot), pp. 1-22 e 165-82.

______ (1975a). "Komplexität". *In*: N. Luhmann. *Soziologische Aufklärung 2: Aufsätze zur Theorie der Gesellschaft*. Opladen: Westdeutscher Verlag, pp. 204-20.

______ (1975b). "Die Weltgesellschaft". *In*: N. Luhmann. *Soziologische Aufklärung 2: Aufsätze zur Theorie der Gesellschaft*. Opladen: Westdeutscher Verlag, pp. 51-71.

______ (1981). *Ausdifferenzierung des Rechts: Beiträge zur Rechtssoziologie und Rechtstheorie*. Frankfurt am Main: Suhrkamp.

______ (1984). *Soziale Systeme: Grundriß einer allgemeinen Theorie*. Frankfurt am Main: Suhrkamp.

______ (1986). *Soziologische Beobachtung des Rechts*. Frankfurt am Main: Metzner.

______ (1987). *Rechtssoziologie*. 3. ed. Opladen: Westdeutscher Verlag.

______ (1988). *Die Wirtschaft der Gesellschaft*. Frankfurt am Main: Suhrkamp.

______ (1992). "Zur Einführung". *In*: M. Neves. 1992a, pp. 1-4.

______ (1993). *Das Recht der Gesellschaft*. Frankfurt am Main: Suhrkamp.

______ (1997). *Die Gesellschaft der Gesellschaft*. Frankfurt am Main: Suhrkamp, tomo 2.

LUHMANN, Niklas (2000). *Organisation und Entscheidung*. Opladen/Wiesbaden: Westdeutscher Verlag.

MÜLLER, Friedrich (1997). *Wer ist das Volk? Die Grundfrage der Demokratie – Elemente einer Verfassungstheorie VI*. Berlim: Duncker & Humblot.

NEVES, Marcelo (1992a). *Verfassung und Positivität des Rechts in der peripheren Moderne: Eine theoretische Betrachtung und eine Interpretation des Falls Brasilien*. Berlim: Duncker & Humblot.

______ (1992b). "Da autopoiese à alopoiese do direito". *Anuário do Mestrado em Direito* (Recife: UFPE), nº 5, pp. 273-98.

______ (1992c). "Entre subintegração e sobreintegração: a cidadania inexistente". *Revista Acadêmica da Faculdade de Direito do Recife* (Recife: UFPE), vol. LXXV, pp. 77-103.

______ (1992d). "A crise do Estado: da modernidade central à modernidade periférica – anotações a partir do pensamento filosófico e sociológico alemão". *Anais do XVI Encontro Nacional dos Tribunais de Contas do Brasil* (Recife: TCE-PE), vol. 1, pp. 157-72.

______ (1993). "Do pluralismo jurídico à miscelânea social: o problema da falta de identidade da(s) esfera(s) de juridicidade na modernidade periférica e suas implicações na América Latina". *Anuário do Mestrado em Direito* (Recife: UFPE), nº 6, pp. 313-57.

______ (1994). *A constitucionalização simbólica*. Guarulhos/São Paulo: Acadêmica (2. ed. São Paulo: WMF Martins Fontes, 2007).

______ (2006). "Die Staaten im Zentrum und die Staaten an der Peripherie: Einige Probleme mit Niklas Luhmanns Auffassung von den Staaten der Weltgesellschaft". *Soziale Systeme: Zeitschrift für Soziologische Theorie* 12 (Stuttgart: Lucius & Lucius), nº 2, pp. 247-73.

______ (2007). "Grenzen der Autonomie des Rechts in einer asymmetrischen Weltgesellschaft: Von Luhmann zu Kelsen". *Archiv für Rechts- und Sozialphilosophie* 93 (Stuttgart: Franz Steiner Verlag), nº 3, pp. 363-95.

Teubner, Gunther (2000). "Privatregimes: Neo-Spontanes Recht und duale Sozialverfassungen in der Weltgesellschaft". *In*: D. Simon e M. Weiss (orgs.). *Zur Autonomie des Individuums: Liber Amicorum Spiros Simitis*. Baden-Baden: Nomos, pp. 437-53.

______ (2003). "Globale Zivilverfassungen: Alternativen zur staatszentrierten Verfassungstheorie". *Zeitschrift für ausländisches öffentliches Recht und Völkerrecht* 63 (Heidelberg: Max-Planck-Institut für ausländisches öffentliches Recht und Völkerrecht), nº 1, pp. 1-28.

CAPÍTULO 4

JUSTIÇA E DIFERENÇA NUMA SOCIEDADE GLOBAL COMPLEXA

O artigo trata de "justiça e diferença em uma sociedade mundial complexa". O autor desenvolve a ideia de que a (universalidade da) justiça se afirma enquanto for sensível às diferenças: a justiça como igualdade complexa só é alcançável se considerar a diversidade de valores, interesses e expectativas de indivíduos e grupos, assim como a heterogeneidade de discursos e esferas de comunicação. Primeiro será discutido o conceito de justiça como um modelo normativo de tratamento igual/desigual. Com base nesse conceito de justiça como igualdade, demonstrar-se-á como o universalismo inerente a ele é conciliado com a diversidade de valores, interesses e expectativas encontrados na sociedade global contemporânea. Em seguida, será abordada a justiça como igualdade complexa, considerando sua variação de acordo com o jogo de linguagem (discurso) ou a esfera da comunicação (sistema) a que se refere o tratamento igual/igual. O artigo, então, concentrar-se-á no Estado democrático de direito como um modelo processual para a realização da justiça na sociedade mundial de hoje. Finalmente, será considerado o impacto negativo de dois fatores sobre o Estado democrático de direito: a intolerância étnica e o fundamentalismo religioso, por um lado, e a expansão da economia, por outro, discutindo-se criticamente alternativas institucionais globais a esse tipo de Estado.

I

O título deste artigo envolve termos intensamente ambíguos e extensamente vagos. Pressupõe-se, portanto, para um tratamento adequado do tema que me foi proposto, uma precisão semântica dos termos utilizados no título, evitando-se dessa maneira que minha exposição se reduza a um jogo retórico vazio. Com outras palavras, é indispensável que seja determinado preliminarmente como entendo a mensagem contida no título do artigo.

Antes de tudo, gostaria de esclarecer que compreendo o termo "justiça", no contexto do título de meu artigo, como uma referência linguística a um modelo normativo de avaliação da conduta em interferência intersubjetiva ou de avaliação de decisões vinculantes, não como uma referência linguística a um órgão ou instituição do Estado de direito, embora se possa observar que esse órgão ou essa instituição, supostamente, tenha o papel de cuidar da aplicação prática daquele modelo. Mas essa compreensão semântica da palavra "justiça", evidentemente, torna-lhe a determinação temática ainda mais complicada, exigindo-se, pois, um esforço sobremaneira maior na especificação do sentido do vocábulo.

Também cabe advertir que não tratarei a relação entre justiça e diferença em termos do debate principalmente norte-americano entre liberalismo e comunitarismo[1], que já apresenta fortes sinais de desgaste por formas simplificadoras e recepções acríticas.

---

[1] Esse debate foi impulsionado e ganhou contornos mais precisos a partir da crítica comunitarista de Sandel (1982) ao modelo de justiça liberal concebido por Rawls (1990 [1972]). Com o rótulo "comunitarismo", passou-se a referir, então, a autores os mais discrepantes, destacando-se, além de Sandel, Charles Taylor, Alasdair MacIntyre e Michael Walzer; com o rótulo "liberalismo", também a autores os mais diversos, sobressaindo-se, além de Rawls, Ronald Dworkin, Thomas Nagel e Bruce Ackerman (cf. Honneth, 1995, p. 7). Na Alemanha, Forst (1996) oferece um exame crítico dos limites desse debate no quadro da teoria do discurso.

A contraposição radical entre justiça universal referida ao individualismo moral e valores diferentes referidos ao comunitarismo ético, para a qual enveredou esse debate[2], tornou-o pouco frutífero para o tratamento da relação dinâmica entre justiça e diferença em uma sociedade global complexa. Minha argumentação na exposição que segue se dirige ao sentido da tese de que o universalismo da justiça implica, também, o tratamento adequado da relatividade e da diferença de valores. A justiça não se pode reduzir a um universalismo moral individualista, não é um atributo exclusivo do liberalismo. Ela se afirma enquanto é sensível à diferença, sendo esta compreendida aqui não apenas como diferença de valores coletivos ou mesmo individuais, mas também como diferença de esferas de comunicação.

A justiça pode ser compreendida, do ponto de vista da teoria sistêmica, como complexidade adequada do sistema jurídico (na perspectiva externa) ou como consistência de suas decisões (na perspectiva interna) (Luhmann, 1988, pp. 26-7; 1981, pp. 388 ss.). Em conformidade com essa formulação, ela é concebida como fórmula de contingência do direito, referindo-se à "diferença entre indeterminabilidade e determinabilidade" (Luhmann, 1993, p. 220). Mas tal compreensão sistêmica cai no vazio se a "justiça no sentido de uma *complexidade adequada* do decidir consistente" (Luhmann, 1993, p. 225), que se apresenta como uma fórmula de contingência do sistema jurídico, não é relacionada ao princípio da igualdade, que pressupõe a forma-diferença "igual/desigual" e aponta para o tratamento igual dos iguais e desigual dos desiguais (Luhmann, 1993, pp. 110 ss. e 223 ss.). Assim sendo, partindo de que o direito se apresenta como "mecanismo do trata-

---

[2] O próprio Taylor (1991) pondera a respeito da tendência simplificadora desse debate.

mento igual/desigual" (Teubner, 1996a, p. 211), conceituarei a *justiça*, no presente artigo, como *o(s) modelo(s) normativo(s) de avaliação do tratamento consistente e adequadamente complexo da diferença "igual/desigual"*, que é (são) construído(s) com pretensão de universalidade no plano da observação de segunda ordem do sistema jurídico.

Por *diferença*, não compreendo aqui toda forma de diversidade natural ou cultural, mas sim apenas aquelas *diversidades que possam ter uma relevância normativa* para o direito, especialmente *para o tratamento "igual/desigual"*. Nessa acepção, é relevante sobretudo a *heterogeneidade de valores, interesses e discursos* que caracteriza a sociedade contemporânea. Defino *valores* como as *preferências individuais ou coletivas com relação ao* (bom?) *modo de viver* (valores-preferência)[3] ou como as *evidências* (formas indiscutíveis de agir e de vivenciar)[4] *que são constitutivas da formação da identidade de indivíduos e grupos* (valores-identidade)[5]. Concebo *interesses* como as *formas em que as relações entre meios e fins se manifestam no comportamento e nas comunicações de indivíduos e grupos*. E entendo por *discursos* os diversos *jogos de linguagem nos quais os diferentes valores e interesses circulam de uma maneira conflituosa*.

---

[3] Por exemplo, de acordo com a formulação de Habermas (1992, p. 190): "Valores concorrem sempre com outros valores. Eles exprimem quais bens determinadas pessoas ou coletividades ambicionam ou preferem em determinadas circunstâncias."

[4] Ver Luhmann (1998, p. 349; 2000, p. 193).

[5] É verdade que os valores-preferência e os valores-identidade não podem ser completamente separados um do outro, pois as "questões éticas sobre o próprio bem e a própria sorte surgem no contexto de uma *determinada* história de vida ou de uma forma de vida *especial*. Elas são confundidas com questões sobre identidade: como devemos nos compreender, quem somos e quem queremos ser" (Habermas, 2001, p. 14). Mas a diferença entre valores-preferência e valores-identidade, nesse contexto, não tem sentido na medida em que a emergência de novos valores-preferência pode levar à transformação de identidades sedimentadas ou entrar em conflito com elas.

Quando me refiro à "sociedade global", não quero recorrer aqui simplesmente ao rótulo "globalização", pois o seu uso abusivamente ideológico, de um lado, e a sua imprecisão, onipresente nos diversos campos da produção cultural, de outro, convertem-no frequentemente em palavra-chave de uma retórica inconsistente. Com a expressão "sociedade global", refiro-me a seguir à "sociedade mundial" como aquela que se desenvolve, paulatinamente, a partir do século XVI (cf. Luhmann, 1997, p. 148, ou Luhmann e De Giorgi, 1992, p. 47). A chamada "globalização" deve ser entendida como uma intensificação dessa sociedade, que se constrói, primariamente, a partir da economia, da técnica, da ciência e dos meios de comunicação de massa: relações sociais e comunicações intensificam-se além das fronteiras dos Estados como organizações político-jurídicas territoriais e das fronteiras culturais entre "nações" e etnias. Ela também pode ser vista como uma explicitação, nas últimas décadas, de características da sociedade mundial que já se encontravam latentes anteriormente (cf. Brunkhorst, 1999, p. 374). E enquanto problema que emerge dentro da sociedade mundial, toma relevância a globalização econômica, significando um expansionismo do sistema econômico, no plano mundial, com efeitos destrutivos para as diversas outras esferas sociais, especialmente para a política e o direito. Contudo, os teóricos da globalização partem de um conceito de sociedade baseada no Estado Nacional (cf., por exemplo, Giddens, 1991, espec. p. 13) ou de uma concepção cultural da sociedade (cf., por ex., Robertson, 1992). Antes, cabe falar de uma *sociedade mundial* (moderna) em que as *comunicações se reproduzem globalmente* e, portanto, *o horizonte do agir e do vivenciar ultrapassa todas as fronteiras regionais*. Essa sociedade, porém, está diferenciada segmentariamente, no âmbito político-jurídico, em Estados enquanto organizações territorialmente delimitadas e comporta as mais diversas culturas.

Por fim, ao definir-se a sociedade mundial como uma sociedade "complexa", emprega-se aqui esse adjetivo no sentido sistêmico do termo "complexidade", que se refere à presença permanente de mais possibilidades (alternativas) do que as suscetíveis de ser atualizadas (Luhmann, 1986b, p. 206; 1987a, p. 31; 1989, pp. 4-5). Nessa acepção, afirma-se que a sociedade mundial (moderna) é supercomplexa porque as alternativas possíveis de condutas, comunicações, relações e fatos sociais são muito maiores do que aquelas que se podem realizar efetivamente em uma situação concreta. A complexidade implica, por sua vez, contingência. Esta significa que, entre as diversas possibilidades, pode atualizar-se uma que não era esperada, importando "perigo de desapontamento e necessidade de assumir-se riscos" (Luhmann, 1987a, p. 31)[6]. A supercomplexidade e a supercontingência da sociedade global de hoje envolvem o aumento da necessidade de seleção (Luhmann, 1987b, p. 47), exigindo, porém, mecanismos seletivos que não excluam, definitiva e absolutamente, nenhuma das possibilidades. A redução seletiva de complexidade conduz ao aumento de complexidade, ou seja, os mecanismos seletivos destinam-se a transformar complexidade desestruturada em complexidade estruturada, sem desconhecer, portanto, a heterogeneidade de valores, interesses e discursos, assim como a pluralidade de sistemas existentes na sociedade.

Feitas essas observações preliminares concernentes à delimitação semântica do título do presente artigo, pretendo abordar a seguir, primeiramente, o conceito de justiça como modelo nor-

---

[6] A contingência pode ser vista como a dimensão qualitativa da complexidade. Em consonância com isso, enfatiza Morin (1990, pp. 48-9): "Mas a complexidade não compreende apenas as quantidades de unidades e interações que desafiam nossas possibilidades de cálculo; ela compreende também as incertezas, as indeterminações, os fenômenos aleatórios. A complexidade, num sentido, *tem sempre a ver com o risco.*"

mativo do tratamento igual/desigual em termos consistente e adequadamente complexos, procedendo a uma análise do princípio da igualdade, na qual considerarei que este pressupõe heterogeneidade social e compatibiliza-se com as "discriminações inversas" (II). Com base nessa concepção da justiça como igualdade, procurarei demonstrar como o universalismo a ela inerente concilia-se com a diversidade de valores da sociedade global contemporânea (III). Em seguida, definirei a justiça como igualdade complexa, considerando a sua variação conforme o jogo de linguagem (discurso) ou a esfera de comunicações (sistema) a que se refere o tratamento igual/desigual (IV). Na sequência, tratarei do Estado democrático de direito como modelo procedimental mais adequado à realização da justiça na sociedade global de hoje (V). Nas considerações finais, discutirei o problema da perda de significado do Estado democrático de direito em virtude, por um lado, da intolerância étnica e do fundamentalismo religioso, incompatíveis com a diversidade de valores, e, por outro lado, do expansionismo da economia com efeitos destrutivos em relação ao direito e à política, o que tem levado a uma ampliação de formas de "exclusão" e desigualdade social, isto é, a uma injustiça estrutural globalizada; nesse contexto, farei uma breve referência à viabilidade prática da construção de instituições jurídicas e políticas globais que poderiam ter o papel de realizar a justiça em lugar do supostamente ineficiente Estado democrático de direito (VI).

II

Ao definir-se a justiça como (norma da) igualdade, impõe-se uma compreensão precisa do princípio da isonomia, evitando-se assim uma retórica ambígua e vaga, tão comum quando se discute tal princípio.

Inicialmente, deve ser afastada toda e qualquer concepção de que se trata de "igualdade de fato" no Estado de direito. O princípio da igualdade surge exatamente como forma de neutralizar as desigualdades no âmbito do exercício dos direitos. Nesse sentido é que se fala de "igualdade de direito"[7]. Deve-se acrescentar, contudo, para evitar, de um lado, ilusões e, de outro, críticas ideológicas fundadas na sobrecarga do princípio, que este não aponta para a igualdade conteudística de direito e poder dos indivíduos e grupos. O princípio refere-se antes ao tratamento isonômico que se obtém mediante a integração ou o acesso igualitário às instituições e aos procedimentos jurídicos.

Outro equívoco a ser advertido preliminarmente diz respeito à confusão entre igualdade jurídica e homogeneidade da sociedade. Essa confusão relaciona-se com uma postura simplificadora em relação à caracterização da sociedade moderna e da democracia[8]. Ao contrário, a complexidade e a heterogeneidade social é que são pressupostas na emergência e concretização do princípio jurídico da igualdade. A "homogeneidade estratificada" pré-moderna é incompatível com o princípio da igualdade. A diversidade

---

[7] Cf., por ex., Jouvenel, 1976, pp. 134-44 [trad. bras., 1978, pp. 160-71], criticando a frase com a qual se inicia um clássico da literatura política do século XIX, *De la Démocratie en Amérique*: "Entre as novidades que atraíram a minha atenção durante minha permanência nos Estados Unidos, não houve nenhuma que me impressionasse tanto como a igualdade de condições" (Tocqueville, 1986, p. 49). Ao contrário, sustenta Jouvenel (1976, pp. 135-7 [trad. bras., 1978, pp. 162-3]), recorrendo a Sieyès, que não se trata de "igualdade de meios", mas sim de "igualdade jurídica", e que, nesse sentido, não haveria diferença entre a igualdade francesa e a americana. Entre nós, distinguindo entre a isonomia (pressuposto da aplicação normativa concreta) e as chamadas "liberdades materiais" (metapolítico-jurídica referente à igualdade de condições sociais), adverte Comparato (1993, pp. 77-8): "Não há, pois, que se pretender apagar ou escamotear as desigualdades sociais de fato entre os homens, com a aplicação da isonomia."

[8] De forma crítica, Zolo (1992, espec. pp. 17 ss. e 73 ss.) enfatiza a ligação entre democracia e complexidade.

de valores, interesses, crenças e etnias no mesmo espaço social e político é que torna possível a implantação do princípio da igualdade[9]. Diante das diferenças, pode-se assumir um modelo autocrático, seja este autoritário ou totalitário, desconhecendo-se e reprimindo-se a heterogeneidade e pluralidade da sociedade, ou reconhecer e incorporar as diferenças sem privilégios. Nesse sentido, o princípio da igualdade só se realiza enquanto viabiliza respeito recíproco e simétrico às diferenças.

Embora pressuposto que o princípio da igualdade não tem a pretensão de estabelecer uma igualdade de fato na sociedade, muito menos a homogeneidade social, presumindo, ao contrário, a desigualdade fática e a heterogeneidade de valores e interesses, ainda assim surgem dificuldades em sua delimitação semântica. O caráter problemático do princípio resulta de que ele só pode ser formulado se incorporar a desigualdade como um de seus polos. Em outras palavras, o princípio da igualdade apresenta-se inicialmente mediante a diferença entre igual e desigual. Não nos restringimos aqui, sem considerar as diferenças de contextos históricos, a retomar a formulação aristotélica de que a igualdade consiste em tratar igualmente os iguais e desigualmente os desiguais[10]. No mundo grego, esse modelo implicava inclusive que se justificasse a escravidão. É inegável, porém, que a formulação

---

[9] Por outro lado, pode ser corretamente assinalado que, do ponto de vista da distribuição de bens e oportunidades na sociedade, a disparidade social pode minar o princípio da igualdade, isto é, sem um mínimo de "homogeneidade social" a "igualdade formal mais radical [...] se torna a desigualdade mais radical" (Heller, 1971, p. 430 [1928, p. 43]). Mas essa questão é hoje mais propriamente abordada sob a palavra-chave "inclusão", que é a reivindicação de inclusão generalizada e universal contra as tendências de "exclusão" de amplos grupos da população (cf. Brunkhorst, 2001, pp. 605-26). Retornarei a esse assunto a seguir.

[10] Aristóteles não desconhecia o caráter problemático de sua formulação: "Se elas [as pessoas] não são iguais, não terão o que é igual; mas isso é origem de disputas e queixas – ou quando iguais têm e recebem partes desiguais, ou quando desiguais, partes iguais" (1941, p. 1006 [1131a 20-25]).

clássica do princípio da igualdade é passível de uma releitura ou reconstrução que a torne compatível com as exigências da sociedade contemporânea.

Assim é que, reinterpretando o "princípio da igualdade" na perspectiva sistêmica, Luhmann define a igualdade como um conceito de forma (uma diferença), que depende da existência de um outro lado, a desigualdade:

> Igualdade sem desigualdade não tem sentido – e vice-versa. Se o igual deve ser tratado igualmente, o desigual tem de ser tratado como desigual. [...] Se se renuncia ao conceito normativo de igualdade, chega-se à regra aristotélica de que o igual seja tratado igualmente e o desigual, desigualmente. Trata-se, portanto, de um esquema de observação que apenas sugere o desenvolvimento de normas e preferências, mas que não fixa, ele mesmo, já a preferência pela igualdade. (Luhmann, 1993, p. 111)

Nessa orientação, a igualdade é, antes de tudo, forma que estabelece uma diferença, "igual/desigual". E, nesse sentido, é adaptável aos mais diferentes tipos societários, até mesmo às sociedades estratificadas (Luhmann, 1993, p. 112). Só quando a igualdade transforma-se de uma forma em uma norma, é que se pode compreender o papel específico do princípio da igualdade no direito da sociedade moderna. Luhmann, considerando que o princípio formal da igualdade "apenas descreve a autopoiese do sistema", enfatiza que o salto lógico "reside na interpretação da forma como norma" (Luhmann, 1993, p. 112)[11]. Dessa maneira, o paradoxo da forma converter-se-ia na "assimetria de uma regra aplicável" (Luhmann, 1993, p. 112). De acordo com o princípio normativo da igualdade, o tratamento igual seria a regra, da qual o tratamento desigual constituiria a exceção (Luhmann, 1993, pp. 111-2).

---

[11] Sobre a igualdade como forma e como norma, cf. analogamente Luhmann, 1991.

Porém, na concepção sistêmica luhmanniana, o princípio da igualdade, em sua dimensão jurídica, exige especificamente "que os *casos* sejam tratados igualmente". Em sua utilização política, exige "que as *pessoas* sejam tratadas igualmente" (Luhmann, 1993, p. 113). Assim sendo, Luhmann reduz o princípio jurídico da igualdade à exigência da regularidade da aplicação normativa, que, com a positivação do direito na modernidade, significa o princípio da legalidade. Daí não decorre que desconheça que "o mandamento constitucional da igualdade, enquanto norma jurídica, conduz ao fato de que a igualdade política é interpretada juridicamente como igualdade/desigualdade de casos" (Luhmann, 1993, p. 113). Na linguagem kelseniana, o princípio da igualdade em sua dimensão puramente jurídica implicaria a igualdade *perante* a lei, ao passo que o princípio político da igualdade como conteúdo de preceito constitucional significaria a igualdade *na* lei (cf. Kelsen, 1960, pp. 146 [trad. bras., 1998, pp. 158-9] e 396 [N. do Org.: essa página refere-se ao texto "Das Problem der Gerechtigkeit", incluído na reimpressão do original citada pelo autor]). E, quando se discute sobre o princípio constitucional da isonomia como expressão da justiça no Estado democrático de direito, é a igualdade na lei que está em questão. O tema do debate é, em primeiro lugar, a integração igualitária dos homens (como pessoas) ao ordenamento jurídico; só secundariamente, o tratamento igual de casos e situações jurídicas.

O princípio da igualdade, entretanto, não se restringe à integração sistêmica igualitária. A noção de integração procedimental igualitária pode ser lida a partir de duas perspectivas diversas e inseparáveis. Do ponto de vista sistêmico, a questão refere-se à neutralização de desigualdades fáticas na consideração jurídica de indivíduos e grupos. Mas, por outro lado, é imprescindível que na esfera pública pluralista tenha-se desenvolvido a ideia de que as diferenças sejam recíprocas e simetricamente respeitadas. Isso exige que os procedimentos constitucionais apresentem-se como sensíveis ao convívio dos diferentes e, dessa maneira, possibilitem-lhes um tratamento jurídico igualitário. É nessa perspectiva que cabe uma releitura da concepção de Dworkin do direito "fundamental" de igual respeito e consideração (Dworkin, 1991a, pp. 180 ss. e 272 ss.)[12]. Este consiste no direito a "ser tratado como um igual" [*treatment as an equal*], distinguindo-se do direito a "igual tratamento" [*equal treatment*], que diz respeito a uma distribuição igual de oportunidades, recursos ou encargos e seria "derivado" (Dworkin, 1991a, p. 227). Evidentemente, a "fundamentalidade" do direito de igual respeito e consideração exige uma esfera pública pluralista em que se assente o respeito recíproco e simétrico às diferenças. Assim sendo, esse direito é pressuposto para que os sistemas político e jurídico possam institucionalizar o direito de tratamento igual. Ou seja, o primeiro é construído a partir da esfera pública pluralista, o segundo apresenta-se como uma resposta sistêmica às exigências de integração jurídica igualitária. Dilui-se, porém, aquele, caso não esteja sistemicamente assegurado o direito de igual tratamento. Se os sistemas político e jurídico procedem a uma distribuição desigual de oportunidades e encargos (por exemplo, estabelece o voto desigual ou privilégios corporativos), não é mais cabível falar de direito de igual respeito e consideração assentado na esfera pública pluralista. Portanto, em vez de relação de fundamentalidade e derivação, pode-se afirmar que se trata da pressuposição recíproca das duas perspectivas através das quais o princípio da igualdade pode ser observado: a perspectiva interna e sistêmica, referente ao tratamento jurídico igual, que envolve a neutralização das desigual-

[12] Dworkin concebe-o como "direito natural" (cf., por ex., 1991a, p. 182).

dades presentes no ambiente; a perspectiva externa da esfera pública pluralista, concernente ao direito a ser tratado como um igual ou direito de igual respeito e consideração.

Um dos problemas mais delicados enfrentados na abordagem do princípio da igualdade refere-se à possibilidade e aos limites de regulamentações jurídicas e programas políticos destinados a estabelecer vantagens em favor de grupos sociais discriminados. Em relação à experiência norte-americana, Dworkin pondera favoravelmente à "ação afirmativa" em benefício das minorias étnicas discriminadas, argumentando que a 14ª Emenda à Constituição dos Estados Unidos, ao prescrever que "nenhum estado poderá [...] negar a qualquer pessoa sob sua jurisdição a igual proteção das leis", está assegurando, em verdade, o direito fundamental a *ser tratado como um igual* (Dworkin, 1991a, pp. 223-39, espec. pp. 227 ss.). Com base nesse argumento, conclui que o programa de discriminações "inversas", também denominadas afirmativas ou positivas, tais como as que favorecem a admissão de minorias raciais socialmente discriminadas em sentido negativo, "justifica-se se serve a uma política adequada que respeite o direito de todos os membros da comunidade a ser tratados como iguais, mas não em caso contrário" (Dworkin, 1991a, p. 239). Dworkin reconhece que os efeitos práticos das discriminações inversas podem ser contrários aos que defendem seus partidários. Essa questão empírica continua até hoje em discussão nos Estados Unidos, fortificando-se as contratendências. "Porém, não devemos corromper o debate" – assim fecha Dworkin o seu ensaio *Reverse Discrimination* – "supondo que esses programas são injustos, mesmo que funcionem. Devemos ter cuidado para não usar a Cláusula de Igual Proteção para nos privar da igualdade" (1991a, p. 239)[13].

---

13 Cf. Dworkin, 1991b, pp. 395-7, com uma atitude mais cautelosa em comparação com sua posição anterior sobre "ação afirmativa".

A compatibilidade das discriminações inversas com o princípio da igualdade pode ser concebida de uma maneira mais abrangente. Esse princípio normativo pressupõe a forma-diferença "igual/desigual", de maneira que se possa enfrentar as dessemelhanças reais entre casos, situações e pessoas, sobretudo aquelas que impliquem a sonegação de direitos básicos a indivíduos e grupos. Nesse sentido, destaca-se, entre nós, a contribuição de Celso Antônio Bandeira de Mello (1993) a respeito do conteúdo jurídico do princípio da igualdade. Numa abordagem jurídico-positiva, mas com implicações para a teoria geral do direito e da Constituição, Bandeira de Mello enfatiza que o princípio constitucional da isonomia envolve discriminações legais de pessoas, coisas, fatos e situações. Discute, então, quando os discrímenes se justificam sem que o princípio vetor seja deturpado. E aponta três exigências: a presença de traços diferenciais nas pessoas, coisas, situações ou fatos (1993, espec. pp. 23-35); a "correlação lógica entre fator de discrímen e a desequiparação procedida" (1993, pp. 36-40); e a "consonância da discriminação com os interesses e valores protegidos na Constituição" (1993, pp. 41-3). Embora Bandeira de Mello não tenha enfrentado o problema da discriminação positiva de grupos socialmente desfavorecidos, sua linha de raciocínio parece-nos perfeitamente orientar-se no sentido da compatibilização de tal espécie de discrímen com o princípio constitucional da isonomia, afastando-se de certos preconceitos decorrentes de interpretações literais do art. 5º, *caput*, da Constituição Federal.

E é exatamente pela presença da discriminação *social negativa*, implicando mesmo obstáculos reais ao exercício de direitos, que se justifica a discriminação *jurídica afirmativa* em favor de determinados grupos e indivíduos. Há, nesse caso, perfeita correlação lógica entre o fator de discrímen e a desequiparação a ser, porventura, procedida. A introdução de vantagens competitivas em benefício de grupos desfavorecidos poderá ser fundamentada constitucionalmente com a institucionalização de meios jurídico-políticos que se destinam a viabilizar a integração igualitária de todos no Estado e na sociedade em geral. Evidentemente, é plausível o argumento dworkiniano de que se trata de favorecer a realização social do direito a ser tratado com igual respeito e consideração, incrementando maior igualdade na sociedade. Mas é possível formular o princípio da igualdade, no que concerne particularmente ao problema dos grupos e indivíduos discriminados, da seguinte maneira: quanto mais se sedimenta historicamente e se efetiva a discriminação social negativa contra determinados grupos, principalmente nas hipóteses em que ela implica obstáculos relevantes ao exercício de direitos, tanto mais se justifica a discriminação jurídica afirmativa em favor dos seus membros, pressupondo-se que esta se oriente no sentido da integração igualitária de todos nos diversos procedimentos do Estado de direito. Dessa maneira, o princípio constitucional da igualdade apresenta-se sensível às diferenças presentes na realidade social e inseparável do princípio da proporcionalidade. Por fim, pode-se concluir que, embora se trate de um paradoxo, pois a presença de setores discriminados importa limites à construção de uma esfera pública pluralista, as discriminações legais afirmativas justificam-se com base no princípio da igualdade enquanto reagem proporcionalmente às discriminações sociais negativas contra os membros desses grupos e desde que objetivem à integração jurídica igualitária de todos no Estado e na sociedade em geral.

III

A justiça como igualdade tem a pretensão de universalidade. Esta não é entendida aqui numa perspectiva a-histórica. Antes, o universalismo da justiça relaciona-se com uma conquista histórica da modernidade, apontando para o acesso generalizado de indivíduos (como pessoas) e grupos ao direito. Isso exige, é verdade, a neutralização de desigualdades sociais, especialmente aquelas de natureza econômica e política, no plano do exercício de direitos estabelecidos como fundamentais. E quando essas desigualdades em si mesmas são obstáculos ao exercício de direitos básicos e favorecem o privilégio jurídico de minorias, justificam-se os mecanismos compensatórios que se expressam nos direitos sociais e, mesmo, discriminações inversas em forma de programas que criam vantagens competitivas. Entretanto, permanece a questão que vem sendo posta pelo comunitarismo radical, assim como pelo multiculturalismo extremo: não seria o universalismo da justiça como igualdade uma ideologia que esconde as diferenças fundamentais entre grupos étnicos e culturais, cada um deles com seus próprios valores? E, nesse sentido, não se impõe uma subordinação da justiça aos critérios valorativos de cada grupo particular? Com a resposta positiva a essas questões, desenvolve-se uma crítica ao universalismo abstrato da concepção liberal de justiça e partilha-se um relativismo particularista na legitimação do direito e da política. Por assim dizer, os valores de cada grupo constituem, nessa perspectiva, o modelo mesmo de justificação última da respectiva ordem jurídico-política.

Contra o modelo comunitarista, pode-se contrapor o argumento tradicional de que uma elevação dos valores grupais, sejam esses de preferência ou de identidade, a critério de legitimação última da ordem político-jurídica impede qualquer possibilidade de crítica consequente a regimes totalitários de base étnica ou nacionalista. Além do mais, cabe enfatizar que a concepção comunitarista, na sociedade global supercomplexa e culturalmente heterogênea de hoje, mostra-se profundamente inadequada. Não apenas entre as diversas fronteiras estatais destaca-se uma forte diversidade de valores e etnias, mas também no âmbito do território de cada Estado estão presentes os mais diversos valores grupais, que, em regra, encontram-se em relação de conflito. A partir desse fato inegável, parece-me equivocado uma fundamentação *ética* (referente à autorrealização do grupo ou às suas preferências) ou *étnica* (referente à identidade do grupo) dos sistemas político e jurídico, sejam estes estatais ou supraestatais, e sobretudo da sociedade mesma. Tendo em vista a diversidade cultural e étnica da sociedade global de hoje, inclusive dentro dos respectivos territórios estatais, a insistência num modelo comunitarista da ordem político-jurídica impede uma análise consistente e um tratamento adequado dos problemas estruturais da sociedade global de hoje, relacionando-se, no plano da prática política, com formas de nacionalismos étnicos e fundamentalismos religiosos que são incompatíveis com o Estado democrático de direito.

Entretanto, o multiculturalismo extremo, ao enfatizar a diversidade de valores e etnias que caracterizam a sociedade hodierna, também não é capaz de oferecer nenhum modelo consequente para o tratamento jurídico-político das diferenças culturais. Partindo, empiricamente, do fato de que diversas culturas estão presentes na sociedade, sustenta, normativamente, que as diversas identidades grupais devem ser respeitadas, de tal maneira que qualquer restrição à identidade de um grupo étnico ou cultural é concebida como injustificável. O fato que não é tomado suficiente e adequadamente em consideração pelo multiculturalismo extremo é que as diversas identidades grupais estão frequentemente em conflito, muitas vezes de forma destrutiva para o Estado e a sociedade. Isso exige uma releitura do multiculturalismo empírico no plano normativo da construção da ordem jurídico-política. Criticando o multiculturalismo radical, observa, com razão, Alain Touraine que "não há sociedade multicultural possível sem o recurso a um princípio universalista que permita a comunicação entre os indivíduos e os grupos social e culturalmente diferentes" (1997, p. 206). Em consonância com isso, enfatiza que "é necessário rejeitar com a mesma força uma concepção jacobina da cidadania e um multiculturalismo extremo que rejeita todas as formas de cidadania" (1994, p. 99)[14]. O problema é que, sem a universalidade da cidadania, isto é, sem a inclusão generalizada de indivíduos e grupos no sistema jurídico-político, as diferenças étnicas e culturais degeneram em conflitos destrutivos entre os diversos grupos. Ou seja, o fato empírico do multiculturalismo mesmo exige uma concepção de justiça e de cidadania que seja universalmente sensível à diferença. O universalismo da justiça como igualdade, que pressupõe o universalismo da cidadania como inclusão generalizada no sistema jurídico-político, apresenta-se, então, como um universalismo relativo, que exige o respeito recíproco às diferenças.

Não se trata, portanto, de *relativismo ético* no sentido tradicional dessa expressão. Na perspectiva relativista, qualquer padrão de valores legitima-se no seu respectivo contexto social ou mesmo pessoal. Mas tal perspectiva, numa sociedade complexa e culturalmente heterogênea, não pode apresentar nenhum modelo normativo no sentido da construção de uma ordem jurídico-política estável e justa. Ela conduz ao mesmo problema do multi-

---

[14] Em uma perspectiva similar, Rosenfeld (1998, pp. 199 ss., espec. pp. 212 ss.) defende um "pluralismo abrangente" e Benhabib, "a formação de uma cultura de criatividade civil": "É essa criatividade que requer que indivíduos e grupos desenvolvam justificações defensáveis em público e lidem com outros pontos de vista que não os seus" (1999, p. 112). Cf. também Mastronardi (1998, pp. 317-413 e 350 ss.), que aponta para uma conexão entre fundamentalismo e formas de visão de mundo "multiculturais" autocontidas, mas atribuindo o problema, numa perspectiva da teoria do discurso voltada ao entendimento, às reações do mundo da vida em face de pressão sistêmica.

culturalismo extremo, na medida em que não é capaz de oferecer nenhum padrão normativo para a mediação ou tratamento dos permanentes conflitos entre as diversas identidades grupais que se encontram presentes na sociedade contemporânea. O problema normativo que se põe, no contexto da sociedade global de hoje, na qual a onda migratória intensa fortifica cada vez mais a plurietnia e o pluriculturalismo no interior mesmo dos territórios dos respectivos Estados, é o de como enfrentar construtivamente as diferenças étnicas e culturais, impedindo a degeneração do conflito entre os diversos grupos e combatendo os fundamentalismos. O que se exige, portanto, é o acesso igualitário das diversas preferências valorativas e identidades étnicas aos procedimentos jurídico-políticos. Isso implica que nenhuma delas possa ter pretensão de prevalecer absolutamente sobre as demais, excluindo-as. A prevalência dos valores de determinado grupo em um determinado procedimento (eleitoral, legislativo, administrativo ou jurisdicional) do Estado democrático de direito justifica-se apenas enquanto é relativa, ou seja, desde que os procedimentos permaneçam abertos aos valores dos outros grupos, que poderão prevalecer em outra eventualidade procedimental. Isso significa que a justiça como igualdade exige uma ordem jurídico-política que tem como base e como exigência o respeito recíproco às diferenças étnicas e éticas de grupos e indivíduos. A intolerância étnica, que reage destrutivamente ao fato da plurietnia, e o fundamentalismo religioso, que aponta para a imposição de uma homogeneidade ética, são incompatíveis com a complexidade e heterogeneidade da sociedade global de hoje e injustificáveis do ponto de vista da ordem jurídico-política. Nesse sentido, o reconhecimento absoluto da diferença, que subjaz ao relativismo ético e à sua expressão prática hoje, o multiculturalismo extremo, é inconciliável com a justiça como igualdade, que exige o respeito recíproco às diferenças e a comunicação – de fato, intensamente dissensual e conflituosa – entre os diversos grupos no âmbito de uma esfera pública pluralista. Relativiza-se, dessa maneira, o reconhecimento da diferença, já que valores éticos e identidades étnicas que rejeitam ou negam a heterogeneidade cultural da sociedade e, pois, excluem outras etnias e culturas são incompatíveis com o universalismo da justiça e da cidadania e, consequentemente, devem sofrer restrições da ordem jurídico-política. O universalismo da justiça afirma-se, em relação às diferenças étnicas e valorativas, como igualdade de tratamento jurídico dos diferentes grupos e igualdade de acesso dos mesmos aos procedimentos jurídico-políticos, excluindo qualquer discriminação ou privilégio. Mas a justiça como igualdade só está assegurada quando se impõem restrições efetivas aos grupos que, baseados em identidade étnica ou em valores ético-religiosos, pretendam destruir a própria ordem normativa que fundamenta o universalismo inerente à igualdade de tratamento e de acesso jurídico-político dos diferentes grupos. O universalismo da diferença só se afirma, portanto, como universalismo da igualdade.

IV

O problema da relação entre justiça e diferença na sociedade global de hoje não se restringe, entretanto, à questão do relacionamento entre a igualdade e a diversidade de culturas e etnias. Embora essa questão não deva ser negligenciada, pois conflitos étnicos têm alcançado recentemente uma dimensão que não havia sido devidamente considerada nas ciências sociais das últimas décadas (cf. Luhmann, 1998, p. 372), ganha cada vez mais em significado o problema da relação da igualdade com as diversas esferas de comunicação. Michael Walzer (1983) aproximou-se dessa temática quando tratou das "esferas de justiça", referindo-se, nesse contexto, à "igualdade complexa" (1983, pp. 3 ss.), definida nos seguintes termos: "O que a norma da igualdade complexa exige é uma sociedade, na qual aqueles homens que têm mais dinheiro, mais poder ou mais conhecimentos técnicos (e esses homens vão sempre haver) são impedidos de, somente por causa disso, pôr-se na posse de qualquer outro bem social" (1998, p. 12). A concepção de Walzer, como se observa nesse trecho, permanece no plano da justiça distributiva, tendo como foco apenas "coisas, os objetos de distribuição" (1994, p. x). Primeiramente, cabe advertir que a justiça como modelo normativo do tratamento igual/desigual, de acordo com a argumentação já apresentada no item II, não se refere apenas a objetos a distribuir, mas também a casos, situações e, sobretudo, a pessoas. Portanto, nessa perspectiva, a justiça como "igualdade complexa" não se reduz à diversidade dos critérios de distribuição de bens conforme esferas diferenciadas de *objetos*, relacionando-se, antes, abrangentemente, à variação do modelo normativo do tratamento igual/desigual nas diversas esferas de *comunicação*. Nesse sentido, conforme o jogo de linguagem (discurso) ou, mais amplamente, o sistema social (economia, política, família, educação, ciência, arte, religião etc.), deve variar o modelo do tratamento igual/desigual. Tendo em vista que a complexidade social implica a diferenciação da sociedade em diversas esferas autônomas de comunicação e, correspondentemente, em distintos jogos de linguagem[15],

---

[15] Como ressalta Pierre Bourdieu (1989, p. 376, nota 2), a concepção da diferenciação da sociedade em várias subáreas autônomas remonta a Durkheim, que deu prioridade à heterogeneidade e se referiu aos limites da "confusão" primitiva: "[...] primitivamente, todas as formas de atividades, todas as funções estão reunidas, como prisioneiras umas das outras: elas são, então, obstáculos umas para as outras; cada uma impedindo a outra de realizar totalmente sua natureza. Assim, para que a ciência possa se constituir, é necessário que ela se diferencie da

a justiça como igualdade diferencia-se para responder adequadamente a essa complexidade.

A justiça como igualdade complexa pressupõe e exige, antes de tudo, que os códigos e programas de uma esfera de comunicação não se imponham, diretamente, a outra esfera de comunicação. Por exemplo, é imperativo de justiça em uma sociedade complexa que "o ponto central da racionalidade interna de um setor social autônomo, como pesquisa, saúde ou educação, não deve ser substituído pela racionalidade econômica" (Teubner, 1998, pp. 21-2). Em geral, pode dizer-se que a racionalidade de um campo de comunicação não deve ser reduzida à de um outro ou afirmar-se que os códigos e critérios de uma esfera social autônoma não devem ser sabotados pelas exigências de uma outra. Nesse sentido, Luhmann mesmo enfatiza que, "agora, sabotagens de código tornam-se o problema moral – algo assim como a corrupção na política e no direito ou o *doping* no esporte ou a compra de amor ou a fraude de dados da pesquisa empírica" (Luhmann, 1997, p. 1043). Com referência aos diversos jogos de linguagem, impõe-se uma justiça discursiva como "justiça em face do heterogêneo" (Welsch, 1991, p. 176). Nessa perspectiva, justiça significa "a relação entre identidade e alteridade discursiva, não, contudo, a partir da perspectiva de um terceiro, mas sim da perspectiva singular do respectivo discurso em face de outros mundos discursivos" (Teubner, 1996a, p. 218). Em suma, a justiça como igualdade complexa pressupõe e exige o reconhecimento da pluralidade discursiva e da complexidade sistêmica da sociedade global de hoje,

religião e dos mitos; é preciso que o elo que as mantinha unidas relaxe, afrouxe. Não se trata de uma queda, nem de decadência, ao contrário, é um progresso" (Durkheim, 1955, p. 193 [trad. bras., 2004, p. 207]). Mas o conceito de diferenciação social de Durkheim permanece vinculado à noção moral de solidariedade orgânica, que ainda exige normas sociais comuns para todos os subsistemas. Cf. Luhmann (1977, espec. pp. 25 ss.), Teubner (1982, pp. 13-59 e 46) e Neves (1992, pp. 12-3).

implicando o respeito à autonomia das esferas discursivas ou dos sistemas de comunicação.

Mas essa exigência, que aponta para um conceito geral de justiça, referente a todo e qualquer "discurso social" (Teubner, 1996a, p. 218), não é suficiente para caracterizar a justiça como modelo normativo do tratamento igual/desigual em face das esferas sistêmicas e discursivas de uma sociedade complexa. A justiça como igualdade complexa pressupõe a presença de um sistema jurídico como mecanismo do tratamento igual/desigual. A questão que se põe, então, se relaciona com o tratamento igual/desigual que se diversifique, adequando-se à lógica de cada um dos discursos ou sistemas em que se diferencia a sociedade: "Não apenas: está o direito tratando o igual igualmente e o desigual desigualmente? Mas também: é o direito, ao mesmo tempo, 'justo' com os outros discursos envolvidos no que lhes concerne a própria lógica?" (Teubner, 1996a, p. 218). Nesse sentido específico, a justiça como igualdade complexa resulta na pretensão normativa de que o direito proceda a um tratamento igual/desigual que seja internamente consistente e que se adéque, em cada caso, às exigências da esfera de comunicação exposta a tal tratamento. Ela aponta, portanto, para a construção de modelos normativos que possibilitem a orientação das decisões jurídicas em suas próprias consequências[16], considerando a especificidade do respectivo discurso ou sistema cujo caso se apresenta ao tratamento igual/desigual. Isso implica a "*re-entry*" (Spencer Brown, 1971, pp. 56-7 e 69 ss.) de elementos de outro sistema social no direito. Quer dizer, impõe-se uma releitura dos critérios do outro sistema em conformidade com o código "lícito/ilícito" e com os critérios jurídicos do tratamento igual/desigual.

---

[16] Discute-se, então, em que medida e de que maneira as consequências das decisões podem constituir fundamentos do direito (Teubner [org.], 1995).

Se um conflito econômico, por exemplo, converte-se num conflito jurídico, exigindo um tratamento justo, não é suficiente que o direito recorra a exigências da eficiência econômica, definida primariamente de acordo com o código ter/não-ter. É necessário que se recorra aos programas do direito, como normas constitucionais, leis, normas negociais e jurisprudência, articulando-os na busca de um tratamento igual/desigual dos agentes econômicos que se transformaram em partes juridicamente interessadas. Porque o conflito converteu-se num caso jurídico, exigindo tratamento justo, o princípio econômico da eficiência deve ceder, então, aos critérios jurídicos do tratamento igual/desigual. Assim é que um pequeno empresário, economicamente ineficiente, mesmo falido, pode ter direito e pretensão jurídica e sair vitorioso num processo judicial contra uma grande organização multinacional, economicamente supereficiente. Mas, em sua decisão, o órgão competente, ao se basear no princípio da justiça como igualdade complexa, não pode atuar destrutivamente em relação ao próprio princípio da eficiência econômica. A igualdade jurídica, embora entre em constante conflito com a eficiência do sistema econômico, devendo combatê-la quando esta se expande destrutivamente contra os direitos, tem que ser sensível à lógica econômica e enfrentá-la construtivamente, para se tornar uma igualdade complexa. Isso significa que o tratamento igual/desigual em relação a um caso originariamente econômico, para ser justo, ou seja, para corresponder ao princípio da igualdade complexa, precisa ser juridicamente consistente e economicamente adequado. Nesse sentido, deve ser afastada, na sociedade global complexa do presente, não apenas a redução da justiça a um tratamento igual/desigual insensível a suas consequências econômicas, tal como é proposto tradicionalmente pelo formalismo jurídico. Também é inadmissível qualquer reducionismo da justiça a uma expressão jurídica da eficiência econômica, como vem sendo proposto pela escola da chamada "Análise Econômica do Direito" e pelo movimento "*law and economics*" nos Estados Unidos[17]. No âmbito dessa corrente, desenvolve-se uma concepção instrumental do direito, de um direito que, em última análise, deve ser instrumento da eficiência econômica. Assim é que, admitindo a possibilidade de diferentes interpretações de uma mesma lei, o movimento "*law and economics* prescreve que deve ser adotada a interpretação mais bem adequada a levar a maximização de valor" (Rosenfeld, 1998, p. 164). A racionalidade jurídica (tratamento igual/desigual consistente e adequadamente complexo) é subordinada à racionalidade econômica (maximização de valor), entendida como resultante da "escolha racional"[18]. Há como que uma trivialização econômica do direito. Em tal concepção está subjacente uma visão simplista da sociedade global complexa de hoje, reduzindo-se a racionalidade social à racionalidade econômica. Em verdade, parte-se de um dado empírico, o expansionismo do sistema econômico com efeitos destrutivos sobre os demais sistemas sociais, e constrói-se um modelo normativo de justiça. Entretanto, a justiça como igualdade complexa, isto é, tratamento igual/desigual sensível à heterogeneidade de discursos e sistemas, implica, entre outras coisas, a exigência de combater o expansionismo da economia, o qual se desenvolve em detrimento da autonomia das demais esferas discursivas e sistêmicas da sociedade mundial.

Portanto, não só em relação à economia, a justiça como igualdade complexa importa um tratamento igual/desigual juridi-

---

[17] Entre muitos, cf. Posner (1977), cujo projeto é considerado paradigmático. Na Alemanha, uma visão geral é fornecida por Assmann, Kirchner e Schanze ([orgs.] 1993).

[18] "O último Deus ao qual o direito deve sacrificar-se hoje chama-se *rational choice*" (Teubner, 1996a, p. 199).

camente consistente e contextualmente adequado. A justiça pressupõe a autonomia/identidade do direito e, ao mesmo tempo, autonomia de qualquer dos seus contextos. Ela não pode reduzir-se aos critérios da ciência, da arte, da educação, da religião, da política, da família etc. Verifica-se que, em certas ocasiões, mais conhecimentos científicos, promoções a artistas ou a movimentos artísticos esteticamente mais destacados, métodos de ensino que promovam um maior rendimento do aprendizado escolar, crenças religiosas profundas, decisões políticas majoritárias baseadas na discussão democrática e mesmo o amor intenso nas relações familiares acabam por ofender os critérios do tratamento igual/desigual juridicamente consistente. Assim sendo, quando conflitos científicos, estéticos, educacionais, religiosos, políticos e familiares convertem-se em conflito jurídico, expondo-se ao tratamento igual/desigual, os critérios das respectivas esferas de comunicação não devem impor-se imediatamente no âmbito do direito, ofendendo a consistência jurídica do tratamento igual/desigual. Uma releitura jurídica dos critérios do sistema ao qual o conflito pertence originariamente é imprescindível. Isto é, o tratamento igual/desigual complexamente consistente exige o "reingresso" (*re-entry*) desses critérios no direito. Mas, na perspectiva dos contextos autônomos, o tratamento igual/desigual deve ser sensível às especificidades do respectivo setor de comunicação, ou seja, conforme o caso, científica, artística, educacional, religiosa, política ou familiarmente sensível. Exclui-se, assim, um formalismo jurídico insensível à autonomia do contexto. Se o direito atua destrutivamente em relação à autonomia da ciência, da arte, da educação, da religião, da política, da família etc., impedindo esses sistemas de reproduzir-se de acordo com os seus próprios códigos e critérios, torna-se, então, incapaz de promover justiça como igualdade complexa, a saber, de proceder a um tratamento igual/desigual que se adéque a cada um desses sistemas sociais e, pois, à complexidade sistêmica e à heterogeneidade discursiva da sociedade. Em suma, consistência jurídica e adequação contextual do tratamento igual/desigual são os dois aspectos indispensáveis da justiça como igualdade complexa.

V

O modelo jurídico-político que se tem apresentado mais satisfatório para a promoção da justiça como igualdade na sociedade global complexa de hoje é o Estado democrático de direito. É ele que dispõe dos mecanismos e procedimentos mais apropriados ao tratamento igual/desigual juridicamente consistente e socialmente adequado a diversos contextos.

Do ponto de vista interno, o Estado democrático de direito assegura tanto a autonomia operacional da política quanto a do direito. Ao contrário das formas autocráticas contemporâneas, que subordinam o direito à política, ele implica uma relação de horizontalidade e interdependência entre esses dois sistemas da sociedade global, em suas respectivas reproduções em um território delimitado. Decisiva, para tanto, é a presença da Constituição como "acoplamento estrutural" entre direito e política como sistemas sociais que se reproduzem autonomamente (Luhmann, 1990, pp. 193 ss.; 1993, espec. pp. 470 ss.; 1997, pp. 782-3; 2000, pp. 389-92). Nesse sentido, a Constituição "possibilita uma solução *jurídica* do problema de autorreferência do sistema *político* e, ao mesmo tempo, uma solução *política* do problema de autorreferência do sistema *jurídico*" (Luhmann, 1990, p. 202). Ela permite o "reingresso" (*re-entry*) do jurídico na política e do político no direito. Isso não significa a negação da autonomia e identidade dos sistemas político e jurídico, mas sim a sensibilidade jurídica da política e a sensibilidade política do direito. O tratamento igual/desigual não se subordina, então, imediatamente aos critérios da política, havendo de ser juridicamente consistente, mas deve ser complexamente adequado às exigências da política democrática, para promover justiça como igualdade complexa, que, nesse caso, assume a forma de justiça política. Assim é que, com base na Constituição e mediante a jurisdição constitucional, uma decisão parlamentar majoritária pode ser considerada juridicamente inválida, especialmente quando contrariar os critérios jurídicos do tratamento igual/desigual, ferindo, dessa maneira, a justiça como igualdade.

Embora essas observações tenham maior relevância no que concerne à relação do direito com a política, visto que o Estado democrático de direito pode ser definido como o modelo procedimental da relação recíproca e interseção entre sistemas jurídico e político, elas podem ser estendidas à relação do direito com outras esferas de comunicação. Cabe considerar, a esse respeito, a Constituição do ponto de vista especificamente jurídico. Por um lado, "a Constituição é a forma com a qual o sistema jurídico reage à própria autonomia. A Constituição deve, com outras palavras, substituir apoios externos, tais como os que foram postulados pelo direito natural" (Luhmann, 1990, p. 187). Nesse sentido, enfatiza Luhmann que "a Constituição fecha o sistema jurídico, enquanto o regula como um domínio no qual ela mesma reaparece. Ela constitui o sistema jurídico como sistema fechado mediante o reingresso no sistema" (Luhmann, 1990, p. 187). Daí resulta que os critérios de outros sistemas sociais não podem obter validade imediata no interior do sistema jurídico. A Constituição estabelece uma pluralidade de procedimentos – o jurisdicional, o legislativo e o administrativo-burocrático –, por meio dos quais as influências e pressões externas sobre o direito sofrem uma releitura de acordo com critérios especificamente jurídicos.

Há como que uma comutação discursiva da linguagem social das diversas outras esferas de comunicação em linguagem especificamente jurídica, tudo isso com base em procedimentos constitucionais. Além do mais, a Constituição do Estado democrático de direito prevê o princípio jurídico da isonomia, no qual se baseia o tratamento igual/desigual e, portanto, a justiça como igualdade complexa. Ela prevê, também, os critérios normativos que possibilitam a realização prática do princípio da isonomia. Por conseguinte, as exigências ou conflitos científicos, econômicos, artísticos, educacionais, religiosos, familiares etc. que se convertam em exigências ou conflitos jurídicos, expondo-se, assim, ao tratamento igual/desigual, devem submeter-se procedimentalmente ao princípio constitucional da isonomia e às normas constitucionais que constituem critérios de sua concretização, para que, dessa maneira, faça-se justiça como igualdade complexa.

Por outro lado, as normas constitucionais referem-se às diversas esferas de comunicação em que se diferencia a sociedade, reconhecendo-lhes e assegurando-lhes juridicamente, no Estado democrático de direito, a sua autonomia. Os próprios direitos fundamentais podem ser vistos como uma resposta jurídico-constitucional à diferenciação da sociedade em diversos sistemas autônomos de comunicação (Luhmann, 1986a). O direito reage à autonomia dos sistemas sociais mediante o "reingresso" (*re-entry*) de seus códigos-diferença (ter/não-ter, verdade/falsidade, transcendente/imanente etc.) e critérios no próprio direito, que passam, dessa maneira, por uma comutação discursiva de acordo com a linguagem jurídica. Assim sendo, a Constituição estabelece os direitos fundamentais de propriedade, de liberdade contratual, de liberdade de escolha de trabalho, reagindo, desse modo, às exigências de um sistema econômico autônomo, como também prescreve a liberdade científica, religiosa e artística, a liberdade de ensinar e aprender, o acesso à educação, a proteção à família e a eleição democrática, respondendo, dessa forma, às exigências de desenvolvimento autônomo, respectivamente, da ciência, da religião, da arte, da educação, da família e da política. Isso significa que, quando as exigências ou conflitos originários dessas esferas diferenciadas de comunicação converterem-se em exigências ou conflitos jurídicos e, portanto, expuserem-se ao tratamento igual/desigual nos termos do princípio constitucional da isonomia, o direito não deve impor seus critérios indiferenciadamente a nenhuma dessas esferas, desconhecendo-lhes as especificidades e, pois, ofendendo-lhes ou destruindo-lhes a autonomia. Além de juridicamente consistente, o tratamento igual/desigual, no Estado democrático de direito, tem de ser adequado às exigências específicas das diversas esferas sistêmicas e discursivas da sociedade. Impõe-se que os procedimentos constitucionais, guiados pelo princípio da isonomia, sejam, conforme o caso, sensíveis à economia, à ciência, à religião, à arte, à educação, à família e à política, adequando o tratamento igual/desigual a cada uma dessas esferas de comunicação. Só assim eles podem promover justiça como igualdade complexa. Seria absurdo e profundamente injusto, na sociedade global supercomplexa de hoje, pretender, em nome do princípio jurídico da isonomia, proibir toda e qualquer desigualdade econômica, impedir a desigualdade de conhecimento científico, as diferenças, a desigualdade ou falta de fé religiosa e de aptidão artística, a desigualdade na capacidade de ensinar e de aprender, negar a assimetria de poder entre minoria e maioria parlamentar, entre governo e oposição, assim como pretender abolir o pátrio poder, desconhecendo a diferença entre pais e filhos. Com isso, não deve, porém, olvidar-se que a autonomia das diversas esferas de comunicação implica o acesso universal às mesmas. A justiça como igualdade complexa é, por conseguinte, também incompatível com a "exclusão" de pessoas e grupos da economia, da educação, da política e de qualquer outro sistema social. Ela importa uma releitura da exigência de "inclusão social" como "inclusão jurídica", em termos de direitos fundamentais de acesso às diversas esferas diferenciadas e autônomas de comunicação. Em suma, se a justiça como igualdade complexa, a ser realizada nos diversos procedimentos constitucionais do Estado democrático de direito, tem de ser adequada à especificidade e à autonomia/identidade das diferentes esferas discursivas ou sistêmicas da sociedade global de hoje, ela deve não apenas compatibilizar-se com a forma singular de liberdade imprescindível a cada uma delas, mas também com a "inclusão" universal como exigência específica de cada subsistema social.

Mas a compreensão do Estado democrático de direito como modelo jurídico-político mais satisfatório à justiça como igualdade complexa não resulta apenas de uma análise sistêmica da autorreferência e heterorreferência do direito. Deve-se observar também como, a partir de uma esfera pública pluralista, caracterizada pela heterogeneidade de valores, interesses e discursos, os procedimentos do Estado democrático de direito legitimam-se (heterolegitimação) e servem à promoção da justiça como igualdade. Defino esfera pública como campo de tensão entre a Constituição enquanto acoplamento estrutural entre política e direito, de um lado, e o mundo da vida enquanto espaço social não estruturado sistemicamente e os demais sistemas funcionais da sociedade, de outro lado. Ela é constituída daquelas expectativas, valores, interesses e discursos que, destacando-se dos sistemas funcionalmente diferenciados da sociedade – e, assim, perdendo seu sentido sistêmico específico – ou advindo do mundo da vida, têm a pretensão de generalizar-se política e juridicamente através dos procedimentos constitucionais. A esfera pública é a arena do dissenso. Ela caracteriza-se por um dissenso estrutural em torno de valores, interesses, expectativas normativas e discursos. Os procedimentos do Estado democrático de direito não se legitimam enquanto pretendem negar esse dissenso ou buscar um consenso em torno desses valores, interesses, expectativas e discursos. Eles não se destinam, de um ponto de vista normativo mesmo, à busca do consenso, tal como propõe a teoria habermasiana do discurso – fundada na teoria da ação comunicativa como ação orientada para o entendimento intersubjetivo – em sua abordagem do Estado democrático de direito (Habermas, 1992). A legitimação que advém da esfera pública não resulta do consenso em torno do resultado dos procedimentos, seja esse consenso suposto, fático ou hipotético-racional. O relevante é que os procedimentos constitucionais, independentemente de seus resultados, permaneçam abertos para a diversidade de expectativas, valores e interesses, mesmo os que eventualmente sejam derrotados. Os procedimentos atuam seletivamente, mas não terão força legitimadora se ignorarem a continuidade do dissenso na esfera pública. Os canais de mutação devem permanecer abertos para o fluxo de informações que advêm contraditória e conflituosamente do mundo da vida e dos diversos sistemas sociais autônomos. Novas possibilidades de vigência normativa e decisão vinculante não estão excluídas. Nesse sentido, o que se impõe (dever-ser) para a manutenção de uma esfera pública pluralista é o consenso em torno das regras procedimentais do "jogo de linguagem" democrático e constitucional. Assim sendo, a observância desses procedimentos não só legitima o resultado procedimental no interior dos sistemas jurídico e político, reestruturando expectativas (Luhmann, 1983, espec. pp. 119 e 252-3), mas também legitima o sistema constitucional como um todo na perspectiva externa da esfera pública, independentemente do resultado eventual do procedimento. Ou seja, o Estado democrático de direito legitima-se enquanto os seus procedimentos absorvem sistemicamente o dissenso e, ao mesmo tempo, possibilitam, intermedeiam e mesmo fomentam a sua emergência na esfera pública. Como modelo jurídico-político, ele legitima-se enquanto é capaz de intermediar consenso procedimental e dissenso conteudístico e, dessa maneira, viabilizar e promover o respeito das diferenças na sociedade global supercomplexa da contemporaneidade.

Do ponto de vista específico da justiça como igualdade complexa, isso significa que o tratamento igual/desigual exige procedimentos constitucionais abertos ao dissenso estrutural da esfera pública. Os resultados dos procedimentos não podem constituir-se em forma de exclusão de outras possibilidades de tratamento igual/desigual. A incerteza do direito, que se relaciona com a complexidade da sociedade e com a heterogeneidade estrutural da esfera pública, implica mesmo a possibilidade de diferentes concretizações corretas do princípio da isonomia: uma interpretação juridicamente consistente e socialmente adequada desse princípio pode entrar em conflito com outras alternativas de tratamento igual/desigual que seja também juridicamente consistente e socialmente adequado. A justiça como igualdade estará definitivamente prejudicada se pretender negar a incerteza quanto à interpretação e concretização do princípio constitucional da isonomia, reprimindo, dessa maneira, a complexidade sistêmica da sociedade e o dissenso estrutural da esfera pública. A justiça como igualdade, a ser realizada pelo Estado democrático de direito, é incompatível, portanto, com um fundamentalismo jurídico em relação ao princípio constitucional da isonomia. Ao contrário, ela implica o reconhecimento, a absorção e a viabilização procedimental do dissenso em torno do tratamento igual/desigual, um dissenso que resulta, na sociedade global supercomplexa de hoje, da diferença de posturas valorativas, da diversidade de modelos discursivos, da variedade de interesses e da incongruência de perspectivas sistêmicas em relação ao princípio constitucional da isonomia.

VI

Embora seja plausível a afirmação de que o Estado democrático de direito tem-se apresentado como o modelo jurídico-político mais satisfatório para a realização da justiça como igualdade na sociedade global complexa de hoje, pode-se observar que, sob pressão tanto da chamada "globalização econômica" como dos conflitos étnicos e dos fundamentalismos religiosos, ele tem perdido, nas últimas décadas, em eficiência e capacidade de integração[19].

Em consequência da globalização econômica, entendida aqui como expansionismo do sistema econômico com efeitos destrutivos para a reprodução autônoma de outras esferas de comunicação, ampliam-se as formas economicamente determinadas de "exclusão" social no sentido amplo desse termo, ou seja, de um lado, falta de acesso aos benefícios e vantagens dos diversos sistemas sociais, vinculada à dependência de suas regras e restrições (subintegração), de outro lado, acesso àqueles sem dependência destas (sobreintegração) (Neves, 1994; 1992, pp. 94 ss. e 155 ss.; 2000a, pp. 61-8)[20]. O problema deixa de ser uma singularidade

[19] Cf. Neves (2000b, pp. 163 ss.). Nesse contexto, afirma-se que fica a "democracia na defensiva" (Müller, 2001). Nessa linha de raciocínio, mas com outras conclusões, cf. Brunkhorst (2002, p. 18).

[20] Na utilização dos conceitos de subintegração e sobreintegração, acompanha-me Müller (1997, pp. 47 ss., espec. pp. 49 ss.; 2001, espec. pp. 78-9) Cf. também O'Donnell (1999, pp. 312 e 332, nota 47). Em perspectiva diversa, partindo primariamente da *dependência* (deveres, responsabilidades etc.) e não do *acesso* (direitos, ações etc.) como dois aspectos do conceito de inclusão, Luhmann (1993, pp. 584-5; 1995, pp. 259 ss. e espec. p. 262; 1997, pp. 631-2) define, diferentemente de mim, o "setor de exclusão" (no qual "indivíduos não são mais concebidos como pessoas, mas apenas

dos chamados "países periféricos", onde o Estado democrático de direito, a rigor, nunca se realizou de maneira satisfatória, e estende-se aos "países centrais", especialmente àqueles da América do Norte e da Europa Ocidental desenvolvida, nos quais o modelo de Estado democrático de direito como Estado de bem-estar teve um êxito considerável. Nesse sentido, cabe falar mesmo de tendência a uma "periferização do centro" (Neves, 1998, pp. 153 ss.). Problemas sociais típicos que se relacionam com a "exclusão" social tendem a expandir-se em escala global, de tal maneira que mesmo a concepção do primado da diferenciação funcional na sociedade mundial torna-se questionável.

A intolerância étnica (não apenas na forma escandalosa que tomou, por exemplo, nos Bálcãs e na África, onde tem destruído ou impedido a própria existência do Estado, mas também na forma do neonazismo ou neofascismo, que se fortifica na Europa Ocidental, principalmente como reação às novas levas de imigrantes que fogem da "exclusão" em seus países de origem) e os fundamentalismos religiosos constituem igualmente fenômenos que, recentemente, vêm ameaçando cada vez mais o Estado democrático de direito. Os conflitos étnicos e religiosos que daí advêm, ao contrário dos conflitos de interesses, não são suscetíveis de mediação. Assim ressalta Luhmann (1998, p. 372; 2000, pp. 218-9):

> Mas pode ser que no futuro previsível enfrentemos conflitos de um tipo muito diferente: conflitos étnicos, conflitos religiosos,

---

como corpos") como superintegrado e o "setor de inclusão" (no qual "indivíduos contam como pessoas") como menos integrado; aí integração é entendida unilateralmente "como redução do grau de liberdade dos sistemas parciais" ou "como restrição dos graus de liberdade para seleções". Entretanto, tal como formulo, subintegração e sobreintegração implicam insuficiente inclusão (e, pois, exclusão parcial), seja por falta de acesso ou de dependência, respectivamente. Daí por que tanto o subcidadão quanto o sobrecidadão são carentes de cidadania enquanto mecanismo de inclusão político-jurídica na sociedade.

> conflitos de identidade, conflitos sobre inegociáveis valores, normas, convicções. Numerosos movimentos fundamentalistas, como eles reviveram inesperadamente nas últimas décadas, provam que esses graves conflitos não triviais ainda existem e que foi uma ilusão poder reduzir politicamente todos os conflitos a conflitos de interesse.

Os grupos etnicamente intolerantes ou religiosamente fundamentalistas rejeitam os procedimentos do Estado democrático de direito exatamente porque estes reconhecem o dissenso estrutural da esfera pública, procurando absorvê-lo, intermediá-lo, possibilitá-lo ou mesmo fomentar-lhe a emergência. Mediante a intolerância étnica e o fundamentalismo religioso, pretende-se negar a diversidade étnica e de valores, assim como a autonomia das esferas discursivas e sistêmicas, reagindo-se destrutivamente à heterogeneidade cultural e à complexidade sistêmica da sociedade global do presente, heterogeneidade e complexidade a que o Estado democrático de direito procura, mediante a intermediação de consenso procedimental e dissenso conteudístico, dar uma resposta jurídico-política adequada.

Evidentemente, o expansionismo do código econômico e a "exclusão" social, de um lado, e a intolerância étnica e os fundamentalismos religiosos, de outro lado, são incompatíveis com a justiça como igualdade complexa. O primeiro implica a negação da autonomia das diversas esferas discursivas e sistêmicas, que constitui pressuposto e exigência da justiça como igualdade complexa. A "exclusão" social é incompatível com o universalismo da justiça, na medida em que implica a discriminação negativa de uma grande parte da população (subintegração) e os privilégios de uma minoria (sobreintegração). A intolerância étnica e o fundamentalismo religioso, por sua vez, rejeitam a diferença e, portanto, a relatividade inerente ao universalismo da justiça na sociedade global complexa do presente. Nesta, a justiça pressupõe e exige a autonomia das diversas esferas de comunicação, a "inclusão" social generalizada e o respeito às diferenças de valores-identidade e de valores-preferência.

Em reação à recente crise do Estado democrático de direito na Europa Ocidental e na América do Norte, relacionada com a chamada "globalização" econômica e com as novas formas de intolerância étnica e de fundamentalismo religioso, fenômenos que se agravaram após a queda dos regimes pretensamente socialistas do Leste Europeu, tende-se à busca de novos procedimentos e instituições que possam servir de alternativas à incapacidade regulatória e à deficiência do Estado, principalmente no que concerne à realização da justiça como igualdade complexa. Duas tendências destacam-se nesse particular: uma recorre às ordens *jurídicas* globais, plurais e heterárquicas (Teubner, 1996b; 1996c; 2000)[21]; a outra, a uma "*política* interna mundial" [*Weltinnenpolitik*] supraordenada ao Estado sem governo mundial (Habermas, 1998a; 1998b; 1999; 2000; 1996, espec. pp. 128 ss. e 217 ss.)[22]. Ambas são passíveis de restrições (cf. Neves, 1998, pp. 153 ss.; 2000b, pp. 195 ss.), especialmente no que concerne à realização da justiça como igualdade complexa em escala mundial.

A ênfase de Teubner nas ordens jurídicas globais e plurais (*law's global villages*), cada uma delas acoplada estruturalmente com um dos sistemas mundiais (economia, ciência, turismo,

---

[21] Semelhante a Teubner, mas mais radical e consistente na argumentação pós-moderna, Ladeur fala de "redes policêntricas" (2003; cf. também 1997).

[22] Semelhantemente a Habermas, Held (1991; 1995, pp. 219 ss.) defende o projeto de uma "democracia cosmopolita". Em contraste com a concepção de Habermas de uma "política interna mundial sem governo mundial", Höffe (1999, pp. 225 ss.) advoga além disso uma "república mundial subsidiária e federal". Um pouco diferente de Höffe, Lutz-Bachmann (2002) defende a ideia de uma soberania escalonada distribuída em três níveis: estatalidade nacional, estatalidade continental e estatalidade mundial.

transporte etc.) é, sem dúvida, sedutora. Mas na própria concepção pós-moderna de Teubner já podem ser percebidos sintomas dos limites do pluralismo jurídico global. Cabe observar que Teubner concentra sua abordagem no direito econômico mundial, especificamente na *lex mercatoria*, o único exemplo de *law's global village* por ele analisado (1996b, pp. 264 ss.); no tratamento dessa forma de direito mundial, aponta-se para a falta de autonomia da *lex mercatoria* em face dos processos econômicos globais, sublinhando-se que ela é extremamente vulnerável às pressões e ataques dos atores econômicos e, nesse sentido, permanecerá, também no futuro, "um direito corrupto" (Teubner, 1996b, p. 279). Portanto, a rigor, tal ordem jurídica global, a *lex mercatoria*, constitui instrumento da economia mundial, tendo por função servir a esse sistema. Em outras palavras, constitui direito a serviço do dinheiro. Não se trata, por conseguinte, de uma forma de direito que possa servir à justiça como igualdade complexa, que pressupõe um direito autônomo em face do sistema econômico. Subordinada à economia global e por ela trivializada, a *lex mercatoria* como direito econômico global não é a ordem jurídica apropriada a promover um tratamento igual/desigual que, além de economicamente adequado, seja juridicamente consistente. É apta a proceder a uma estabilização jurídica do jogo econômico, mas não a produzir justiça como igualdade complexa.

Habermas, ao contrário de Teubner, defende uma solução *política* unitária, que é apresentada na forma de um "projeto" de "política interna mundial", a qual, distinguindo-se de um Estado mundial, seja capaz de explorar as instituições e os procedimentos necessários à construção de interesses comuns em termos de uma cidadania mundial (Habermas, 1998a, pp. 79-80). Tal "projeto" tem em vista dois problemas: a crise do Estado de bem-estar em face da sobrecarga de uma economia globalizada (1998a;

1998b, pp. 79 ss.); e as ofensas flagrantes e escandalosas aos direitos humanos em amplas regiões do globo terrestre (1999; 2000; 1998b, pp. 170 ss.). Em relação ao primeiro caso, Habermas propõe "a transferência de funções que, até agora, Estados sociais assumiram no âmbito nacional, para instâncias supranacionais" (1998a, p. 75, ou 1998b, p. 86) e, assim, a "construção de um regime global de bem-estar" (1998a, p. 80). Em relação ao segundo, ele manifesta-se favorável à chamada "intervenção humanitária", propondo que esta seja legitimada mediante a institucionalização de procedimentos jurídicos no plano das organizações internacionais.

Este não é o lugar para aprofundar a análise do projeto habermasiano, inegavelmente sedutor (a respeito, ver Neves, 1998, pp. 153 ss.; 2000b, pp. 195 e 201 ss.). Limito-me a algumas observações gerais. Em relação à ideia de um "regime global de bem-estar", Habermas não retira as devidas consequências do fato, por ele reconhecido, de que o Estado social só pôde desenvolver-se "em algumas regiões privilegiadas, nas condições favoráveis do pós-guerra" e que a "interdependência assimétrica entre países desenvolvidos, industrializados recentemente e subdesenvolvidos" permanece intocável (Habermas, 1998a, p. 76, ou 1998b, p. 87). A orientação includente no Estado de bem-estar do Ocidente desenvolvido não surgiu isolada de ampla exclusão em outras regiões do globo terrestre. O que hoje se apresenta de novo é a tendência de que ondas de exclusão, no contexto da globalização econômica, disseminem-se nos países centrais. Diante da grande desigualdade econômica entre Norte e Sul e de uma sociedade global fortemente conflituosa, parece-me que a noção de um "regime global de bem-estar" e a ideia de que se impõe uma "solidariedade cosmopolita" (Habermas, 1998a, p. 77, ou 1998b, p. 88) com vista a uma "cidadania mundial" desempenham antes um papel ideológico, não contribuindo adequadamente para construção de mecanismos consequentes de solução dos graves problemas sociais da sociedade global complexa de hoje. O que se vê, na verdade, são reações supranacionais no âmbito regional, como a União Europeia, que, ao contrário de uma política de bem-estar global solidária, tende a reagir drasticamente à onda migratória dos "fugitivos da exclusão", emigrantes de outras regiões do planeta. Trata-se, portanto, de uma *política interna* de bem-estar *do Ocidente* desenvolvido, não servindo à justiça como igualdade complexa em escala global e implicando mesmo formas de tratamento injusto contra os imigrantes. Em relação à chamada "intervenção humanitária", pode-se afirmar que ela – sobretudo em virtude da estrutura não democrática do Conselho de Segurança da ONU, que "realiza um intervencionismo arbitrário" em relação aos direitos humanos (Brunkhorst, 1999, p. 382), das "intenções paternalistas" inerentes às propostas interventivas e da classificação "seletiva" das violações aos direitos humanos ensejadoras da intervenção (Maus, 1997, pp. 168 e 190) – não constitui, a rigor, uma "política *interna mundial*", democraticamente institucionalizada, para a imposição dos direitos humanos, mas antes uma política *externa do Ocidente* desenvolvido, oligarquicamente estruturada, para a vigilância das políticas de "direitos humanos" dos países mais frágeis na constelação de poder internacional. Assim sendo, não se trata de uma instituição da justiça como igualdade complexa, mas sim de um instrumento de poder internacional.

Portanto, para o combate da injustiça estrutural da sociedade global complexa do presente, uma sociedade caracterizada por amplas formas de "exclusão" social e intolerância para com o diferente, é ainda o Estado democrático de direito que, intermediando consenso procedimental e dissenso conteudístico, oferece o modelo jurídico-político mais adequado. Evidentemente, o êxito e a disseminação desse modelo dependem de políticas consequentes de segurança, de direitos humanos, de meio ambiente e de desenvolvimento no âmbito das organizações internacionais, assim como de regras eficientes de estabilização das relações econômicas globais, principalmente no que concerne ao mercado financeiro. E, para sua inovação e adequação às novas redes de comunicação da sociedade mundial, o Estado democrático de direito tem que se abrir às provocações e irritações da pluralidade de ordens jurídicas globais. Além do mais, não se deve desconhecer que, por força das imensas desigualdades sociais entre indivíduos e grupos, implicando "exclusão" de amplas partes da população do planeta, e das enormes assimetrias de desenvolvimento entre regiões e países, as perspectivas de disseminação do Estado democrático de direito em escala mundial são muito negativas. Para tanto, impõe-se, a longo prazo, profundas transformações no grau de desenvolvimento e nas relações econômicas internacionais, extremamente conflituosas, não havendo, no momento, perspectivas no sentido de tais transformações. Isso, porém, não deve esconder o fato de que o Estado democrático de direito ainda constitui o modelo jurídico-político que, capaz de adequar-se aos mais diferentes contextos (multi)culturais e às mais diversas exigências regionais, pode promover mais satisfatoriamente a justiça como igualdade complexa. Esta, caso não conte com os procedimentos efetivos do Estado democrático de direito, estará fadada, na sociedade global complexa do presente, a reduzir-se a um tópico da retórica política, sobretudo daquela retórica política vinculada ao rótulo "globalização", no âmbito da qual o mercado é festejado como critério último de justiça.

Bibliografia

Aristóteles (1941). "Ethica Nicomachea" (Nicomachean Ethics). Trad. ingl. de W. D. Ross. *In*: R. McKeon (org.). *The Basic Works of Aristotle*. Nova York: Random House, pp. 927-1112.

ASSMANN, Heinz Dieter; KIRCHNER, Christian; SCHANZE, Erich (orgs.) (1993). *Ökonomische Analyse des Rechts*. Tübingen: Mohr.

BANDEIRA DE MELLO, Celso Antônio (1993). *Conteúdo jurídico do princípio da igualdade*. 3. ed. São Paulo: Malheiros.

BENHABIB, Seyla (1999). *Kulturelle Vielfalt und demokratische Gleichheit: Politische Partizipation im Zeitalter der Globalisierung*. Frankfurt am Main: Fischer-Taschenbuch-Verlag.

BOURDIEU, Pierre (1989). *La noblesse d'État: grandes écoles et esprit de corps*. Paris: Les Édition de Minuit.

BRUNKHORST, Hauke (1999). "Heterarchie und Demokratie". *In*: H. Brunkhorst e P. Niesen (orgs.). *Das Recht der Republik*. Frankfurt am Main: Suhrkamp, pp. 373-85.

______ (2001). "Globale Solidarität: Inklusionsprobleme der modernen Gesellschaft". *In*: L. Wingert e K. Günther (orgs.). *Die Öffentlichkeit der Vernunft und die Vernunft der Öffentlichkeit: Festschrift für Jürgen Habermas*. Frankfurt am Main: Suhrkamp.

______ (2002). *Solidarität: von der Bürgerfreundschaft zur globalen Rechtsgenossenschaft*. Frankfurt am Main: Suhrkamp.

COMPARATO, Fábio Konder (1993). "Igualdade, desigualdades". *Revista Trimestral de Direito Público* (São Paulo: Malheiros), nº 1, pp. 69-78.

DURKHEIM, Émile (1955). *Pragmatisme et sociologie*. Ed. Armand Cuvillier. Paris: Libraire Philosophique J. Vrin [trad. bras. de Aldo Litaiff: *Pragmatismo e sociologia*. Florianópolis/Tubarão: Editora da UFSC/Editora da Unisul, 2004].

DWORKIN, Ronald (1991a). *Taking Rights Seriously*. 6. ed. Londres: Duckworth (1. ed. 1977).

______ (1991b). *Law's Empire*. Londres: Fontana Press (1. ed. 1986).

FORST, Rainer (1996). *Kontexte der Gerechtigkeit: politische Philosophie jenseits von Liberalismus und Kommunitarismus*. Frankfurt am Main: Suhrkamp.

GIDDENS, Anthony (1991). *The Consequences of Modernity*. Cambridge: Polity Press.

HABERMAS, Jürgen (1992). *Faktizität und Geltung: Beiträge zur Diskurstheorie des Rechts und des demokratischen Rechtsstaats*. Frankfurt am Main: Suhrkamp.

______ (1996). *Die Einbeziehung des Anderen: Studien zur politischen Theorie*. Frankfurt am Main: Suhrkamp.

______ (1998a). "Jenseits des Nationalstaats? Bemerkungen zu Folgeproblemen der wirtschaftlichen Globalisierung". *In*: U. Beck (org.). *Politik der Globalisierung*. Frankfurt am Main: Suhrkamp, pp. 67-84.

______ (1998b). *Die postnationale Konstellation: Politische Essays*. Frankfurt am Main: Suhrkamp.

______ (1999). "Zur Legitimation durch Menschenrechte". *In*: H. Brunkhorst e P. Niesen (orgs.). *Das Recht der Republik*. Frankfurt am Main: Suhrkamp, pp. 386-403.

______ (2000). "Bestialität und Humanität: Ein Krieg an der Grenze zwischen Recht und Moral". *In*: R. Merkel (org.). *Der Kosovo-Krieg und das Völkerrecht*. Frankfurt am Main: Suhrkamp, pp. 51-65.

______ (2001). *Die Zukunft der menschlichen Natur. Auf dem Weg zu einer liberalen Eugenik?* Frankfurt am Main: Suhrkamp.

HELD, David (1991). "Democracy, the Nation-State and the Global System". *In*: D. Held (org.). *Political Theory Today*. Cambridge: Polity Press, pp. 197-235.

______ (1995). *Democracy and the Global Order: From the Modern State to Cosmopolitan Governance*. Cambridge: Polity Press.

HELLER, Hermann (1971). "Politische Demokratie und soziale Homogenität" [1928]. *Gesammelte Schriften: Recht, Staat, Macht*. Tübingen: Leiden Sijthoff, vol. II, pp. 421-33 [35-47].

HÖFFE, Otfried (1999). *Demokratie im Zeitalter der Globalisierung*. Munique: Beck.

______ (2002). "Globalität statt Globalismus. Über eine subsidiäre und föderale Weltrepublik". *In*: M. Lutz-Bachmann e J. Bohman (orgs.). *Weltstaat oder Staatenwelt? Für und wider die Idee einer Weltrepublik*. Frankfurt am Main: Suhrkamp, pp. 8-31.

HONNETH, Axel (1995). "Einleitung". *In*: A. Honneth (org.). *Kommunitarismus: Eine Debatte über die moralischen Grundlagen moderner Gesellschaften*. 3. ed. Frankfurt am Main/Nova York: Campus, pp. 7-17.

JOUVENEL, Bertrand de (1976). *Les débuts de l'État moderne: une histoire des idées politiques au XIXe siècle*. Paris: Fayard [trad. bras.: *As origens do Estado moderno: uma história das ideias políticas no século XIX*. Rio de Janeiro: Zahar, 1978].

KELSEN, Hans (1960). *Reine Rechtslehre*. 2. ed. Viena: Franz Deuticke (reimpr. inalterada de 1983 com o apêndice "Das Problem der Gerechtigkeit") [trad. bras.: *Teoria pura do direito*. 6. ed. São Paulo: Martins Fontes, 1998].

LADEUR, Karl-Heinz (1997). "Towards a Legal Theory of Supranationality – The Viability of the Network Concept". *European Law Journal* 3 (Oxford: Blackwell), nº 1, pp. 33-54.

______ (2003). "Globalization and the Conversion of Democracy to Polycentric Networks: Can Democracy Survive the End of Nation States?". *European University Institute Law, Working Paper LAW* 4. Disponível em: https://cadmus.eui.eu/handle/1814/199.

LUHMANN, Niklas (1977). "Arbeitsteilung und Moral: Durkheims Theorie". *In*: Émile Durkheim. *Über die Teilung der sozialen Arbeit*. Frankfurt am Main: Suhrkamp, pp. 17-35.

______ (1981). *Ausdifferenzierung des Rechts: Beiträge zur Rechtssoziologie und Rechtstheorie*. Frankfurt am Main: Suhrkamp.

______ (1983). *Legitimation durch Verfahren*. Frankfurt am Main: Suhrkamp.

______ (1986a). *Grundrechte als Institution: Ein Beitrag zur politischen Soziologie*. 3. ed. Berlim: Duncker & Humblot.

______ (1986b). "Komplexität". *In*: N. Luhmann. *Soziologische Aufklärung 2: Aufsätze zur Theorie der Gesellschaft*. 3. ed. Opladen: Westdeutscher Verlag, pp. 204-20.

LUHMANN, Niklas (1987a). *Rechtssoziologie*. 3. ed. Opladen: Westdeutscher Verlag.

______ (1987b). *Soziale Systeme: Grundriß einer allgemeinen Theorie*. Frankfurt am Main: Suhrkamp.

______ (1988). "Positivität als Selbstbestimmtheit des Rechts". *Rechtstheorie* 19 (Berlim: Duncker & Humblot), pp. 11-27.

______ (1989). *Vertrauen: Ein Mechanismus der Reduktion sozialer Komplexität*. 3. ed. Stuttgart: Enke.

______ (1990). "Verfassung als evolutionäre Errungenschaft". *Rechtshistorisches Journal* 9 (Frankfurt am Main: Löwenklau), pp. 176-220.

______ (1991). "Der Gleichheitssatz als Form und als Norm". *Archiv für Rechts- und Sozialphilosophie* 77 (Stuttgart: Steiner), pp. 435-45.

______ (1993). *Das Recht der Gesellschaft*. Frankfurt am Main: Suhrkamp.

______ (1995). "Inklusion und Exklusion". *In*: N. Luhmann. *Soziologische Aufklärung 6: Die Soziologie und der Mensch*. Opladen: Westdeutscher Verlag, pp. 237-64.

______ (1997). *Die Gesellschaft der Gesellschaft*. Frankfurt am Main: Suhrkamp, 2 tomos.

______ (1998). "Der Staat des politischen Systems: Geschichte und Stellung in der Weltgesellschaft". *In*: U. Beck (org.). *Perspektiven der Weltgesellschaft*. Frankfurt am Main: Suhrkamp, pp. 345-80.

______ (2000). *Die Politik der Gesellschaft*. Frankfurt am Main: Suhrkamp.

______; DE GIORGI, Raffaele (1992). *Teoria della società*. Milão: Franco Angeli.

LUTZ-BACHMANN, Matthias (2002). "Weltweiter Frieden durch eine Weltrepublik? Probleme internationaler Friedensicherung". *In*: M. Lutz-Bachmann e J. Bohman (orgs.). *Weltstaat oder Staatenwelt? Für und wider die Idee einer Weltrepublik*. Frankfurt am Main: Suhrkamp, pp. 32-45.

MASTRONARDI, Philippe (1998). "Der Zweck der Eidgenossenschaft als Demokratie: Essay zu einer Schweizerischen Demokratietheorie". *Zeitschrift für Schweizerisches Recht* (nova série) 117 (Basileia: Helbing & Lichtenhahn, nº 3, pp. 317-413.

MAUS, Ingeborg (1997). "Staatssouveränität als Volkssouveränität. Überlegungen zum Friedensprojekt Immanuel Kants". *In*: W. Loth (org.). *Jahrbuch 1996 des Kulturwissenschaftlichen Instituts im Wissenschaftszentrum NRW*. Essen: Altes Rathaus, pp. 167-94.

MORIN, Edgar (1990). *Introduction à la pensée complexe*. Paris: ESF.

MÜLLER, Friedrich (1997). *Wer ist das Volk? Die Grundfrage der Demokratie – Elemente einer Verfassungstheorie VI*. Berlim: Duncker & Humblot.

______ (2001). *Demokratie in der Defensive. Funktionelle Abnutzung – soziale Exklusion – Globalisierung. Elemente einer Verfassungstheorie VII*. Berlim: Duncker & Humblot.

NEVES, Marcelo (1992). *Verfassung und Positivität des Rechts in der peripheren Moderne: Eine theoretische Betrachtung und eine Interpretation des Falls Brasilien*. Berlim: Duncker & Humblot.

______ (1994). "Entre subintegração e sobreintegração: a cidadania inexistente". *Dados – Revista de Ciências Sociais* (Rio de Janeiro: Iuperj), vol. 37, nº 2, pp. 253-75.

______ (1998). *Symbolische Konstitutionalisierung*. Berlim: Duncker & Humblot.

______ (2000a). *Grenzen der demokratischen Rechtsstaatlichkeit und des Föderalismus in Brasilien*. Friburgo: Institut für Föderalismus/ Basileia: Helbing & Lichtenhahn.

______ (2000b). *Zwischen Themis und Leviathan: Eine schwierige Beziehung. Eine Rekonstruktion des demokratischen Rechtsstaates in Auseinandersetzung mit Luhmann und Habermas*. Baden-Baden: Nomos.

O'DONNELL, Guillermo (1999). "Polyarchies and the (Un)Rule of Law in Latin America: A Partial Conclusion". *In*: J. E. Méndez *et al.*

(orgs.). *The Un(Rule) of Law and the Underprivileged in Latin America*. Notre Dame, Indiana: University of Notre Dame Press, pp. 303-37.

POSNER, Richard (1977). *Economic Analysis of Law*. 2. ed. Boston: Little, Brown and Company.

RAWLS, John (1990). *A Theory of Justice*. Oxford: Oxford University Press (1. ed. 1972).

ROBERTSON, Roland (1992). *Globalization: Social Theory and Global Culture*. Londres: Sage.

ROSENFELD, Michel (1998). *Just Interpretations: Law between Ethics and Politics*. Berkeley/Los Angeles/Londres: University of California Press.

SANDEL, Michael J. (1982). *Liberalism and the Limits of Justice*. Cambridge: Cambridge University Press.

SPENCER BROWN, G. (1971). *Laws of Form*. Londres: George Allen and Unwin (reimpr. da 1. ed. de 1969).

TAYLOR, Charles (1991). "Cross-Purposes: The Liberal-Communitarian Debate". *In*: N. L. Rosenblum (org.). *Liberalism and the Moral Life*. Cambridge, Mass/Londres: Harvard University Press, pp. 159-82.

TEUBNER, Gunther (1982). "Reflexives Recht: Entwicklungsmodelle des Rechts in vergleichender Perspektive". *Archiv für Rechts- und Sozialphilosophie* 68 (Wiesbaden: Steiner), pp. 13-59.

______ (org.) (1995). *Entscheidungsfolgen als Rechtsgründe: Folgenorientiertes Argumentieren in rechtsvergleichender Sicht*. Baden-Baden: Nomos.

______ (1996a). "Altera Pars Audiatur: Das Recht in der Kollision anderer Universalitätsansprüche". *Archiv für Rechts- und Sozialphilosophie*, número suplementar [*Beiheft*] 65 (Wiesbaden: Steiner), pp. 199-220.

______ (1996b). "Globale Bukowina: Zur Emergenz eines transnationalen Rechtspluralismus". *Rechtshistorisches Journal* 15 (Frankfurt am Main: Löwenklau), pp. 255-90.

TEUBNER, Gunther (1996c). "Des Königs viele Leiber: Die Selbstdekonstruktion der Hierarchie des Rechts". *Soziale Systeme: Zeitschrift für soziologische Theorie* 2 (Opladen: Leske + Budrich), pp. 229-55.

______ (1998). "Nach der Privatisierung? Diskurskonflikte im Privatrecht". *Zeitschrift für Rechtssoziologie* 19 (Opladen: Westdeutscher Verlag), pp. 8-36.

______ (2000). "Privatregimes: Neo-Spontanes Recht und duale Sozialverfassungen in der Weltgesellschaft". *In*: D. Simon e M. Weiss (orgs.). *Zur Autonomie des Individuums: Liber Amicorum Spiros Simitis*. Baden-Baden: Nomos, pp. 437-53.

TOCQUEVILLE, Alexis de (1986). *De la démocratie en Amérique*. Paris: Gallimard, vol. 1.

TOURAINE, Alain (1994). *Qu'est-ce que la démocratie?* Paris: Fayard.

______ (1997). *Pourrons-nous vivre ensemble? Égaux et différents*. Paris: Fayard.

WALZER, Michael (1983). *Spheres of Justice: A Defense of Pluralism and Equality*. Nova York: Basic Books.

______ (1994). *Thick and Thin: Moral Argument at Home and Abroad*. Notre Dame/Londres: University of Notre Dame Press.

______ (1998). "Vorwort zur deutschen Ausgabe". Trad. alemã de Claus Offe. *In*: M. Walzer. *Sphären der Gerechtigkeit: Ein Plädoyer für Pluralität und Gleichheit*. Frankfurt am Main: Fischer, pp. 11-4.

WELSCH, Wolfgang (1991). "Gesellschaft ohne Meta-Erzählung?". *In*: W. Zapf (org.). *Die Modernisierung moderner Gesellschaften: Verhandlungen des 25. Deutschen Soziologentages in Frankfurt am Main 1990*. Frankfurt am Main/Nova York: Campus, pp. 174-84.

ZOLO, Danilo (1992). *Il principato democratico: Per ùna teoria realistica della democrazia*. Milão: Feltrinelli.

CAPÍTULO 5

DO CONSENSO AO DISSENSO: O ESTADO DEMOCRÁTICO DE DIREITO A PARTIR E ALÉM DE HABERMAS

5.1 Nota prévia

O presente artigo é um extrato de trabalho mais abrangente em que proponho uma reconstrução do Estado democrático de direito a partir de uma abordagem crítica da teoria dos sistemas (Luhmann) e da teoria do discurso (Habermas)[1]. Nessa oportunidade, concentro-me na crítica do modelo normativo habermasiano de Estado democrático de direito e aponto os limites de sua pretensão consensualista para apresentar uma alternativa a esse modelo, na qual a questão do dissenso em torno de conteúdos é posta no primeiro plano. Não entrarei na análise empírica das condições da realização do Estado democrático de direito na so-

---

[1] Este artigo baseia-se no item 2 do Cap. III e nos itens 1 e 2 do Cap. IV de minha tese de livre-docência na Faculdade de Direito da Universidade de Friburgo, na Suíça, sob o título *Zwischen Themis und Leviathan: Eine schwierige Beziehung – eine Analyse des demokratischen Rechtsstaates ausgehend und jenseits von Niklas Luhmanns Systemtheorie und Jürgen Habermas' Diskurstheorie*, a ser publicada no corrente ano na Alemanha. [N. do Org.: o trabalho foi posteriormente publicado como Marcelo Neves. *Zwischen Themis und Leviathan: Eine schwierige Beziehung – Eine Rekonstruktion des demokratischen Rechtsstaates in Auseinandersetzung mit Luhmann und Habermas*. Baden-Baden: Nomos, 2000. Atualmente, encontra-se em português na sua terceira edição em: Marcelo Neves. *Entre Têmis e Leviatã: uma relação difícil*. 3. ed. São Paulo: WMF Martins Fontes, 2012.]

ciedade mundial hodierna, que desenvolvo em outra parte do referido trabalho[2].

5.2 A concepção de Estado democrático de direito na teoria do discurso

5.2.1 A autonomia do direito fundada no procedimento racional

Habermas vincula o conceito de Estado democrático de direito à noção de autonomia do direito. Mas na teoria do discurso a autonomia fundamenta-se moralmente, distinguindo-se radicalmente da autopoiese jurídica no sentido sistêmico proposto por Niklas Luhmann[3]. O direito não é concebido como sistema funcional, que se autorregula e autolegitima; ele precisa ser fundamentado em um procedimento racional. Nesse sentido, Habermas apresenta, em um primeiro momento, ao enfrentar mais especificamente o pensamento weberiano, a seguinte objeção: "A função própria da positivação consiste em *deslocar problemas de fundamentação*, portanto, em descarregar a aplicação técnica do direito, *em amplos espaços*, de problemas de fundamentação, mas não em eliminar a problemática da fundamentação."[4] Mais tarde, a oposição à concepção luhmanniana da positividade como autonomia sistêmica vai ser expressa de forma mais vigorosa:

> Um sistema jurídico adquire autonomia não apenas para si sozinho. Ele é autônomo apenas na medida em que os procedimentos institucionalizados para legislação e jurisdição garantem formação imparcial de julgamento e vontade, e, por esse

[2] Cap. V do trabalho citado na nota 1.

[3] Cf. sobretudo Habermas, 1992, pp. 67-78 (criticando também o modelo sistêmico de Teubner) e 573-80.

[4] Habermas, 1982a, vol. I, p. 354; cf. também 1982a, vol. II, p. 536.

caminho, proporcionam a uma racionalidade ético-procedimental ingresso igualmente no direito e na política. Não há direito autônomo sem democracia realizada.[5]

A exigência habermasiana de justificação racional do direito não importa confusão entre as esferas moral e jurídica. Também não significa que o direito esteja assentado exclusivamente no mundo da vida. O direito apresenta-se como esfera de intermediação entre sistema e mundo da vida. É em face dessa posição de intermediador que emerge, em vários níveis, a tensão entre "validade e facticidade" no âmbito jurídico[6]. Porém, a concepção de Habermas nesse sentido não é clara na primeira fase de sua obra. É possível afirmar-se que se verificou um desenvolvimento do pensamento jurídico-filosófico habermasiano de uma concepção que enfatizava o aspecto instrumental-sistêmico do direito[7], passando por um modelo que, apesar de considerar as duas dimensões, a sistêmica e a do mundo da vida, não lhes releva a conexão[8], para chegar ao modelo que apresenta o direito como "transformador" entre sistema e mundo da vida[9].

[5] Habermas, 1987, p. 16; analogamente Habermas, 1992, p. 559, em que as expressões "julgamento" e "ético" são substituídas, respectivamente, pelos termos "opinião" e "moral".

[6] A obra homônima de Habermas (1992) tem desencadeado um amplo debate internacional sobre a contribuição da teoria do discurso para a compreensão do direito e do Estado democrático de direito; cf. Habermas *et al.*, 1996; Krawietz e Preyer (orgs.), 1996; Deflem (org.), 1996; White (org.), 1995, pp. 3-16 e 167-259; Höffe, 1996, pp. 146-59; Habermas, 1996b.

[7] Cf. Habermas, 1990a [1962], pp. 142 ss. Correlativamente, ver a sua análise do "direito natural" no âmbito da "revolução burguesa", 1978 [1963].

[8] Cf. Habermas, 1982a, vol. I, pp. 332-66; 1982a, vol. II, pp. 259 ss. e 522 ss. Caminhando no sentido dessa formulação, ver Habermas, 1982c.

[9] Habermas, 1992, pp. 77-8, 108 e 217, também afirmando que o direito tem uma "função de dobradiça" (*Scharnierfunktion*) entre sistema e mundo da vida (p. 77). É nesse sentido que ele se refere ao direito moderno "como um meio profundamente ambíguo da integração da sociedade" (p. 59). Em Apel, encontra-se, por

A concepção do direito como meio sistêmico e como instituição é elaborada inicialmente no âmbito do debate sobre a colonização do mundo da vida na forma de juridificação[10]. No primeiro caso, "o direito é combinado de tal forma com os meios [*Medien*] dinheiro e poder, que ele mesmo assume o papel de meio de controle", sendo significativa, nessa dimensão, "a maioria das matérias do direito econômico, comercial, empresarial e administrativo"[11]. Por *instituições* jurídicas, Habermas compreende "normas jurídicas que por meio das referências positivistas a procedimentos não podem tornar-se suficientemente legitimadas". Tendo em vista que elas pertencem "às ordens legítimas do mundo da vida", precisam de "justificação material"[12]. De acordo com esse modelo analítico, o direito como meio teria força constitutiva, o direito como instituição, apenas "função regulativa"[13]. Na medida em que o direito na sua dimensão sistêmica invade a esfera regulada informalmente do mundo da vida, a juridificação produz efeitos negativos, socialmente desintegradores. Habermas refere-se especificamente ao Estado social e democrático de direito, cuja postura intervencionista, ambivalentemente, apesar de servir como "garantia de liberdade", teria conduzido à "privação de liberdade"[14]. É verdade que observa já nessa abordagem que "*o direito-meio*, não obstante, permanece conectado

---

sua vez, a seguinte formulação: "Em certa medida, o *Estado de direito* constitui-se entre a *moral* e a *política*, como uma intermediação responsável de ambas as esferas" (1992). Muito antes afirmava Timasheff – é verdade com base em pressupostos teóricos inteiramente diversos – que o direito, enquanto fenômeno secundário, constitui a combinação da ética e da política, como fenômenos primários (1937-1938, pp. 230-1; 1936, espec. pp. 143 e 155 ss.).

[10] Cf. Habermas, 1982a, vol. II, pp. 522 ss.

[11] *Ibid.*, p. 536.

[12] *Ibid.*

[13] *Ibid.*, p. 537.

[14] *Ibid.*, pp. 530 ss. (espec. p. 531).

com o *direito como instituição*"[15]. Porém, trata-se ainda de dois polos distintos, que de certa maneira estão em permanente confronto. Nesse sentido, afirma Habermas que a distinção proposta anteriormente "entre direito como instituição e direito como meio, que contrapõe as normas jurídicas social-integrativas às formas jurídicas do controle político, não pode ser mantida"[16]. Propõe, então, um modelo que enfatize o relacionamento estreito das duas dimensões do fenômeno jurídico no âmbito do Estado democrático de direito.

No novo contexto teórico, procura-se apontar para a relação entre instrumentalidade e indisponibilidade do direito[17]. A tensão entre esses dois momentos não se torna evidente enquanto "o fundamento sacro do direito" permanece intocável e o costume jurídico tradicional continua rigidamente ancorado na práxis cotidiana[18]. Conforme a argumentação de Habermas, a superação do fundamento sacro do poder na modernidade não conduz à simples instrumentalização sistêmica do direito; antes, torna evidente a tensão entre os dois momentos. Nessa perspectiva, a conexão entre instrumentalidade e indisponibilidade tem um significado decisivo no relacionamento do direito positivo (moderno) com a moral e a política: "Aquele momento de indisponibilidade, que também no direito moderno constitui um contrapeso imprescindível para a instrumentalização política do direito como meio, deve-se ao entrelaçamento de política e direito com moral."[19] Isso não implica, no pensamento habermasiano, uma indiferenciação. Aponta para o fato de que o direito, apesar de servir como instrumento de poder, precisa de justificação moral. Na-

---

15 Habermas, 1982a, vol. II, p. 536.

16 *Id.*, 1992, p. 502, nota 47.

17 Cf. *ibid.*, espec. pp. 582 ss.

18 *Ibid.*, pp. 582-3.

19 *Ibid.*, p. 585.

quilo que se refere ao plano moral, como no caso dos direitos fundamentais, o direito é considerado indisponível. E mesmo a intervenção instrumental no direito exige o respeito a procedimentos baseados em princípios universalistas.

Esse modelo teórico afasta-se da concepção luhmanniana em dois aspectos fundamentais. Em primeiro lugar, define a dimensão sistêmica como momento de instrumentalização política do direito, isto é, no sentido totalmente contrário à ideia de autonomia. Além disso, aponta para a fundamentação moral do direito, o que significaria a negação de sua autonomia no modelo sistêmico. É nesse quadro teórico que se discute na obra de Habermas a tensão entre facticidade e validade. Não se trata da concepção tradicional do abismo ou da contradição entre norma e realidade. Trata-se de "uma tensão *inerente* ao direito"[20]. Da mesma maneira, a questão não se confunde com a tensão entre fato e valor, a ser superada e integrada pelo momento normativo, conforme o modelo tridimensional[21]. A noção de norma na teoria tridimensional refere-se à dimensão jurídico-positiva. Na teoria do discurso, não se pode definir a normatividade jurídico-positiva como momento de superação da tensão entre facticidade e validade. A normatividade refere-se à validade e, portanto, exige fundamentação moral ou, mais abrangentemente, justificação discursiva do direito[22]. Nesse sentido, concebe as normas em uma perspectiva universalista, definindo-as como:

> expectativas de comportamento cuja vinculatoriedade normativa apresenta um certo parentesco com a força motivadora das

---

[20] Habermas, 1992, pp. 170-1.

[21] Cf. Reale, 1979, p. 57.

[22] Mas a normatividade não se confunde com a racionalidade comunicativa, intersecionando-se com esta no campo da fundamentação moral (Habermas, 1992, p. 19).

afirmações verdadeiras. Na perspectiva dos participantes, concordamos com normas não da mesma maneira, mas de maneira *semelhante* àquela em que concordamos com proposições assertóricas que consideramos como verdadeiras[23].

Porém, o momento normativo, enquanto exige a justificação racional do direito, não soluciona a tensão entre facticidade e validade, estando nela envolvido. Ele também não deve ser confundido com a questão dos valores, que concerne às preferências individuais ou coletivas a respeito da "boa vida". A normatividade, que se fundamenta em princípios no estádio da moral pós-convencional, diz respeito ao "dever-ser" (*Sollen*) universalista, incondicional[24].

Na análise da tensão entre facticidade e validade, Habermas recorre reconstrutivamente a Kant[25]. Na concepção kantiana, a validade do direito relaciona-se com a conexão entre coação e liberdade. A coação só se justifica como "impedimento de um obstáculo à liberdade"[26]. Nesse sentido, o direito – definido como "o conjunto das condições sob as quais o arbítrio de um pode conciliar-se com o arbítrio do outro, conforme uma lei geral da liberdade"[27] – está necessariamente vinculado à faculdade de coagir[28]. Acrescente-se que no modelo kantiano a legalidade é concebida em termos da "mera concordância ou discordância de uma ação com a lei, sem considerar o motivo da mesma [da ação]"[29]. Tendo em vista esses elementos, Habermas aponta para os limites dessa concepção no que se refere ao problema da legitimidade.

---

[23] Habermas, 1997, pp. 66-7.

[24] Voltarei a essa questão no próximo item.

[25] Cf. Habermas, 1992, pp. 46 ss.

[26] Kant, 1986, p. 40. A respeito, Habermas, 1992, p. 46.

[27] Kant, 1986, p. 38.

[28] *Ibid.*, p. 40.

[29] *Ibid.*, p. 29.

O respeito à lei não se justifica simplesmente a partir da postura de sujeitos que buscam manter um espaço individual de liberdade. Isso implicaria uma postura puramente estratégica[30]. Destaca-se o caráter legitimador do processo legislativo democrático, compreendido como "o verdadeiro lugar da integração social no sistema jurídico"[31]. A coação jurídica só se justifica quando a sua autorização se baseia na expectativa de legitimidade vinculada à deliberação do legislador:

> À positividade do direito está vinculada a expectativa de que o procedimento democrático de estabelecimento do direito fundamenta a suposição da aceitabilidade racional das normas postas. Na positividade do direito, não se expressa a facticidade de uma vontade arbitrária, simplesmente contingente, mas sim a vontade legítima, que se deve à autolegislação de cidadãos politicamente autônomos.[32]

Isso importa que a liberdade não é interpretada negativa e instrumentalmente. Os sujeitos não são concebidos de um ponto de vista egoísta, pretendendo apenas manter os seus espaços de liberdade. Além de sua postura como sujeitos privados, impõem-se os direitos de participação numa práxis orientada para o entendimento intersubjetivo[33].

Assim sendo, a tensão interna entre facticidade e validade não se apresenta nos termos kantianos do relacionamento entre coação e liberdade. Em Habermas, essa tensão reproduz-se em vários níveis. Cabe verificar inicialmente uma distinção entre a tensão externa e a interna. A externa refere-se à situação do direito

---

[30] Habermas, 1992, p. 49.

[31] *Ibid.*, p. 50.

[32] *Ibid.*, p. 51.

[33] *Ibid.*, p. 50.

perante os imperativos funcionais de uma sociedade supercomplexa[34]. Habermas enfrenta essa questão ao discutir os conceitos sociológicos de direito e o conceito filosófico de justiça[35]. De um lado, critica tanto o modelo crítico-ideológico de origem marxista, segundo o qual o direito é reduzido a um epifenômeno superestrutural, quanto o paradigma sistêmico da autopoiese[36]. Em ambas as perspectivas não seria considerada a dimensão da fundamentação jurídica. De outro lado, critica o paradigma de justiça de Rawls. Este, ao enfatizar a questão da justiça, desconsideraria a dimensão fático-social do direito[37]. "Sem a visão do direito como sistema empírico de ação" – afirma Habermas – "os conceitos filosóficos permanecem vazios."[38]

Propõe-se, então, a uma reconstrução dos enfoques "neokantianos" de Weber e Parsons, conforme os quais a ordem social é atravessada, respectivamente, por ideias e interesses ou por valores culturais e motivos[39]. Nesse sentido, critica o modelo de legitimidade a partir da legalidade, tal como formulado por Weber, apontando para o princípio da fundamentação[40]. Em relação a Parsons, oferece uma releitura da concepção de "*societal community*" e, sobretudo, do conceito de inclusão, referindo-se à redução sistêmica dessas definições[41]. O direito não se apresenta, assim, como um sistema entre outros sistemas funcionais, já que também se assenta no mundo da vida. Nem se confunde com a

---

34 Habermas, 1992, p. 52.

35 Cf. *ibid.*, pp. 61 ss.

36 *Ibid.*, pp. 65 ss.

37 *Ibid.*, pp. 78 ss. Quanto à crítica habermasiana à concepção de Rawls, ver também 1996c e 1996d.

38 Habermas, 1992, p. 90.

39 *Ibid.*, pp. 90 ss.

40 *Ibid.*, espec. pp. 97-8. A respeito, ver também 1982a, vol. I, pp. 332-66 (espec. pp. 353 ss.); 1982a, vol. II, p. 266.

41 Cf. Habermas, 1992, pp. 98 ss.

moral. O direito, nessa perspectiva, põe as mensagens do mundo da vida, elaboradas na linguagem natural do cotidiano, em uma forma que se torna compreensível nos códigos especiais da economia (dinheiro) e da administração (poder): "Com isso, a linguagem do direito, diferentemente da comunicação moral restrita à esfera do mundo da vida, pode funcionar como transformador entre sistema e mundo da vida na circulação da comunicação em toda a sociedade."[42] Dessa maneira, a crítica habermasiana ao unilateralismo das concepções sociológica e filosófica da validade jurídica caminha no sentido de uma sobrecarga para o direito em uma sociedade supercomplexa. Ao formular a ideia de tensão externa, parece que Habermas quer apontar exatamente para a dificuldade de tradução de duas linguagens tão distintas mediante a linguagem jurídica, considerando sobretudo a exigência da aceitabilidade racional do direito.

Do ponto de vista interno, a tensão entre validade e facticidade manifesta-se inicialmente na relação entre positividade e legitimidade[43]. O direito vale não apenas porque é posto, mas sim enquanto é posto de acordo com um procedimento democrático, no qual se expressa intersubjetivamente a autonomia dos cidadãos. Essa é a forma mais genérica em que se apresenta o problema. No âmbito da jurisdição, a questão relaciona-se com a tensão entre segurança jurídica e decisão correta (ou discursivamente fundamentada)[44]. Habermas vai argumentar que a validade não se restringe à consistência da decisão, arguindo que, além disso, ela pressupõe a fundamentação moral e ético-política. Além do mais, é relevante o problema da aplicação jurídica adequada[45].

---

[42] Habermas, 1992, p. 108.

[43] Cf. *ibid.*, pp. 171 *passim*.

[44] Cf. *ibid.*, pp. 241 ss.

[45] K. Günther, 1988; Habermas, 1992, pp. 200-1 e 265 ss.

Outra forma em que se manifesta a tensão entre faticidade e validade consiste na relação entre aceitação fática e aceitabilidade racional[46]. O problema reside aqui na capacidade de generalização de proposições normativas. A aceitabilidade importa que, na situação ideal do discurso, pressupondo igualdade e liberdade dos participantes, a norma seria observada por qualquer sujeito que se oriente na busca do consenso racional. No direito de uma sociedade supercomplexa, a superação dessa tensão entre aceitabilidade e aceitação complica-se quando é enfrentada em termos de princípios morais universalistas[47].

Mas, na obra de Habermas, ganha uma importância fundamental para a compreensão do Estado democrático de direito a tensão entre validade e facticidade que emerge no âmbito do "sistema dos direitos". Aqui, ela se apresenta como conexão interna entre autonomia privada e autonomia pública, ou seja, enquanto direitos humanos e soberania do povo, pressupondo-se reciprocamente[48]. Para Habermas, ambos, inseparavelmente, "ainda constituem as únicas ideias à luz das quais o direito moderno pode ser justificado"[49]. Na análise da relação entre autonomia privada e autonomia pública, Habermas segue a interpretação predominante do pensamento de Kant e Rousseau, no sentido de que, neles, os direitos humanos moralmente fundamentados e o princípio da soberania do povo estariam numa relação inconfessada de concorrência[50]. Rejeita, em seguida, uma subordinação do princípio do direito ao princípio (da autonomia) moral[51], como tam-

---

46 Habermas, 1992, pp. 56-7.

47 Voltarei a esse problema no próximo item.

48 Cf. Habermas, 1992, espec. pp. 111 ss.; 1996c, pp. 87 ss.; 1996e, pp. 298 ss.

49 Habermas, 1992, p. 129.

50 *Ibid.*, pp. 123 e 129 ss. Contra essa posição, ver Maus, 1996.

51 Cf. Habermas, 1992, pp. 135 ss.

bém sua restrição ao princípio democrático. Assim sendo, sem desconhecer a tensão entre autonomia privada e autonomia pública, enfatiza, no seu estilo reconstrutivo, "a unidade de soberania do povo e direitos humanos e, portanto, a origem comum da autonomia política e privada" ou a "relação de pressuposição recíproca" entre ambas[52].

Embora advertindo que não se trata de uma conexão linear, Habermas relaciona direitos humanos e soberania do povo, respectivamente, com autodeterminação (moral) e autorrealização (ético-política)[53]. Nesse sentido, afasta-se tanto do modelo "liberal" quanto do "republicano" (ou comunitarista), que, sobretudo na discussão constitucional norte-americana, atribuem primazia, respectivamente, ao princípio da autonomia privada ou ao da autonomia pública, à liberdade negativa e à positiva[54]. Esse antagonismo remontaria, em termos gerais, à divergência de concepção da autonomia em Kant e Rousseau[55]. Cabe observar, porém, que, no debate presente, os liberais concebem os direitos individuais numa perspectiva eminentemente individualista da cidadania e estratégica da política[56], enquanto os republicanos, que expressam o pensamento comunitarista no âmbito da teoria constitucional, remontam à tradição aristotélica[57]. Nessa acepção estrita, não caberia classificar Rawls de uma maneira simplista na tradição liberal. Mas Habermas argumenta no sentido de que Rawls dá ênfase aos direitos fundamentais liberais, dei-

---

[52] Habermas, 1992, pp. 161-2.

[53] Cf. *ibid.*, p. 129.

[54] Cf. *ibid.*, pp. 129 ss. e 324 ss.; 1996c, p. 89.

[55] "Visto em termos gerais, Kant sugere uma leitura liberal, Rousseau, antes, uma leitura republicana da autonomia política" (Habermas, 1992, p. 130).

[56] Cf. Habermas, 1992, pp. 328 e 331.

[57] Cf. *ibid.*, p. 325.

xando na sombra, de certa maneira, o processo democrático[58]. Assim sendo, também nele, o aspecto moral-cognitivo seria superestimado, em detrimento do ético-volitivo[59].

A teoria do discurso pretende fundamentar o equilíbrio da autonomia privada e da autonomia pública, apontando para o fato de que os direitos humanos só podem estar garantidos onde esteja assegurado o princípio da soberania do povo, ou seja, o procedimento democrático de formação da vontade estatal. Mas, ao relacioná-los, respectivamente, com a autodeterminação (moral) e a autorrealização (ético-política) no Estado democrático de direito, não leva às últimas consequências essa postura.

Em Habermas, moral e direito referem-se aos mesmos problemas: a regulação legítima de relações interpessoais, a coordenação de ações mediante normas justificadas e a solução consensual de conflitos com base em princípios normativos e regras reconhecidas intersubjetivamente[60]. Entretanto, a moral pós-tradicional constitui apenas uma forma do saber cultural, enquanto o direito simultaneamente tem força vinculante no plano institucional[61]. Reconhece-se, assim, que "as fronteiras entre direito e moral não devem ser apagadas", considerando-se que a racionalidade procedimental do discurso moral não regulado juridicamente é incompleta, uma vez que inexiste um terceiro institucionalmente encarregado de decidir as questões entre as partes[62]. Não obstante, embora insista que entre moral e direito haja uma relação de complementaridade, Habermas sustenta que "uma ordem

[58] Cf., por ex., Habermas, 1996c, p. 89.

[59] Cf. Habermas, 1992, p. 130, vinculando essas duas perspectivas aos liberais e aos republicanos, respectivamente.

[60] Cf. Habermas, 1992, p. 137. Cabe observar que, rompendo com a tradição kantiana, conforme a qual a moral é subjetiva, Habermas concebe-a como intersubjetiva.

[61] Habermas, 1992, pp. 106 e 137.

[62] *Ibid.*, p. 565.

jurídica só pode ser legítima se não contradisser os princípios morais"[63]. Além do mais, as questões ético-políticas permanecem subordinadas às questões morais[64].

Portanto, ao superestimar os princípios morais (universais), Habermas não sustenta propriamente um modelo de autonomia jurídica, mas sim, em última análise, de autonomia moral do direito perante os meios "poder" e "dinheiro"[65]. A rigor, apesar de apontar a interdependência entre a autodeterminação moral referente aos direitos humanos e a autorrealização ético-política concernente ao princípio da soberania do povo, não as põe no mesmo nível, dando uma decisiva prioridade àquela.

5.2.2 *O discurso do Estado democrático de direito*

O modelo habermasiano de Estado democrático de direito, não obstante a sua ênfase na fundamentação moral, afirma o caráter legitimador do procedimento democrático: "O direito não alcança o seu sentido normativo pleno *per se* através de sua *forma*, tampouco mediante um conteúdo moral dado *a priori*, mas sim através de um procedimento de legiferação que produz legitimidade."[66] Habermas sustenta um entrelaçamento entre moral, política e direito[67]. Por um lado, impõe-se uma fundamentação moral, importando que as normas jurídicas não ofendam princípios de justiça (universais). Por outro lado, o pluralismo da esfera pública exige a consideração da diversidade de valores no âmbito dos procedimentos políticos.

---

63 Habermas, 1992, p. 137.

64 Cf. *ibid.*, pp. 343-4.

65 No sentido mais amplo, essa autonomia seria discursivamente fundada, exigindo fundamentação em outras formas discursivas (ético-política e pragmática), mas essas não poderiam contradizer o princípio moral na justificação do direito.

66 Habermas, 1992, p. 169.

67 Cf. *ibid.*, espec. pp. 580 ss., ou 1987.

A tensão entre validade e facticidade, no Estado democrático de direito, estende-se, nos termos da construção de Habermas, ao âmbito do poder. A dominação política, de um lado, baseia-se em um potencial de ameaça que é sustentado pela força da caserna; de outro, precisa ser autorizada por direito legítimo[68]. Mais abrangentemente, pode-se falar que, em Habermas, destaca-se a conexão complementar e problemática de "poder comunicativo" e "poder administrativo". O poder comunicativo manifesta-se nos procedimentos democráticos de formação da vontade estatal, que, além de incluir o processo eleitoral e o legislativo, abrange o discurso em vários níveis da esfera pública[69]. Trata-se da determinação de decisões vinculatórias e da produção de normas jurídicas entre sujeitos orientados na busca do entendimento. O poder administrativo corresponde à dominação legal racional no sentido weberiano. Habermas propõe que "o direito seja compreendido como o meio de conversão do poder comunicativo em poder administrativo"[70].

Essa compreensão do direito em face do poder conduz Habermas à análise das formas discursivas que integram o processo de formação racional da vontade política[71]. Trata-se aqui de definir várias aplicações ou modos de expressão do princípio do discurso: "Válidas são precisamente aquelas normas de ação com as quais todos os possíveis participantes de discursos racionais possam concordar."[72] Distingue-se então entre discursos moral, ético-político, pragmático e jurídico. O discurso moral refere-se ao dever-ser universal. A questão que se põe no pri-

---

68 Habermas, 1992, p. 171.

69 Cf. *ibid.*, pp. 182 ss., recorrendo aqui a Arendt, 1960, pp. 193 ss.; 1996, pp. 42 ss.

70 Habermas, 1992, p. 187.

71 Cf. *ibid.*, pp. 187 ss.

72 Habermas, 1992, p. 138. Cf. também *id.*, 1983, p. 132.

meiro plano diz respeito à aceitabilidade racional de uma norma por toda e qualquer pessoa que venha a encontrar-se em situação equivalente. "Mandamentos morais" – acrescenta Habermas, adotando aqui a terminologia kantiana – "têm a forma semântica de imperativo categórico ou incondicional."[73] O discurso pragmático destina-se a justificar os fins e os meios adequados para alcançá-los. Nesse caso, as instruções da ação apresentam-se na "forma semântica de imperativos condicionados"[74]. O discurso ético-político diz respeito à justificação do modo de vida que é "bom" para uma comunidade determinada. Trata-se de estabelecer preferências sobre a "vida boa". Refere-se a uma forma de vida particular, não havendo por parte dos participantes, portanto, pretensão de universalidade, tal como ocorre no discurso moral[75]. O princípio democrático relaciona-se com essas três formas discursivas. Exige fundamentos morais, ético-políticos e pragmáticos[76]. No Estado de direito, acrescenta-se o discurso jurídico, que se refere ao controle da coerência[77].

Habermas não desconhece, porém, o papel do jogo de interesses no processo de formação da vontade estatal. Não se trata aqui de sujeitos orientados na busca do consenso, e sim de negociações que visam à satisfação de interesses. Mas se sustenta que, no processo discursivo do Estado democrático de direito, elas são suscetíveis de regulação procedimental. Dessa maneira, asseguram-se chances iguais de participação, de influência recíproca e

---

[73] Habermas, 1992, p. 200.

[74] *Ibid.*, pp. 197 ss.

[75] *Ibid.*, pp. 198-9. Deve-se distinguir a ética individual, cuja questão concerne a definir qual o modo de vida é bom para "mim", da ética política, cujo problema é estabelecer qual a forma de vida é boa para "nós".

[76] Cf. Habermas, 1992, p. 139.

[77] *Ibid.*, p. 207. A respeito, ver também, com restrições, Alexy, 1995, pp. 165 ss.

de imposição dos interesses divergentes na negociação. Fala-se, então, de "compromisso equitativo"[78]. Nessa hipótese, embora os agentes estejam orientados para o êxito, o procedimento torna o compromisso racional.

O processo de formação racional da vontade política implica uma conexão complexa entre o discurso pragmático, o ético-político, o moral, o jurídico e as negociações reguladas procedimentalmente[79]. É esse processo complexo que explica "a *aceitabilidade* racional *dos resultados* alcançados de acordo com o procedimento"[80]. Porém, conforme observei acima, Habermas não se afasta totalmente de suas posições anteriores: a questão moral (da justiça), que implica a pretensão de universalidade, tem prevalência sobre as questões jurídicas, ético-políticas e pragmáticas[81]. Ele insiste em um universalismo consensual que lhe dificulta uma consideração adequada da questão do pluralismo em uma sociedade surpercomplexa. Além do mais, a ideia de aceitabilidade dos resultados não responde consequentemente ao problema do dissenso estrutural da esfera pública nas condições supercomplexas da sociedade mundial de hoje.

5.3 Além da concepção habermasiana: o equívoco da moral consensualista

5.3.1 *Da ação no mundo da vida orientada para o consenso à interação baseada em e geradora de dissenso no mundo da vida*

De acordo com a concepção ético-procedimental ou racional-discursiva proposta por Habermas, a modernidade resulta-

---

78 Habermas, 1992, pp. 204-6.

79 *Ibid.*, espec. p. 207.

80 *Ibid.*, p. 210 (grifos meus).

81 Cf. *ibid.*, pp. 137 e 343-4.

ria da evolução da consciência moral no sentido da superação das estruturas pré-convencionais e convencionais e o advento de uma moral pós-convencional[82]. Isso significa uma clara diferenciação entre sistema e mundo da vida[83], aquele como espaço de intermediação do "agir-racional-com-respeito-a-fins" (instrumental e estratégico), este enquanto horizonte dos "agentes comunicativos", orientados na busca do entendimento intersubjetivo[84]. Nessa perspectiva, a modernidade exigiria positivamente a construção de uma "esfera pública" [*Öffentlichkeit*], *tópos* democrático discursivamente autônomo com relação aos "meios" [*Medien*] sistêmicos "poder" e "dinheiro".

Habermas discute a construção do consenso mediante procedimentos com potencialidade normativa universal como característica da modernidade, sem desconhecer a diversidade de conteúdos valorativos. Parece-me, porém, que, antes de orientar-se à construção do consenso, os "procedimentos" servem, ética e funcionalmente, à intermediação do dissenso conteudístico. De acordo com essa releitura, a modernidade, em face da diversidade grupal e individual em torno de valores e conteúdos mo-

---

[82] Cf. Habermas, 1982d, espec. pp. 12 ss.; 1983, pp. 127 ss.

[83] A própria evolução social vai ser definida por Habermas (1982a, vol. II, pp. 229 ss.) como processo de diferenciação entre sistema e mundo da vida.

[84] A respeito, ver, em diferentes fases de desenvolvimento da "teoria do agir comunicativo", Habermas, 1969, pp. 62-5; 1973, pp. 9 ss.; 1982a, vol. I, espec. pp. 384 ss.; 1982a, vol. II, pp. 182 ss.; 1986b; 1988, pp. 68 ss. Quando me refiro ao sistema como espaço de intermediação do agir-racional-com-respeito-a-fins, não desconheço que, no modelo habermasiano, o plano sistêmico e a esfera da ação distinguem-se claramente, tendo um sentido figurado a noção de racionalidade sistêmica: "Mudanças do estado de um sistema autorregulado podem ser compreendidas como quase-ações, *como se* nelas a capacidade de ação de um sujeito se manifestasse" (Habermas, 1982c, p. 261). Mas é inegável que, na obra de Habermas, a noção de sistema está vinculada estreitamente à racionalidade-com-respeito-a-fins e, portanto, aos conceitos de agir instrumental e estratégico (cf., p. ex., 1969, pp. 63-5; 1982c, p. 261; 1986b, pp. 578-9), enquanto a concepção de mundo da vida associa-se intimamente à de agir comunicativo (cf., p. ex., 1982a, vol. II, p. 182; 1986b, espec. p. 593).

rais, implica a exigência funcional e normativa da absorção do dissenso conteudístico através do consenso procedimental.

O modelo habermasiano de compreensão da sociedade moderna a partir primacialmente da noção de intersubjetividade (e, portanto, do conceito de agir comunicativo) parece-me insuficiente em face da complexidade do mundo social contemporâneo. As relações intersubjetivas orientadas para o entendimento constituem uma variável relevante da reprodução do mundo da vida. Isto é incontestável. Mas Habermas sobrecarrega, com sua pretensão consensualista, o mundo da vida enquanto horizonte dos agentes comunicativos ou da construção da intersubjetividade. A "racionalização discursiva do mundo da vida", relacionada à sua diferenciação do "sistema", seria o elemento identificador da modernidade. Embora a contribuição habermasiana sobre o mundo da vida e a ação comunicativa não seja imprestável no que concerne à consideração das esferas de comunicação não estruturadas sistemicamente, ela parece-me suscetível de uma releitura à luz de elementos da teoria dos sistemas.

O mundo da vida pode ser considerado a esfera social em que a comunicação é reproduzida através da linguagem natural cotidiana, não de acordo com uma linguagem sistêmica especializada. Ele não se subordina a códigos de preferência entre um "sim" e um "não" sistemicamente delimitado ("lícito/ilícto", "poder/não-poder", "ter/não-ter" etc.). A preferência entre "sim" e "não" é difusa e imprecisa. Evidentemente, o mundo da vida está em constante interferência com os diversos sistemas funcionais, uma vez que a comunicação é comum a todas as esferas sociais[85].

---

[85] Cf. Teubner, 1989, pp. 108-9; a respeito, ver Habermas, 1992, pp. 73-8, criticando Teubner e propondo uma releitura do fenômeno da "interferência" entre mundo da vida (→ linguagem natural não especializada) e sistema (→ códigos especiais), no sentido de considerar o direito como "transformador" ou "tradutor".

Pode-se mesmo afirmar que os sistemas emergem quando uma linguagem especial se diferencia da linguagem comum da sociedade. Nesse sentido, o mundo da vida é a base da construção sistêmica[86]. Porém, a multifuncionalidade e imprecisão da linguagem cotidiana mediante a qual se reproduz o mundo da vida implicam que, nele, o problema da compreensibilidade (da mensagem transmitida) e também do entendimento (que leva ao acordo, ou seja, importa o consenso)[87] só se apresenta e resolve na interação intersubjetiva concreta. Mesmo os códigos sistêmicos são cortados por códigos linguísticos binários concretos que se reproduzem conforme as exigências tópicas de sujeitos interagentes. O problema da compreensibilidade resolve-se, em parte, por força de uma semântica social generalizada no plano da lin-

[86] "Sistemas sociais parciais utilizam o fluxo de comunicações da sociedade e extraem desse fluxo comunicações especiais como novos elementos. Eles utilizam estruturas sociais (expectativas) para a construção de normas jurídicas, quer dizer, construções sociais da realidade para a construção da 'realidade jurídica'. Não precisam criá-las novamente, mas apenas extrair-lhes um novo sentido" (Teubner, 1989, p. 108).

[87] Habermas analisa "o processo de entendimento [*Verständigung*] sob o aspecto dinâmico da *produção* de um acordo [*Einverständnis*]" (1986c, p. 355) e enfatiza: "Quando o entendimento tem êxito, ele conduz ao acordo entre os participantes" (1985, p. 541). Acrescenta: "Sob o ponto de vista da teoria da ação, não interessa em primeira linha [...] *sobre o que* se pode produzir um acordo, não o conteúdo de um consenso, mas sim as condições formais de sua realização" (1985, p. 542). Mais tarde, Habermas reformula a distinção entre entendimento [*Verständigung*] e acordo [*Einverständnis*]: "Ora, certamente faz diferença se entre os participantes há um *acordo* [*Einverständnis*] ou se ambos *simplesmente* se *entendem* [sich *bloß verständigen*] sobre a intenção sincera daquele que fala. Então, o *acordo* [*Einverständnis*] em sentido rigoroso só é alcançado quando os participantes podem aceitar uma pretensão de validade com *os mesmos* fundamentos, enquanto um *entendimento* [*Verständigung*] também ocorre quando um vê que o outro, à luz de suas preferências, sob dadas circunstâncias, tem bons fundamentos para a intenção esclarecida, isto é, fundamentos que, *para ele*, são bons, sem que o outro tenha, à luz de suas próprias preferências, de fazer seus esses fundamentos" (1999, pp. 116-7). Correspondentemente, ele distingue entre agir (ou uso de linguagem) comunicativo no sentido *forte* e agir (ou uso de linguagem) comunicativo no sentido *fraco* (1999, pp. 117 ss. e 122 ss.).

guagem natural e, em parte, por força dos sentidos construídos no particularismo da interação; refere-se à possibilidade de que o destinatário corresponda à expectativa do emitente no que se refere ao conteúdo da mensagem. A compreensibilidade manifesta-se, no plano da comunicação, mediante ações (incluindo a omissão) ou linguagem (incluindo o silêncio) que respondem, com sentido, à mensagem. Ainda não é o entendimento intersubjetivo (acordo, consenso), que só se apresenta com a partilha linguisticamente intermediada de expectativas por *ego* e *alter*. Nesse caso, ambos concordam com o mesmo modelo de comportamento e interação. Pode ocorrer, porém, compreensibilidade que aponta para o dissenso manifesto ou para estratégias manipulativas.

Nessa perspectiva, deve-se observar não apenas que no mundo da vida estão presentes interações estratégicas[88]. Além disso, deve ter-se em consideração que a intersubjetividade que se constrói no seu âmbito tanto pode implicar a busca do entendimento ou a manifestação do desentendimento. Ou seja, a interação plenamente intersubjetiva, na qual se considera o outro como pessoa e não estrategicamente como meio, pode importar tanto o consenso quanto o dissenso. De fato, consensos construídos concretamente na interação podem relacionar-se com padrões e preferências partilhadas pelo grupo. Nesse sentido, cabe falar de convencionalismo social e valores culturais como generalização de expectativas e preferências no mundo da vida. A própria moralidade tradicional, com sua pretensão de valer em todas as interações da sociedade, também está vinculada a essa generalização de valores. Entretanto, é inegável que a hipercomplexidade da sociedade moderna, com uma diversidade incontrolável e contraditória de valores e interesses, torna praticamente impossível

---

[88] Conforme reconhece também Habermas (cf., por ex., 1992, p. 43, nota 18).

uma reconstrução racional do mundo da vida a partir da ação comunicativa no sentido estrito de uma ação orientada para o entendimento intersubjetivo. A ocorrência do consenso na interação é eventual. A multiculturalidade, por um lado, e a pluralidade de esferas autônomas de comunicação, por outro, implicam uma fragmentação do mundo da vida no que diz respeito às convicções e certezas partilhadas no cotidiano[89].

Na sociedade contemporânea, o mundo da vida apresenta-se antes como espaço de reprodução do dissenso intersubjetivo. Em outras palavras, a intersubjetividade, linguisticamente construída, afirma-se sobretudo mediante a manifestação e o reconhecimento das divergências. As certezas partilhadas no mundo da vida tornam-se localizadas e a identidade valorativa fragmenta-se. Portanto, o respeito às diferenças e à autonomia de esferas plurais de comunicação é que é o fator de integração do mundo da vida. O que se impõe como consensual para a continuidade das interações intersubjetivas é o respeito às divergências quanto aos valores e interesses que se exprimem nos diversos grupos e circulam nos vários âmbitos autônomos de comunicação. Ou seja, o consenso potencialmente generalizado no mundo da vida destina-se a asse-

[89] Em uma perspectiva pós-moderna, afirma Ladeur: "a pluralidade de racionalidades da ação dissolveu a unidade do mundo da vida" (1996, p. 394). É verdade que Habermas se refere à "fragmentação da consciência cotidiana", mas ele toma, a esse respeito, antes uma posição de crítico da ideologia: "A consciência cotidiana *fragmentada* do consumidor de lazer impede uma formação ideológica de tipo clássico – e tornou-se mesmo uma forma de ideologia" (Habermas, 1990b, p. 91). Portanto, não retira daí nenhuma consequência para a sua concepção do potencial de entendimento do mundo da vida como pano de fundo e horizonte da comunicação, experiência e práxis cotidiana (ver *infra* nota 92). De um ponto de vista psicossocial, Müller (1993, pp. 82 ss.) aponta para as dimensões "inconscientes"/"irracionais" do mundo da vida, sustentando que elas teriam sido ofuscadas na ética do discurso. Baseado nisso, ele elabora um outro modelo teórico, que considera também os aspectos psicossociais para a fundamentação da democracia (cf. 1989, pp. 633 ss.; 1993, espec. pp. 94 ss.). Esta não é a oportunidade para entrar nesse tema.

gurar o dissenso generalizado que se expressa nos mais diversos tipos de relações interpessoais de uma pluralidade de esferas de comunicação e mesmo a fomentar-lhe a manifestação.

Da ausência de identidade valorativa com base em princípios morais conteudísticos, surge a questão da moralidade no âmbito do mundo da vida. Luhmann define o código da moral nos termos da preferência "consideração/desprezo", para concluir pelo caráter difuso e fragmentário desse código na sociedade moderna[90]. Inexistindo o consenso sobre programas ou critérios, a moral não se reproduziria como sistema funcional, assim como seria neutralizada no âmbito da reprodução autopoiética dos subsistemas sociais. Essa atitude sistêmica resulta de uma desconsideração do significado do mundo da vida na modernidade. A moral está assentada no mundo da vida, expressando-se na linguagem natural. Na sociedade moderna, o dissenso que se manifesta nas interações intersubjetivas concretas provém tanto da diversidade valorativa e da pluralidade de identidades éticas quanto da multiplicidade de âmbitos autônomos de comunicação ou esferas discursivas. E, ao contrário da concepção neoiluminista e consensualista habermasiana, há indícios claros de que, em lugar da moral tradicional, intrincada com a identidade ética, não há condições para a emergência de uma moral orientada procedimentalmente para a construção do consenso. Partindo-se de que a moral aponta para o reconhecimento do outro, um espaço de moralidade no mundo da vida só pode ser concebido exatamente como âmbito de viabilização do dissenso em torno de valores e

[90] A distinção de Luhmann (1990a; 1993a) entre *Achtung* (consideração, respeito, estima) e *Mißachtung* (desconsideração, desprezo) na definição do código moral, embora em outra perspectiva, lembra a concepção de Piaget (1965, pp. 191 ss.), segundo a qual a moral se fundamenta no *respeito* a pessoas, enquanto o direito no *reconhecimento* de serviços e funções (aspectos particular e abstrato da pessoa).

interesses. Além do mais, com o aumento da complexidade e a crescente diferenciação funcional da sociedade, o respeito à autonomia das diferentes esferas de comunicação transforma-se cada vez mais em uma exigência moral[91]. A convivência intersubjetiva (não estruturada sistemicamente) só se torna suportável em termos de uma moral do dissenso que, no plano sistêmico, esteja relacionada com uma moral da autonomia dos âmbitos de comunicação em que se diferencia a sociedade. O consenso moral que se impõe diz respeito apenas aos padrões de expectativas (princípios) que tornam possível e promovem a interação dissensual. Esses princípios não visam à busca de um resultado racionalmente consensual ou ao afastamento do risco do dissenso[92]. Destinam-se precisamente, nas relações intersubjetivas, a promover o dissenso provável e a tornar provável o dissenso improvável. Nas condições presentes da sociedade mundial, só os princípios de uma moral do dissenso podem ter o caráter universalista e includente no sentido do acesso de toda e qualquer pessoa, independentemente de seus interesses, expectativas e valores, a procedimentos discursivamente abertos.

5.3.2 *De um público orientado ao consenso a um público constituído pelo dissenso*

Mas a intersubjetividade que se constitui por meio da linguagem natural não especializada do mundo da vida permanece no plano das relações pessoais (interações). A partir dela, não é possível construir-se um modelo teórico de compreensão da so-

---

[91] Cf. Teubner, 1998a, pp. 21-2, 1996a, p. 218; Luhmann, 1997, p. 1043.

[92] Para Habermas, ao contrário, o mundo da vida "é o contrapeso conservador contra o risco de dissenso que surge com todo processo de entendimento em curso" (1982a, vol. I, p. 107; cf. também 1991, p. 42). Em um outro contexto, Habermas (1992, espec. pp. 42-4) discute o controle do crescente risco de dissenso no processo de evolução social.

ciedade moderna, a qual é caracterizada pela supercomplexidade e pela presença maciça das relações impessoais. Habermas responde a essa dificuldade com a concepção de esfera pública, reconstruindo o modelo de meios generalizados de comunicação formulado por Parsons[93]. Enquanto a coordenação da ação através dos "meios de comunicação deslinguistizados" "dinheiro" e "poder" serviria à integração sistêmica, a coordenação da ação mediante os "meios linguísticos de comunicação", tais como "verdade" e "vínculo valorativo", serviria à construção da esfera pública e à integração social[94]. Habermas parte, porém, da suposição de um consenso presente intuitivamente na prática cotidiana, que, através da coordenação da ação por meios linguísticos de comunicação, ultrapassaria o contexto da interação. Mediante esse tipo de coordenação, dependente da "formação de consenso", constituir-se-ia a esfera pública. Nesse caso, os "riscos do dissenso" (um "perigo") são amortecidos, mas não com a indiferença para a construção do entendimento, indiferença que seria inerente à coordenação da ação por meios sistêmicos de regulação[95].

É justamente porque Habermas parte do consenso construído (ou das "certezas intuitivamente partilhadas") na prática cotidiana do mundo da vida que a esfera pública se apresenta como horizonte de racionalização desse consenso nos quadros da coordenação da ação por meios generalizados ("linguísticos" em contra-

[93] Cf. Parsons, 1964, pp. 5-6 e 115 ss.

[94] Cf. Habermas, 1982a, vol. II, pp. 267 ss.

[95] Cf. *ibid.*, espec. pp. 272 ss. Apel (1987, p. 71) refere-se ao problema do dissenso em uma perspectiva semelhante: "O discurso livre da força tem precisamente o objetivo de, *no interesse da formação fundamentada do consenso*, deixar todos os dissensos aflorar e jamais restringi-los, tal como impedi-los por meios não argumentativos" (grifo meu). Dessa maneira, o tratamento do dissenso reduz-se a um meio da formação do consenso. Cf. também Müller, 1993, espec. pp. 27, 35, 65, 79-80 e 84; 1999, espec. pp. 25-6 e 41.

posição aos "sistêmicos", "deslinguistizados") de comunicação. Parece-me que o conceito de esfera pública como reconstrução do mundo da vida em um segundo plano, socialmente generalizado, não é infrutífero. Mas, na compreensão da esfera pública, deve-se partir exatamente do dissenso estrutural já presente, em primeiro grau, na prática cotidiana de uma sociedade supercomplexa. Trata-se da intermediação generalizada desse dissenso, não de sua amortização ou evitação. Nessa perspectiva, a esfera pública pode ser compreendida, no sentido estrito, como *campo de tensão entre mundo da vida*, por um lado, e *sistemas* político e jurídico, por outro, ou mais precisamente: como campo de tensão entre mundo da vida e Constituição enquanto acoplamento estrutural desses dois sistemas[96]. À medida que se constroem procedimentos constitucionais para a viabilização, intermediação e absorção do dissenso, a esfera pública pluralista emerge do mundo da vida em forma de interesses, valores e discursos que pretendem, através desses procedimentos, generalizar-se politicamente, isto é, como decisão coletivamente vinculante, e/ou juridicamente, a saber, como norma jurídica vigente. Na esfera pública, concentram-se interferências (não apenas interpenetrações) estruturais entre sistema (político-jurídico) e mundo da vida. Esse campo de tensão constrói-se, em primeiro lugar, em face da perspectiva de inserção e comutação de sentido de estruturas do mundo da vida (valores, expectativas e interesses) em procedimentos políticos e jurídicos constitucionalmente estabelecidos. Assim sendo, pode-se dizer, do ponto de vista inverso, que a Constituição é o mecanismo de intermediação sistêmica do mundo da vida, do qual resulta a esfera pública. Isso não sig-

---

96 Sobre o conceito de Constituição como acoplamento estrutural, ver Luhmann, 1990b, pp. 193 ss.; 1993b, pp. 470 ss.; 1997, pp. 782-3.

nifica que a Constituição constrói o espaço público, nos termos da teoria do "poder comunicativo" de Hannah Arendt[97]. Tampouco implica uma sobrecarga do direito como "transformador" entre sistema e mundo da vida[98]. A Constituição permanece aqui como acoplamento estrutural entre política e direito enquanto subsistemas da sociedade. Entretanto, no Estado democrático de direito, os procedimentos constitucionais possibilitam que os diversos valores, expectativas e interesses conflitantes expressos, em primeiro grau, na linguagem cotidiana do mundo da vida, ganhem um significado político e jurídico generalizado. É nesse segundo plano, da intermediação procedimental e da pretensão de generalização desses valores, interesses e expectativas como normas vigentes ou decisões vinculantes, que emerge a esfera pública pluralista. Ela é a arena do dissenso. O pluralismo significa que, em princípio, todos os valores, interesses e expectativas podem apresentar-se livre e igualmente no âmbito dos procedimentos políticos e jurídicos. É claro que as normas jurídicas vigentes e as decisões políticas vinculantes envolvem a seleção sistêmica. Contudo, a seletividade sistêmica só se legitima, no Estado democrático de direito, na medida em que não se privilegia ou exclui a inserção de valores e interesses de determinados grupos, indivíduos ou organizações nos procedimentos constitucionais.

No sentido amplo, também integram a esfera pública aquelas exigências que emergem dos diferentes subsistemas da sociedade, perdem o seu sentido sistêmico específico e pretendem ser generalizadas jurídico e politicamente através dos procedimentos constitucionais. Desde que o sentido de tais exigências deixa de pertencer especificamente ao complexo de sentido de um sub-

---

97 Cf. Frankenberg, 1996, pp. 35-40, com base em Arendt, 1960, pp. 193 ss.; 1996, pp. 42 ss.

98 Habermas, 1992, pp. 77-8, 108 e 217. Ver também *supra* item 5.2.1.

sistema da sociedade, elas misturam-se com os valores, interesses e discursos que emergem do mundo da vida e também têm a pretensão de generalização. A esfera pública, nesse sentido amplo, torna-se um campo complexo de tensão entre direito e política como sistemas acoplados estruturalmente pela Constituição, por um lado, e mundo da vida e outros subsistemas funcionalmente diferenciados da sociedade (economia, ciência, religião etc.), por outro lado. Nesse campo de tensão não há apenas um dissenso estrutural e, pois, amplos conflitos em torno de expectativas normativas, valores e interesses, mas há também dissenso entre os diversos discursos que nele emergem e no interior deles[99]. Tanto as chamadas "corporações intermediárias", como instâncias de intermediação entre "sociedade civil" e Estado[100], quanto os meios de comunicação de massa[101] desempenham um papel importante na esfera pública; mas esta é muito mais ampla, uma vez que inclui diferentes formas de intermediação entre Estado de direito e "sociedade civil" (à qual, no sentido aqui entendido,

---

[99] Defino valores como as preferências individuais ou coletivas com relação ao (bom?) modo de viver (valores-preferência) ou como as evidências (formas indiscutíveis de agir e de vivenciar) que são constitutivas da formação da identidade de indivíduos e grupos (valores-identidade). Concebo interesses como as formas em que as relações entre meios e fins se manifestam no comportamento e nas comunicações de indivíduos e grupos. Conceituo expectativas normativas como as expectativas contrafáticas de comportamento e, por seu turno, expectativas de comportamento como os padrões de comportamento projetados e esperados no plano do vivenciar de indivíduos e grupos. E entendo por discursos os diversos jogos de linguagem nos quais os diferentes valores, interesses e expectativas circulam *de uma maneira conflituosa*.

[100] A esse respeito, cf. Teubner, 1999, que, porém, nos quadros do "policorporativismo", concebe as "corporações intermediárias" como instâncias de intermediação entre "sociedade civil" e *processos políticos* (p. 350), definindo o Estado, num sentido muito abrangente, como "rede política dos atores públicos e privados dentro do sistema político" (p. 363).

[101] Habermas (1990a, p. 47) refere-se a uma "esfera pública dominada pelos meios de comunicação de massa".

pertencem os sistemas funcionais não estruturados político-juridicamente e a reprodução da sociedade em sua dimensão de mundo da vida), como movimentos cívicos ou sociais e modos não organizados de comportamento e comunicação, inclusive a "forma do protesto", que se distingue da "forma da oposição política numa democracia constitucionalmente regulada"[102]. A esfera pública como arena do dissenso apresenta-se, em princípio, inteiramente desestruturada. Ela só se torna, em certa medida, estruturada, quando há perspectivas de que as expectativas, os valores, interesses e discursos que lhe são constitutivos sejam generalizados pelos procedimentos constitucionais. Estes estruturam a esfera pública mediante a canalização de suas exigências dissensuais. É verdade que a esfera pública se converte em público como dimensão interna do sistema político, logo que as expectativas, os valores, interesses e discursos que a integram são canalizados pelos procedimentos constitucionais. Mas estes só

---

[102] Luhmann, 1996, p. 206. Luhmann salienta "que os movimentos de protesto nem podem ser conceituados adequadamente como sistemas organizacionais, nem como sistemas interacionais" (*ibid.*, p. 202). Além disso, enfatiza: "A comunicação de protesto, sem dúvida, ocorre *na* sociedade – senão não seria comunicação –, mas assim *como se fosse de fora*. Manifesta-se a partir da responsabilidade *pela* sociedade, mas *contra* esta. Isso certamente não é válido para todos os fins concretos desses movimentos; mas a forma do protesto e a disposição de empregar meios mais fortes, se o protesto não é ouvido, distingue esses movimentos de esforços por reformas" (*ibid.*, p. 204). Entretanto: "Sistemas funcionais têm, em medida considerável, de ser capazes de assimilar e reabsorver temas de protesto. Isso vale para a economia capitalista, para os meios de comunicação de massa, mas também para o sistema político, que se orienta pela opinião pública" (*ibid.*, p. 208). Deve-se também considerar que os movimentos de protesto ultrapassam a esfera pública, na medida em que eles se dirigem diretamente contra outros sistemas funcionais, além da política e do direito; mas, normalmente, eles têm sua sede na esfera pública, pois, em regra, põem novos temas na agenda do sistema político. Eles constituem "irritações" para o Estado democrático de direito e podem levar este a importantes inovações. Podem emergir como mecanismo de variação e, consequentemente, contribuir mediante seleção e restabilização político-jurídica para a reciclagem do Estado democrático de direito.

podem corresponder adequadamente à heterogeneidade conflituosa da esfera pública na sociedade de hoje se permanecerem abertos, universalista e pluralistamente, para as diferentes exigências que, com pretensão de generalizar-se política e juridicamente por meio de decisões coletivamente vinculantes e normas jurídicas válidas, afloram na esfera pública. Esse é o desafio fundamental do Estado democrático de direito em face da esfera pública, isto é, a estruturação dela através da canalização e intermediação procedimental dos enormes conflitos que a caracterizam, conflitos de expectativas, valores, interesses e discursos.

Evidentemente, põe-se a questão dos valores e interesses dirigidos à destruição do "universalismo procedimental", aqui entendido como inclusão político-jurídica generalizada e respeito às diferenças e à autonomia das esferas plurais de comunicação. Impõe-se, então, que as práticas e organizações orientadas à destruição da própria esfera pública pluralista sofram restrições jurídico-políticas, precisamente porque negam o dissenso estrutural do mundo da vida e a complexidade da sociedade, apontando para tendências simplificadoras, sejam autoritárias ou totalitárias. É verdade que isso pode implicar uma manobra ideológica, no sentido de rotular certas tendências políticas divergentes do *status quo* como "inimigas da Constituição" ou contrárias à democracia e, com esse pretexto, excluí-las da esfera pública e da participação nos procedimentos constitucionais do Estado de direito[103]. Nesse caso, trata-se da própria deturpação do pluralismo democrático e de restrições ilegítimas ao dissenso. Entretanto, quando se configuram claramente posturas destrutivas da esfera pública, legitimam-se, no Estado democrático de direito,

---

[103] Referindo-se criticamente a esse problema, Denninger (1993, pp. 12-3) define-o como "risco ideológico" do Estado de direito.

as limitações estabelecidas nos termos constitucionais. É nesse contexto que surge o problema da legitimação procedimental. O consenso sobre procedimentos apresenta-se como modo de viabilização e mesmo de fomento do dissenso conteudístico na esfera pública, assim como de sua absorção sistêmica.

5.4 Por uma releitura da legitimação procedimental: intermediação do dissenso conteudístico através do consenso procedimental

5.4.1 Modelos procedimentais convencionais de legitimação dentro do Estado democrático de direito

O modelo de legitimação procedimental do Estado democrático de direito contemporâneo teve várias leituras teóricas no século XX. Já no positivismo jurídico e relativismo axiológico de Kelsen, a legitimação política da democracia resolve-se na admissão do acesso das diversas tendências políticas nos procedimentos de formação da vontade estatal[104]. O conteúdo que resulta da decisão tomada conforme o procedimento é, em princípio, irrelevante[105]. Kelsen fundamenta-se, porém, em um relativismo a-histórico[106]. Nessa perspectiva, sustenta genericamente que a justiça e os valores são definidos a partir de critérios subjetivos, emocionais e variáveis entre indivíduos e grupos, não fazendo

[104] Kelsen, 1929.

[105] Kelsen não utiliza, entretanto, a palavra "procedimento", mas sim – em consonância com a semântica científica positivista de sua época – o termo "método": "Mas é um abuso evidente empregar a palavra democracia, que – seja numa consideração ideológica ou realista – representa um método determinado de produção da ordem social, para um conteúdo dessa ordem social, o qual não se encontra em nenhuma relação essencial com o método de produção da mesma" (Kelsen, 1929, p. 94; cf. *ibid.*, p. 98, em que, porém, a questão do conteúdo é definida como mais importante do que a do método democrático; a esse respeito, pode-se acrescentar que a questão do conteúdo é a mais problemática porque é a verdadeira questão conflituosa da democracia).

[106] Kelsen, 1929, pp. 98 ss.

uma análise específica da diversidade valorativa na sociedade moderna. Sintomática dos limites de sua concepção de legitimidade para a compreensão do Estado democrático de direito é a interpretação que faz da decisão bíblica de Pilatos: este teria tratado a posição de Jesus, que se apresentava como "Rei dos Judeus", de maneira relativista e, por isso, teria submetido o caso à votação popular[107]. Mas o exemplo oferecido não pode ser utilizado na caracterização do papel legitimador dos procedimentos democráticos na sociedade supercomplexa da modernidade. No caso, manifesta-se claramente a ausência de pluralismo no âmbito de uma sociedade tradicional em que o dissenso valorativo é insuportável. Portanto, a simples afirmação da relatividade de toda e qualquer concepção de justiça não é suficiente para a fundamentação do Estado democrático de direito, podendo servir também à justificação de modelos absolutistas e totalitários.

Ao definir a democracia a partir das "regras do jogo", Bobbio também aponta para a legitimação procedimental no Estado contemporâneo. As regras do jogo democrático, além de determinarem o predomínio da maioria, asseguram o pluralismo, estabelecendo a participação, a mais abrangente possível, de indivíduos e, por conseguinte, o respeito às minorias[108]. Em conexão com essa concepção procedimental da democracia, Bobbio compreende os direitos humanos em uma perspectiva histórico-relativista[109]. Mas, assim como afirma em relação a esses que o problema fundamental "não é tanto o de *justificá-los*, mas o de *protegê-los*", considerando-o "um problema não filosófico, mas político"[110], não analisa suficientemente as condições sociais da modernidade que possibilitaram a emergência da legitimação procedimental. Sua

---

[107] Kelsen, 1929, pp. 103 ss.

[108] Bobbio, 1992a, espec. pp. 18-21.

[109] Bobbio, 1992b, pp. 15-24.

[110] Bobbio, 1992b, p. 24. Cf. também *ibid.*, p. 25.

abordagem dirige-se sobretudo à descrição das regras do jogo e às condições e limites de sua realização. Não há uma pretensão mais abrangente de fundamentação filosófica ou explicação sociológica das "regras do jogo" a partir das peculiaridades da sociedade moderna. No entanto, a abordagem bobbiana, por enfatizar a questão da diversidade que deve ser absorvida nos procedimentos democráticos, sem consideração privilegiada de determinados valores ou interesses[111], permanece relevante para os fins a que me proponho: a relação paradoxal entre consenso procedimental e dissenso conteudístico no Estado de direito democrático.

O modelo procedimental da democracia formulado por Schumpeter teve especial significado no âmbito da teoria política. Segundo a sua abordagem, o Estado democrático legitima-se através do respeito às regras da competição entre diversas forças políticas. A legitimidade do programa político vitorioso no processo eleitoral resulta da observância das regras do jogo. Nessa perspectiva, o procedimento democrático apresenta-se como meio da luta estratégica pelo poder. Analogamente à competição no mercado para venda de produtos, a eleição seria uma luta pela obtenção do número de votos que conduzam à vitória e, assim, legitimem a tomada de decisão política[112]. Além do mais, dá-se ênfase às relações de concorrência política no âmbito das elites

---

[111] Bobbio, 1992a. Criticando-o, Habermas, 1992, pp. 367-8, por enfatizar a orientação para o consenso.

[112] Schumpeter, 1943, pp. 269 ss. Analogamente a Kelsen (ver *supra* nota 105), Schumpeter refere-se antes a método do que a procedimento: "A democracia é um *método* político" (*ibid.*, p. 242). E assim o define: "o método democrático é um arranjo institucional para se chegar a decisões políticas em que os indivíduos adquirem o poder de decisão através de uma luta competitiva pelo voto popular" (p. 269). Mas ele fala, em conformidade com a terminologia atual, de "regras do procedimento democrático" (p. 242) e de "*modus procedendi*" (p. 270). É interessante que Schumpeter – aparentemente sem vinculação a Kelsen, de qualquer maneira sem citá-lo – recorre ao exemplo bíblico da decisão de Pilatos, tal como se este tivesse seguido um método democrático (p. 243, nota 9).

dirigentes, reduzindo o papel do eleitor praticamente à aceitação ou rejeição de propostas[113]. Do ponto de vista da teoria dos sistemas, essa concepção da democracia como palco da luta estratégica de atores conscientes é limitada, tanto porque não considera adequadamente a dinâmica complexa da "circulação" e "contra-circulação" de público, política e administração[114] como porque desconhece a relevância das variáveis simbólicas nos processos de construção das decisões coletivamente vinculantes e de produção e aplicação normativo-jurídica, superestimando as variáveis instrumentais[115]. Na orientação da teoria do discurso sobre o Estado democrático de direito, além da crítica ao modelo "elitista" de democracia em Schumpeter[116], também se pode apontar para a redução da democracia à dimensão da racionalidade-com-respeito-a-fins: os procedimentos democráticos legitimar-se-iam,

---

[113] Cf. Schumpeter, 1943, p. 282. Com muita influência na discussão teórico-política da atualidade, "a teoria da escolha racional", compreendida como uma "classe ampla de teorias com certo traço comum", aproxima-se, na sua "visão privado-instrumental" da política, da teoria democrática de Schumpeter: "Em particular, elas [as teorias da escolha racional] partilham a concepção de que o processo político é antes instrumental do que um fim em si mesmo, e a visão de que o ato político decisivo é antes uma ação privada do que pública, a saber, o voto individual e secreto" (Elster, 1992, p. 103). Não obstante, a concepção de Elster afasta-se do modelo teórico de Schumpeter no seguinte aspecto: "Por exemplo, a insistência de Schumpeter em que as preferências do eleitor são formadas e manipuladas pelos políticos tende a obscurecer a distinção, central para a minha análise, entre política como a agregação de preferências dadas e política como a transformação de preferências mediante discussão racional" (Elster, 1992, p. 104). Elster define a política, então, "como pública em sua natureza e instrumental no seu propósito" (*ibid.*, p. 128).

[114] Cf. Luhmann, 1981a, espec. p. 164; 1981b, pp. 42-9, espec. pp. 44-5.

[115] Com relação à teoria luhmanniana, afirma Habermas (1982c, p. 261): "*Racionalidade sistêmica* é a racionalidade-com-respeito-a-fins transportada para os sistemas autorregulados". Essa interpretação não me parece correta, visto que, de acordo com Luhmann, no processo de redução de complexidade os modelos finalísticos só "são mobilizados quando os problemas já ganharam estruturas mais específicas, quando, pois, a complexidade já está consideravelmente absorvida" (Luhmann, 1973, p. 156; cf. também 1983, p. 223; 1971, p. 294).

[116] Cf. Habermas, 1992, p. 402.

ao contrário, enquanto se assentassem na ação orientada para o entendimento intersubjetivo.

Na perspectiva da esfera pública como campo de tensão entre direito e política enquanto sistemas acoplados estruturalmente pela Constituição, por um lado, e outros subsistemas diferenciados da sociedade e mundo da vida, por outro, Schumpeter não considera adequadamente o problema da inserção dos valores os mais diversos, independentemente de sua eventual prevalência, nos procedimentos democráticos. Não se trata simplesmente de regras que estabelecem a competição pelo poder. Decisivo é o fato de os diversos valores e interesses presentes na esfera pública serem passíveis de prevalecer eventualmente nos procedimentos democráticos, isto é, são suscetíveis de passar pela seleção de expectativas dos sistemas político e jurídico. Os procedimentos democráticos não se legitimam apenas porque canalizam a luta democrática pelo poder, mas sim, também e decisivamente, enquanto permanecem cognitivamente abertos e sensíveis para a pluralidade da esfera pública e a autonomia dos subsistemas sociais.

Em sentido diverso do modelo realista e empírico de Schumpeter, a teoria da justiça de John Rawls é suscetível de uma leitura conforme a noção de legitimação procedimental. Rawls parte de um modelo hipotético da situação originária, na qual todos os membros da comunidade estariam "encobertos" pelo "véu da ignorância", desconhecendo as respectivas posições que iriam ocupar na sociedade, e, portanto, desvinculados de interesses particulares e concretos[117]. Disso resulta a construção racional dos dois princípios de justiça: 1) igualdade na atribuição de direitos e deveres básicos, também formulado como princípio da liberdade igual; 2) desigualdades econômicas e sociais só se justificam se corresponderem à expectativa de que trarão vantagens para todos, prin-

[117] Cf. Rawls, 1990 [1972], espec. pp. 11 ss. e 136 ss.; 1993, pp. 22-8.

cipalmente para os menos favorecidos, e estiverem ligadas a cargos e posições acessíveis a todos (subordinado ao primeiro princípio)[118]. Rawls relaciona esses princípios com a imparcialidade de uma justiça puramente processual[119]. O modelo de justiça de Rawls implica evidentemente a defesa do pluralismo. Nesse sentido, é sensível à diversidade de valores da sociedade moderna, os quais devem ser tratados imparcialmente pelos procedimentos do Estado democrático de direito[120]. Entretanto, apesar de sua referência ao contexto histórico, trata-se de uma construção hipotética[121],

---

118 Rawls, 1990 [1972], espec. pp. 14-5, 60 ss., 243 ss. e 302-3; 1993, pp. 5 ss. A respeito, ver criticamente Höffe, 1977b, espec. pp. 16-7 e 20 ss., que se refere ao caráter tautológico dos princípios de justiça em Rawls: "O caráter de *fairness* das conclusões, ou seja, dos princípios de justiça, reproduz apenas o caráter de *fairness* das premissas, isto é, das condições de partida" (*ibid.*, p. 35). Cf. também Müller, 1993, pp. 44 ss.; Hart, 1977, pp. 156 ss., com objeções ao argumento da prioridade da liberdade; tratando igualmente dessa questão, Alexy, 1997. Sobre o debate em torno da teoria da justiça de Rawls, ver, entre muitos, Höffe (org.), 1977a; Philosophische Gesellschaft Bad Homburg e Hinsch (orgs.), 1997.

119 Cf. Rawls, 1990 [1972], pp. 83 ss., enfatizando, porém, a relação da "justiça puramente processual" com o segundo princípio ("igualdade equitativa de oportunidades"). Mas cabe advertir que Rawls (1993, p. 192), em referência crítica a Habermas, observa: "A justiça como equidade não é neutra no sentido procedimental." Ver também Rawls, 1997, pp. 237 ss. Na verdade, fazem parte da "ideia de um consenso abrangente [*overlapping consensus*]" (*id.*, 1993, pp. 133 ss.; 1992, pp. 293 ss.; cf. também 1997, pp. 206 ss.) tanto elementos procedimentais quanto substanciais. Isso porque, de acordo com Rawls (1993, pp. 158 ss.), diferentemente da "profundidade e extensão de um consenso sobreposto" (*ibid.*, p. 164), "o consenso constitucional não é profundo e tampouco é amplo: o seu âmbito é restrito, não inclui a estrutura básica, mas apenas os procedimentos políticos do governo democrático" (*ibid.*, p. 159). Nessa orientação, chega-se a uma compreensão muito abrangente do consenso: "A profundidade de um consenso sobreposto requer que seus princípios e ideais políticos tenham por base uma concepção de justiça que utilize as ideias fundamentais de sociedade e pessoa da forma ilustrada pela justiça como equidade. Sua extensão vai além dos princípios políticos que instituem os procedimentos democráticos e inclui os princípios que abarcam a estrutura básica como um todo" (*ibid.*, p. 164).

120 Na verdade, porém, Rawls refere-se normativamente ao "fato do pluralismo razoável", não empiricamente ao "fato do pluralismo propriamente dito" (1993, pp. 36-7).

121 Sobre o caráter a-histórico da teoria da justiça de Rawls, cf. Barber, 1977, espec. pp. 245 ss.; Müller, 1993, pp. 47 ss. Contra a interpretação dominante da teoria da

que não se desenvolve no sentido de estabelecer a noção de justiça peculiar à modernidade. Não parte de uma análise da superação do moralismo convencional pré-moderno e da complexificação sistêmica como condições que levam ao pluralismo e ao "universalismo" caracterizadores do Estado democrático de direito. Além do mais, a concepção de justiça de Rawls subordina o princípio democrático aos direitos fundamentais liberais, o que conduz a uma compreensão limitada da legitimação procedimental no Estado democrático de direito[122].

5.4.2 *O modelo teórico sistêmico e o discursivo de legitimação no Estado democrático de direito*

É nos modelos de Habermas e Luhmann que o conceito de legitimação procedimental vincula-se mais especificamente à própria compreensão da sociedade moderna. Embora partam de pres-

justiça de Rawls, Rorty (1991, pp. 179 ss.) sustenta que esta "é inteiramente historicista e antiuniversalista" (p. 180), "representa uma reação à ideia kantiana da moralidade como portadora de uma essência a-histórica" (p. 186, nota 29), "já não parece comprometida com uma consideração filosófica da natureza humana, mas apenas com uma descrição histórico-sociológica do modo que vivemos agora" (nos Estados Unidos!) (p. 185). Rorty não distingue a inequívoca condicionalidade e aplicabilidade histórica da construção de Rawls (mas isso também se encontra em Kant) do seu caráter hipotético, abstrato e a-histórico na própria formulação. Embora se possa admitir que a teoria de Rawls refere-se a "uma forma historicamente adequada de consciência da justiça" e, portanto, que seus princípios não podem "reclamar nenhuma validade culturalmente invariante" (Höffe, 1977b, p. 31), não se deve desconsiderar a ênfase que Rawls dava no passado ao caráter "puramente hipotético" da posição original (1990 [1972], pp. 12 e 21) nem a sua concepção posterior de que o "acordo inicial" é "hipotético e não histórico" (1993, pp. 271-5): "Assim sendo, fica evidente por que o contrato social deve ser considerado hipotético e não histórico. A explicação é que o acordo feito na posição original representa o resultado de um processo racional de deliberação em condições ideais e não históricas que expressam certas exigências razoáveis" (*ibid.*, p. 273).

[122] Nesse sentido, cf. Habermas, 1996c, pp. 67 e 87 ss. Quanto à réplica de Rawls a Habermas, ver Rawls, 1997. Sobre o debate entre Habermas e Rawls, ver Forst, 1999.

supostos teóricos diversos, ambos associam a positividade do direito na modernidade à realização do Estado democrático de direito. Sintetizando, pode-se afirmar que, na perspectiva sistêmica, dá-se ênfase à não sobreposição dos códigos de preferência do poder e da economia ao código de preferência do direito (lícito/ilícito), sustentando-se que este é o segundo código do sistema político[123] e que a "Constituição enquanto conquista evolucionária" atua como mecanismo de autonomia operacional do direito[124]. E, por fim, partindo-se de que desapareceu a moral tradicional de conteúdo hierárquico, partilhada generalizadamente na "comunidade", argumenta-se que o pluralismo democrático no sistema político é pressuposto da positivação do direito[125]. Em Habermas, a autonomia do direito, inerente ao Estado de direito, embora também possa ser vista como uma autonomia em relação aos meios [*Medien*] "poder" e "dinheiro", resulta da presença de procedimentos políticos com fundamentação racional-discursiva. Isso implica autonomia privada em conexão com autonomia pública, ou seja, "direitos humanos" e "soberania do povo" pressupondo-se reciprocamente.

Em ambos os modelos, a positividade como autonomia do direito só é concebível com o desaparecimento de uma moral conteudística e hierárquica. Diante da pluralidade reconhecida de valores, Habermas interpreta a racionalidade discursiva ou procedimental – que envolve as dimensões pragmáticas, éticas e morais – do Estado democrático de direito como forma de construção do consenso na esfera pública, imprescindível à indisponibilidade do direito. Em face da diversidade de expectativas,

---

[123] Luhmann, 1986, p. 199; 1988, pp. 34, 48 ss. e 56.

[124] Cf. Luhmann, 1990b, espec. pp. 187 ss.; Neves, 1994, pp. 65 ss.

[125] Cf. Luhmann, 1981c, p. 147, 1983, pp. 151-4, 1987, pp. 247 ss., 1993b, p. 278; Neves, 1992, p. 33.

interesses e valores da sociedade moderna, Luhmann interpreta os procedimentos eleitoral, legislativo, judicial e administrativo do Estado de direito como mecanismos funcionais de seleção, filtragem e imunização das influências contraditórias do ambiente sobre os sistemas político e jurídico. Entretanto, o dissenso conteudístico em face de valores e interesses torna os procedimentos democráticos do Estado de direito, que implicam o princípio da legalidade, não só uma exigência sistêmico-funcional, mas também uma imposição normativa da sociedade moderna. Por um lado, tais procedimentos não podem legitimar-se sem uma esfera pública pluralista que lhes dê fundamentação discursiva. Por outro, a inserção da discussão pública no direito é impossível sem a correspondente estruturação "sistêmico-legal" deles. Por fim, cabe observar que os procedimentos do Estado de direito não servem, geralmente, à construção do consenso jurídico-político em torno de valores e interesses. É o consenso em relação aos procedimentos que possibilita a convivência com o dissenso político e jurídico sobre valores e interesses no Estado democrático de direito, tornando-a suportável na sociedade complexa de hoje. Isso porque é no âmbito deste que se pode construir e desenvolver uma esfera pública pluralista constitucionalmente estruturada, cujos procedimentos estão abertos aos mais diferentes modos de agir e vivenciar políticos, admitindo inclusive os argumentos e as opiniões minoritárias como probabilidades de transformação de *conteúdo* da ordem jurídico-política, desde que respeitadas e mantidas as "regras" *procedimentais* "do jogo". Intermediando consenso quanto ao procedimento e dissenso com relação ao conteúdo, o Estado democrático de direito viabiliza o respeito recíproco às diferenças no campo jurídico-político da sociedade supercomplexa contemporânea e pode, ao mesmo tempo, atuar como fator construtivo e dinâmico para a reprodução autônoma das esferas plurais de comunicação.

Pode-se objetar que, em Habermas, o problema da diferença de interesses e principalmente de valores é enfatizado na abordagem do Estado democrático de direito. Nesse sentido, a exigência da "inclusão do outro" como "inclusão sensível à diferença" é lapidar[126]. Também se pode arguir que não se trata de consenso fático no paradigma procedimental habermasiano. Entretanto, a justificação do Estado democrático de direito decorre, conforme a teoria do discurso, de uma razão procedimental possibilitadora da prevalência de resultados passíveis de generalização pragmática e, pois, consensuais. Nessa perspectiva, a compreensão procedimental da Constituição assenta-se "no caráter intrinsecamente racional daquelas condições procedimentais, que, para o processo democrático considerado como um todo, fundamentam a suposição de que possibilitam resultados racionais"[127]. Habermas acrescenta: "A teoria do discurso esclarece a legitimidade do direito com a ajuda de procedimentos [...] juridicamente institucionalizados e de pressupostos comunicativos que fundamentam a suposição de que os processos de estabelecimento do direito e de aplicação jurídica conduzem a resultados racionais."[128] Nesse sentido, "a razão corporifica-se apenas nas condições formal-pragmáticas de possibilidade para uma política deliberativa"[129] e, dessa maneira, para a construção do entendimento racional na esfera pública. Os procedimentos legitimam-se, nessa orientação, enquanto possibilitam e viabilizam o consenso racional, ou seja, a tomada de decisões racionalmente generalizáveis.

---

[126] Habermas, 1996f, espec. pp. 172-5.

[127] *Id.*, 1992, p. 347.

[128] *Ibid.*, p. 499. Cf., com certa distância crítica em relação a essa hipótese central da teoria do discurso, Peters, 1991, espec. pp. 230 ss., 253 ss. e 310 ss.

[129] Habermas, 1992, p. 347.

5.4.3 *Um modelo procedimental alternativo de legitimação do Estado democrático de direito*

Na verdade, essa postura consensualista não leva às últimas consequências os problemas da fragmentação ética e do antagonismo de interesses, presentes na esfera pública pluralista. Nesta, o consenso sobre *resultados* procedimentais é eventual e localizado. O Estado democrático de direito legitima-se exatamente enquanto garante e promove o acesso equânime dos mais diferentes valores e interesses nos seus procedimentos jurídico-políticos. Só se justifica a inadmissão dos resultados que venham a impedir a própria continuidade da esfera pública pluralista e, portanto, a desconhecer ou eliminar as diferenças éticas e pragmáticas, assim como a autonomia das diversas esferas sociais. O consenso que se impõe é sobre os procedimentos que absorvem equitativamente o dissenso. Isso pode ser interpretado como a presença de uma moral "pós-convencional" e um "universalismo" na esfera pública, entendida esta como campo de tensão entre o sistema jurídico-político, por um lado, e os outros sistemas sociais e o mundo da vida, por outro. No entanto, tal "pós-convencionalismo moral" implica que os resultados vitoriosos nos procedimentos político-jurídicos sejam sempre suscetíveis de crítica e de superação em procedimentos posteriores. O universalismo revela-se como inclusão de todos os indivíduos e grupos como potencialmente "portadores" de diferentes valores, interesses e expectativas que circulam em diversas formas de discurso, impedindo a absolutização da eticidade particular de determinado grupo. Além do mais, ele se expressa no reconhecimento e na promoção da autonomia de diferentes formas discursivas ou campos de comunicação, excluindo, no plano político-jurídico, que uma espécie de discurso ou uma esfera da sociedade subordine as outras. É nesse sentido que se impõe a moral do dissenso, a qual, por sua vez, pressupõe o consenso sobre os procedimentos que, de um lado, asseguram o reconhecimento da diversidade de valores, interesses e expectativas que se manifestam e concorrem na esfera pública, de outro lado, são acessíveis às exigências das esferas autônomas e conflitantes de comunicação de uma sociedade supercomplexa. Se se quer continuar a falar de uma fundamentação moral do Estado democrático de direito na sociedade moderna, em vez de recorrer-se a um modelo consensualista do discurso que tem como padrão a discussão acadêmica, parece mais adequado afirmar-se que ele se justifica enquanto constrói procedimentos abertos à pluralidade ética e ao antagonismo dos interesses, como também à autonomia das diferentes esferas sociais, absorvendo e intermediando equitativamente o dissenso estrutural, sem a pretensão de eliminá-lo ou evitá-lo[130]. De acordo com esse entedimento, a Constituição do Estado democrático de direito não se apresenta como "fundamento do consenso", mas sim como "um fundamento consentido do dissenso"[131].

---

[130] Nesse sentido, observa Jeand'Heur (1995, p. 461) que a concordância entre ética e ordem normativa não se constitui em *conditio sine qua non* do Estado democrático de direito, para enfatizar que este se afirma enquanto põe sob sua proteção o dissenso. Num outro contexto, enfatizam Ost e Kerchove (1987, p. 539): "Longe de representar o escolho ou revés do processo de legitimação prática, a emergência do dissenso representa o seu desafio mais próprio." Apesar de seu modelo teórico orientado para o consenso, também Müller (1996, p. 9) salienta: "Há uma única homogeneidade de que a comunidade política depende incondicionalmente: a homogeneidade na disposição de reconhecer diferenças, fazer valer a pluralidade, não violentar os dissensos e os homens que os representam."

[131] "A Constituição é caracterizada frequentemente como fundamento do consenso. Seria melhor dizer: a Constituição é um fundamento consentido do dissenso. Ela oferece uma regulação, de um lado, mediante a apresentação de uma ordem do conflito como ordem procedimental; de outro lado, pela regulação daquilo que deve ser subtraído ao conflito [as regras preliminares – MN]. A Constituição é uma ordem mínima que possibilita uma luta civilizada das correntes políticas" (Haverkate, 1992, p. 143). Essa concepção constitucional adéqua-se à seguinte as-

A teoria luhmanniana dos sistemas nega radicalmente que o consenso possa ser condição de validade jurídica. Isso impossibilitaria a própria evolução do direito. Tal negação refere-se ao consenso como aceitação de todas as normas por todos em qualquer tempo, o qual não se encontra em nenhuma sociedade[132], ou simplesmente ao consenso fático como legitimador dos procedimentos numa sociedade supercomplexa[133]. Mas se essa teoria afirma que o procedimento desempenha uma função legitimadora enquanto conduz ao consenso suposto[134]. A legitimidade pelo procedimento envolve um processo de reestruturação das expectativas, "que pode tornar-se amplamente indiferente ao fato de se aquele que tem de mudar suas expectativas concorda ou não"[135]. Pressupõe-se evidentemente certas condições, como a igualdade dos participantes no início do procedimento e, sobretudo, a incerteza dos resultados[136]. No entanto, a noção de "consenso suposto", que importa a reorientação das expectativas a partir do resultado do procedimento, independentemente de sua aceitação, aponta para um mecanismo intrassistêmico de validação, seja do direito ou da política. O procedimento pode, assim, imunizar o próprio sistema em relação ao dissenso. Essa *autolegitimação*, portanto, distingue-se claramente da *heterolegitimação*,

serção de Welsch (1996, p. 937) no âmbito da teoria da razão: "Pois, nas condições hodiernas, deve-se justamente contar com a possibilidade de que a atividade da razão, por fim, não leva a um consenso, mas sim à articulação de dissensos básicos. Certamente, também nesse contexto a intenção de chegar a um entendimento ainda é diretriz – mas ela termina chegando ao entendimento sobre a impossibilidade de uma concordância última a respeito de conteúdos." Cf. também Welsch, 1991, pp. 179-80, com relação ao Estado democrático de direito.

132 Luhmann, 1993b, p. 261.

133 Luhmann, 1983, p. 196. Cf. 1981c, p. 132; 1987, pp. 67 e 261.

134 Cf. Luhmann, 1981c, p. 132; 1987, pp. 67-8, 94 e 261-2; 1993b, pp. 261-2.

135 Luhmann, 1983, p. 119; cf. *ibid.*, pp. 252-3.

136 Cf. Luhmann, 1983, espec. pp. 51, 116, 128, 155, 163 e 197.

que tanto provém da esfera pública como espaço de interferência e interpenetração entre mundo da vida e sistemas político e jurídico quanto é alimentada pelo fluxo de informações dos diversos subsistemas sociais autônomos no direito e na política. Inegavelmente, há uma tensão entre esses dois tipos de legitimação. O fato é que a legitimação forjada a partir da esfera pública pluralista não resulta do consenso em torno do resultado do procedimento, seja esse consenso suposto, fático ou hipotético-racional. O relevante é que os procedimentos constitucionais, independentemente de seus resultados, permaneçam abertos para a diversidade de valores, expectativas e interesses, mesmo os que eventualmente sejam derrotados nos termos procedimentais. Os procedimentos atuam seletivamente, mas não terão força legitimadora se ignorarem a continuidade do dissenso na esfera pública[137]. Os canais de mutação devem permanecer abertos para o fluxo de informações que advêm conflituosamente do mundo da vida e dos diversos subsistemas sociais autônomos. Novas possibilidades de vigência normativa e decisão vinculante não estão excluídas. Nesse sentido, o que se impõe para a manutenção de uma esfera pública pluralista e mesmo para o desenvolvimento da heterogeneidade social é o consenso em torno das regras procedimentais do jogo democrático do Estado de direito. Assim sendo, a observância dessas regras é legitimadora do resultado procedimental no interior dos sistemas jurídico e político, reestruturando expectativas, como também legitima o sistema cons-

[137] O próprio Luhmann enfatiza, mais tarde, em relação à "opinião pública": "Ela *ajuda*, a despeito de todas as expectativas tradicionais, não por meio de diretrizes de consenso, mas sim pelo fato de que *possibilita a reprodução contínua de dissensos compreensíveis*" (1999, pp. 31-2 – grifos meus). Porém, para Luhmann, a *opinião pública* é uma dimensão do sistema político, não podendo atuar *heterolegitimadoramente* sobre o direito e a política, diferentemente da *esfera pública* no sentido do modelo aqui esboçado.

titucional como um todo na perspectiva externa da esfera pública e dos diferentes subsistemas sociais autônomos, independentemente do resultado eventual do procedimento. Em outras palavras, o Estado democrático de direito legitima-se enquanto os seus procedimentos absorvem sistemicamente o dissenso e, ao mesmo tempo, possibilitam, intermedeiam e mesmo fomentam a sua emergência na esfera pública.

Essa ênfase no dissenso em relação a conteúdos não se confunde com o dissensualismo pós-moderno[138]. Nessa perspectiva, nega-se a unidade do sistema jurídico, sua reprodução generalizada com base no mesmo código-diferença "lícito/ilícito"[139]. A heterogeneidade dos jogos de linguagem e a pluralidade dos discursos jurídicos apontariam no sentido contrário à unidade da ordem jurídica. Em vez de consenso suposto, caberia falar de compatibilização do dissenso[140]. A reprodução autopoiética realizar-se-ia nos termos de "uma lógica local" para a dogmática[141]. Evidentemente, além de negar a unidade sistêmica, o paradigma pós-moderno rejeita qualquer modelo consensualista, no estilo habermasiano[142]. Além disso, a ideia de fragmentação ética, normativa, pragmática e discursiva torna-se tão radical que não se admite sequer a noção de consenso generalizado sobre procedimentos que sirvam de quadro de referência para a construção e o desenvolvimento de uma esfera pública pluralista. Haveria, conforme o modelo pós-moderno, uma fragmentação procedi-

---

138 Sobre a concepção pós-moderna do direito, ver, em diferentes perspectivas: Ladeur, 1983, 1984, 1985, 1986, 1990, 1991, 1992, 1996; Teubner, 1996a, 1996b, 1996c, 1998a, 1998b; Teubner e Willke, 1984; Santos, 1987; Douzinas e Warrington, 1991; Ost e Kerchove, 1992; Patterson, 1996, pp. 151 ss. Cf. também Neves, 1992, pp. 41-4.

139 Nesse sentido, cf. sobretudo Ladeur, 1985; 1992.

140 Ladeur, 1986, p. 273.

141 *Id.*, 1985, p. 426.

142 Cf. *id.*, 1992, pp. 51 ss.; 1996.

mental, o que só permitiria consensos locais e situativos, em face das exigências de cada caso, sobre regras concretas do jogo[143].

Entretanto, o fato é que, apesar do dissenso radical quanto a valores, expectativas e interesses e da fragmentação do sujeito, o Estado democrático de direito só se afirma, do ponto de vista sistêmico, caso a unidade de uma esfera de juridicidade esteja presente. Isso implica o fato de o direito positivo estatal reproduzir-se autônoma e generalizadamente com base no código de preferência "lícito/ilícito" e nos seus respectivos programas e critérios. Com isso, não se nega nem o fato óbvio do pluralismo jurídico, ou seja, o fato de que ordens jurídicas extraestatais e carentes de autonomia e unidade estejam numa relação de concorrência com o direito operativamente autônomo do Estado democrático de direito, nem se contesta que o código binário "lícito/ilícito", que está na base do sistema jurídico, encontra-se em "operações transjuncionais"[144] com outros códigos binários[145]. Deve-se observar que a unidade do direito não é simples e invariante como a de uma máquina trivial, mas sim complexa, variante e múltipla, tal como a de uma máquina não trivial[146]. Porém, caso haja uma subordinação particularista e situativa do direito aos jogos de linguagem que se desenvolvem conforme os códigos "ter/não-ter", "poder/não-poder", "amigo/inimigo", "amor/desamor" etc., há uma descaracterização do Estado democrático de direito com efeitos destrutivos sobre a unidade/identidade complexa do seu sistema jurídico. Nessa hipótese, a legalidade e constitucionali-

---

143 Cf. Ladeur, 1992, pp. 80 ss.

144 A respeito, ver G. Günther, 1976.

145 Teubner (1996c, p. 249) interpreta tais operações como prova da falta de unidade do sistema jurídico.

146 Sobre a distinção entre máquina trivial e não trivial, ver Foerster, 1981, pp. 201-2.

dade deixam de ser critérios decisivos das condutas e decisões jurídicas. De fato, os fatores externos condicionam a reprodução do sistema jurídico também no Estado democrático de direito. Mas eles passam por comutação discursiva de acordo com o código-diferença "lícito/ilícito" e os respectivos critérios ou programas jurídicos generalizados. A pluralidade de discursos é processada internamente, ganhando unidade sistêmica.

Além do mais, o dissenso sobre valores e a heterogeneidade da linguagem na esfera pública não significam indiferença em relação aos procedimentos do Estado democrático de direito. Ao contrário, a manutenção da heterogeneidade depende da presença de procedimentos abertos de modo universalista para as diferenças. Ou seja, a continuidade da esfera pública pluralista só está garantida se os procedimentos constitucionais possibilitam o influxo equitativo de valores, expectativas e interesses os mais heterogêneos que emergem, com a pretensão de generalização jurídica e política, a partir do mundo da vida e dos subsistemas da sociedade, em diversas formas discursivas. Disso resulta que o consenso procedimental é pressuposto imprescindível. Se os próprios procedimentos pluralistas constitucionalmente estabelecidos são questionados de maneira generalizada, faltam as condições de permanência de uma esfera pública pluralista e, por conseguinte, de realização do Estado democrático de direito.

O modelo aqui apresentado de Estado democrático de direito como intermediação entre consenso procedimental e dissenso conteudístico aproxima-se, no que concerne à formulação, da (re)interpretação da teoria kantiana da legislação democrática por Ingeborg Maus: "combinação da arbitrariedade conteudística das decisões jurídicas com a não arbitrariedade de seus pressupostos procedimentais"[147]. Nesse sentido, afirma Maus: "A 'justiça' da lei é garantida mediante o procedimento especial de sua produção."[148] Contudo, Maus procura reconstruir o modelo kantiano do legislador racional. A noção de um sujeito transcendental é como que transferida para o processo legislativo. Em conformidade com essa releitura de Kant, ela superestima o valor do processo legislativo em detrimento dos demais procedimentos do Estado democrático de direito[149]. Não considera adequadamente a pluralidade procedimental que caracteriza esse último. Não cabe falar de uma supremacia da legislação em relação à jurisdição, como pretende Maus em sua crítica "democrático-radical" à atuação do Tribunal Constitucional Federal Alemão no exercício de sua função de controle da constitucionalidade das leis[150]. Nesse caso, trata-se, em princípio, de distribuição constitucional de competências[151]. O legislador não pode ultrapassar os limites estabelecidos na Constituição, cabendo ao Tribunal Constitucional exercer o respectivo controle. Entretanto, como o texto constitucional é concretizado normativamente mediante a interpretação jurisdicional, disso resulta que não há uma hierarquia linear no interior do sistema jurídico, muito menos no âm-

---

[147] Maus, 1994, p. 277.

[148] *Id.*, 1978, p. 15. Cf. Habermas, 1992, p. 232.

[149] Nesse sentido, enfatiza Maus (1994, p. 281): "As limitações legítimas ao legislador consistem apenas nos princípios constitucionais do procedimento democrático mesmo." E acrescenta (p. 282): "Constituição e legislação, de acordo com essa construção de Kant, encontram-se numa relação de reflexividade, *na medida em que a Constituição não contém nada mais do que os princípios e as condições do irrevogável processo democrático de legislação*" (grifo meu). A respeito da (re)interpretação democrático-procedimental do pensamento jurídico de Kant, ver também Maus, 1994, pp. 148-75.

[150] Cf. Maus, 1994, pp. 298-336; e, criticamente, Habermas, 1992, pp. 310 ss.

[151] Mas não se desconhece aqui que, na práxis do Tribunal Constitucional Federal Alemão, podem ser verificadas certas tendências expansionistas incompatíveis com o Estado democrático de direito.

bito mais abrangente dos procedimentos constitutivos do Estado democrático de direito. Este se caracteriza justamente pelas "*tangled hierarchies*"[152]. Enquanto a jurisdição estabelece o que é legal e também o que é constitucional, ela se põe numa posição controladora em relação à execução e à legislação, embora, simultaneamente, esteja subordinada a limitações constitucionais e legais, assim como a controles do parlamento e do executivo. Essa circularidade internormativa e interprocedimental no Estado democrático de direito é exatamente o que possibilita a inserção da crítica permanente advinda da esfera pública pluralista no âmbito sistêmico da política e do direito. A prevalência hierárquica unilateral do processo legislativo poderia conduzir à ditadura das maiorias e, assim, à negação da esfera pública pluralista. Portanto, o que a Constituição estabelece no Estado de direito não é a hierarquia procedimental, mas antes a repartição orgânica de competências e o controle interorgânico. É nesse sentido que o princípio da "divisão de poderes" é relevante na caracterização do Estado de direito: não como fórmula de isolamento, mas sim enquanto modelo de horizontalidade orgânica e circularidade procedimental.

Não obstante, a formulação de Maus em relação à combinação da arbitrariedade de conteúdo com a não arbitrariedade dos pressupostos procedimentais da legislação pode ser estendida para os procedimentos do Estado democrático de direito em geral. Respeitadas as regras constitucionais de organização e procedimento, as decisões judiciais, executivas e legislativas estariam legitimadas. Mas a arbitrariedade conteudística não deve ser mal interpretada. No Estado de direito, a Constituição fixa direitos fundamentais que não se referem diretamente ao procedimento

---

[152] A respeito desse conceito, cf. Hofstadter, 1979, pp. 10 e 684 ss.

ou à organização, como a liberdade de locomoção, de reunião, de associação e de consciência. Isso implica, é verdade, uma limitação da "arbitrariedade do conteúdo". Diversamente, segundo a formulação já referida de Maus, esses preceitos constitucionais consistiriam em "nada mais do que os princípios e condições do irrevogável processo democrático de legislação"[153]. Sem nos limitar à legislação, podemos afirmar que os direitos fundamentais que não se referem imediatamente à organização e aos procedimentos (eleitoral, legislativo, jurisdicional e político-administrativo) são requisitos da legitimação procedimental no Estado democrático de direito. Apresentam-se como regras preliminares à realização do jogo[154]. Sem os direitos fundamentais referentes à liberdade e à igualdade não se construiria uma esfera pública pluralista nem haveria as condições de emergência do dissenso. Portanto, não só a destruição das regras procedimentais que possibilitam a intermediação do dissenso está excluída no Estado de direito, mas também a supressão das regras materiais que constituem precondições dos procedimentos abertos equitativamente à diversidade de valores, expectativas, interesses e discursos presentes na esfera pública. Nesse sentido, a igualdade e as liberdades fundamentais tornam-se princípios do Estado democrático de direito.

É nessa perspectiva que se justificam as restrições a valores e interesses que pretendam destruir os procedimentos jurídico-políticos do Estado de direito e, dessa maneira, a esfera pública pluralista. Impõem-se limitações aos valores e interesses que visam a eliminar diretamente as regras procedimentais do jogo ou as que lhe são preliminares. Devem-se, porém, distinguir dois

---

153 Ver *supra* nota 149.

154 Nesse sentido, Bobbio, 1992a, p. 20, referindo-se, porém, mais especificamente aos procedimentos eleitoral e legislativo.

níveis: as práticas que desrespeitam os próprios procedimentos ou os direitos fundamentais, que se caracterizam como ilícitas ou inválidas; e a emergência, no mundo da vida e na esfera pública, de valores que defendem a supressão do Estado democrático de direito, sem desrespeitar-lhe os procedimentos e direitos fundamentais. É nesse segundo caso que se coloca o dilema: negar o acesso aos procedimentos democráticos de qualquer ideologia que defenda a abolição dos mesmos ou enfrentá-la dentro dos próprios procedimentos? A última alternativa importa aceitar o paradoxo da negação do procedimento através do próprio procedimento. Admitindo essa opção, o Estado de direito corre abertamente o risco de sua abolição. Contudo, também se fortifica discursivamente, tendo em vista a exigência permanente de argumentação contra as ideologias antidemocráticas presentes na esfera pública. Além do mais, há os meios sistêmicos de imunização contra os valores contrários à manutenção do pluralismo procedimental, como a declaração de inconstitucionalidade de leis e emendas constitucionais que venham a ferir os princípios do Estado democrático de direito. Mas a solução pela admissão ou simples exclusão de valores e interesses antidemocráticos na esfera pública e, desse modo, nos procedimentos constitucionalmente estabelecidos depende de cada situação concreta. É claro que há casos extremos em que o conteúdo programático de organizações políticas é tão aberto e intensamente antidemocrático que não se trata mais de correr um risco, mas antes de perigo insuportável para as regras do jogo democrático. Nessas hipóteses, impõe-se a aplicação das regras (geralmente muito vagas) constitucionais restritivas das organizações antidemocráticas.

Por fim, é bom observar que o Estado democrático de direito não exclui transformações, mediante os seus próprios procedimentos, de regras procedimentais do jogo e de direitos fundamentais que lhe são preliminares. No entanto, essas mudanças não podem atingir o núcleo normativo de que dependem a continuidade da esfera pública pluralista e a autonomia dos sistemas jurídico e político. Por isso é que se impõem limitações constitucionais expressas e implícitas ao próprio poder reformador. Com exceção do núcleo procedimental de identidade, qualquer modificação é admissível e provável. É assim que os argumentos e opiniões minoritárias configuram probabilidades contínuas de mutação da ordem jurídico-política.

Diante do exposto, pode-se concluir que o Estado democrático de direito, pressupondo reciprocamente uma esfera pública pluralista, legitima-se enquanto é capaz de, no âmbito político-jurídico da sociedade supercomplexa da contemporaneidade, intermediar consenso procedimental e dissenso conteudístico e, dessa maneira, viabilizar e promover o respeito recíproco às diferenças, assim como a autonomia das diversas esferas de comunicação.

5.5 Bibliografia

ALEXY, Robert (1995). *Recht, Vernunft, Diskurs: Studien zur Rechtsphilosophie*. Frankfurt am Main: Suhrkamp.

______ (1997). "Theorie der Grundfreiheiten". *In*: Philosophische Gesellschaft Bad Homburg e W. Hinsch (orgs.). 1997, pp. 263-303.

APEL, Karl-Otto (1987). Entrevista a Florian Rötzer. *In*: F. Rötzer (org.). *Denken, das an der Zeit ist*. Frankfurt am Main: Suhrkamp, pp. 52-75.

______ (1992). "Diskursethik vor der Problematik von Recht und Politik: Können die Rationalitätsdifferenzen zwischen Moralität, Recht und Politik selbst noch durch die Diskursethik normativ-rational gerechtfertigt werden?". *In*: K.-O. Apel e M. Kettner (orgs.). *Zur Anwendung der Diskursethik in Politik, Recht und Wissenschaft*. Frankfurt am Main: Suhrkamp, pp. 29-61.

ARENDT, Hannah (1960). *Vita activa oder Vom tätigen Leben*. Stuttgart: Kohlhammer.

______ (1996). *Macht und Gewalt*. Trad. alemã de Gisela Uellenberg. Munique/Zurique: Piper (originariamente em: *On Violence*, Nova York/Londres: Harcourt Brace Jovanovich, 1970).

BARBER, Benjamin R. (1977). "Die Rechtfertigung der Gerechtigkeit: Probleme der Psychologie, der Politik und der Messung bei Rawls". *In*: O. Höffe (org.). 1977a, pp. 224-58.

BOBBIO, Norberto (1992a). *O futuro da democracia: uma defesa das regras do jogo*. Trad. bras. de Marco Aurélio Nogueira. 5. ed. Rio de Janeiro: Paz e Terra.

______ (1992b). *A era dos direitos*. Trad. bras. de Carlos Nelson Coutinho. Rio de Janeiro: Campus.

DEFLEM, Mathieu (org.) (1996). *Habermas, Modernity and Law*. Londres/Thousand Oaks/Nova Délhi: Sage Publications.

DENNINGER, Erhard (1993). "Grenzen und Gefährdungen des Rechtsstaats". *Rechtstheorie* 24 (Berlim: Duncker & Humblot), pp. 7-15.

DOUZINAS, Costas; WARRINGTON, Ronnie (1991). *Postmodern Jurisprudence: The Law of Text in the Texts of Law*, com a colaboração de Shaun McVeigh. Londres/Nova York: Routledge.

ELSTER, Jon (1992). "The Market and the Forum: Three Varieties of Political Theory". *In*: J. Elster e A. Hylland (orgs.). *Foundation of Social Choice Theory*. Cambridge: Cambridge University Press/ Oslo: Universitetsforlaget, pp. 103-32.

FOERSTER, Heinz von (1981). "Perception of the Future and the Future of Perception". *In*: H. von Foerster. *Observing Systems*. Seaside, Califórnia: Intersystems Publications, pp. 192-204.

FORST, Rainer (1999). "Die Rechtfertigung der Gerechtigkeit. Rawls' Politischer Liberalismus und Habermas' Diskurstheorie in der Diskussion". *In*: H. Brunkhorst e P. Niesen (orgs.). *Das Recht der Republik*. Frankfurt am Main: Suhrkamp, pp. 105-68.

FRANKENBERG, Günter (1996). *Die Verfassung der Republik: Autorität und Solidarität in der Zivilgesellschaft*. Baden-Baden: Nomos.

GÜNTHER, Gotthard (1976). "Cybernetic Ontology and Transjunctional Operations". *In*: G. Günther. *Beiträge zur Grundlegung einer operationsfähigen Dialektik*. Hamburgo: Meiner, pp. 249-328, vol. 1.

GÜNTHER, Klaus (1988). *Der Sinn für Angemessenheit: Anwendungsdiskurse in Moral und Recht*. Frankfurt am Main: Suhrkamp.

HABERMAS, Jürgen (1969). *Technik und Wissenschaft als "Ideologie"*. Frankfurt am Main: Suhrkamp.

______ (1973). *Legitimationsprobleme im Spätkapitalismus*. Frankfurt am Main: Suhrkamp.

______ (1978). "Naturrecht und Revolution". *In*: J. Habermas. *Theorie und Praxis: Sozialphilosophische Studien*. Frankfurt am Main: Suhrkamp, pp. 89-127 (1. ed. 1963).

______ (1982a). *Theorie des kommunikativen Handelns*. 2. ed. Frankfurt am Main: Suhrkamp, 2 vols.

______ (1982b). *Zur Rekonstruktion des Historischen Materialismus*. 3. ed. Frankfurt am Main: Suhrkamp.

______ (1982c). "Überlegungen zum evolutionären Stellenwert des modernen Rechts". *In*: J. Habermas. 1982b, pp. 260-7.

______ (1982d). "Einleitung: Historischer Materialismus und die Entwicklung normativer Strukturen". *In*: J. Habermas. 1982b, pp. 9-48.

______ (1983). *Moralbewußtsein und kommunikatives Handeln*. Frankfurt am Main: Suhrkamp.

______ (1985). "Ein Fragment (1977): Objektivismus in den Sozialwissenschaften". *In*: J. Habermas. *Zur Logik der Sozialwissenschaften*. Frankfurt am Main: Suhrkamp, pp. 541-607.

______ (1986a). *Vorstudien und Ergänzungen zur Theorie des kommunikativen Handelns*. Frankfurt am Main: Suhrkamp.

______ (1986b). "Erläuterungen zum Begriff des kommunikativen Handelns" (1982). *In*: J. Habermas. 1986a, pp. 571-606.

HABERMAS, Jürgen (1986c). "Was heißt Universalpragmatik?" (1976). *In*: J. Habermas. 1986a, pp. 353-440.

______ (1987). "Wie ist Legitimität durch Legalität möglich?". *Kritische Justiz* 20 (Baden-Baden: Nomos), pp. 1-16.

______ (1988). *Nachmetaphysisches Denken: Philosophische Aufsätze*. Frankfurt am Main: Suhrkamp.

______ (1990a). *Strukturwandel der Öffentlichkeit: Untersuchungen zu einer Kategorie der bürgerlichen Gesellschaft*. Frankfurt am Main: Suhrkamp (1. ed. 1962).

______ (1990b). *Die nachholende Revolution: Kleine Politische Schriften VII*. Frankfurt am Main: Suhrkamp.

______ (1991). "Edmund Husserl über Lebenswelt, Philosophie und Wissenschaft". *In*: J. Habermas. *Texte und Kontexte*. Frankfurt am Main: Suhrkamp, pp. 34-48.

______ (1992). *Faktizität und Geltung: Beiträge zur Diskurstheorie des Rechts und des demokratischen Rechtsstaats*. Frankfurt am Main: Suhrkamp.

______ (1996a). *Die Einbeziehung des Anderen: Studien zur politischen Theorie*. Frankfurt am Main: Suhrkamp.

______ (1996b). "Anhang zu 'Faktizität und Geltung': Replik auf Beiträge zu einem Symposium der Cardozo Law School". *In*: J. Habermas. 1996a, pp. 309-98.

______ (1996c). "Versöhnung durch öffentlichen Vernunftgebrauch". *In*: J. Habermas. 1996a, pp. 65-94.

______ (1996d). "'Vernünftig' versus 'wahr' oder die Moral der Weltbilder". *In*: J. Habermas. 1996a, pp. 95-127.

______ (1996e). "Über den internen Zusammenhang von Rechtsstaat und Demokratie". *In*: J. Habermas. 1996a, pp. 293-305.

______ (1996f). "Inklusion – Einbeziehen oder Einschließen? Zum Verhältnis von Nation, Rechtsstaat und Demokratie". *In*: J. Habermas. 1996a, pp. 154-84.

HABERMAS, Jürgen (1997). *Vom sinnlichen Eindruck zum symbolischen Ausdruck: Philosophische Essays*. Frankfurt am Main: Suhrkamp.

______ (1999). *Wahrheit und Rechtfertigung: Philosophische Aufsätze*. Frankfurt am Main: Suhrkamp.

______ *et al.* (1996). *Habermas on Law and Democracy: Critical Exchanges*. *Cardozo Law Review* 17 (Nova York: Benjamin N. Cardozo School of Law – Yeshiva University), n°s 4-5, mar. 1996.

HART, H. L. A. (1977). "Freiheit und ihre Priorität bei Rawls". *In*: O. Höffe (org.). 1977a, pp. 131-61.

HAVERKATE, Görg (1992). *Verfassungslehre: Verfassung als Gegenseitigkeitsordnung*. Munique: Beck.

HÖFFE, Otfried (org.) (1977a). *Über John Rawls' Theorie der Gerechtigkeit*. Frankfurt am Main: Suhrkamp.

______ (1977b). "Kritische Einführung in Rawls' Theorie der Gerechtigkeit". *In*: O. Höffe (org.). 1977a, pp. 11-40.

______ (1996). *Vernunft und Recht: Bausteine zu einem interkulturellen Rechtsdiskurs*. Frankfurt am Main: Suhrkamp.

HOFSTADTER, Douglas R. (1979). *Gödel, Escher, Bach: an Eternal Golden Braid*. Hassocks: The Harvester Press.

JEAND'HEUR, Bernd (1995). "Formales und materiales Konsensprinzip? Die Frage nach der Legitimation des Staates vor dem Hintergrund der neueren Sozialkontraktstheorien". *Archiv für Rechts- und Sozialphilosophie* 81 (Stuttgart: Steiner), pp. 453-64.

KANT, Immanuel (1986). *Metaphysische Anfangsgründe der Rechtslehre*. Org. Bernd Ludwig. Hamburgo: Meiner (1. ed. 1797).

KELSEN, Hans (1929). *Vom Wesen und Wert der Demokratie*. 2. ed. Tübingen: Mohr.

KRAWIETZ, Werner; PREYER, Gerhard (orgs.) (1996). *System der Rechte, demokratischer Rechtsstaat und Diskurstheorie des Rechts nach Jürgen Habermas: Habermas-Sonderheft* (*Rechtstheorie* 27/3). Berlim: Duncker & Humblot.

LADEUR, Karl-Heinz (1983). "'Abwägung' – ein neues Rechtsparadigma? Von der Einheit der Rechtsordnung zur Pluralität der Rechtsdiskurse". *Archiv für Rechts- und Sozialphilosophie* 69 (Wiesbaden: Steiner), pp. 463-83.

_____ (1984). *"Abwägung" – ein neues Paradigma des Verwaltungsrechts: von der Einheit der Rechtsordnung zum Rechtspluralismus*. Frankfurt am Main/Nova York: Campus.

_____ (1985). "Perspektiven einer post-modernen Rechtstheorie: zur Auseinandersetzung mit Niklas Luhmanns Konzept der 'Einheit des Rechtssystems'". *Rechtstheorie* 16 (Berlim: Duncker & Humblot), pp. 383-427.

_____ (1986). "'Prozedurale Rationalität' – Steigerung der Legitimationsfähigkeit oder der Leistungsfähigkeit des Rechtssystems?". *Zeitschrift für Rechtssoziologie* 7, pp. 265-74.

_____ (1990). "Selbstorganisation sozialer Systeme und Prozeduralisierung des Rechts: Von der Schrankenziehung zur Steuerung von Beziehungsnetzen". *In*: D. Grimm (org.). *Wachsende Staatsaufgaben – sinkende Steuerungsfähigkeit des Rechts*, com a colaboração de Evelyn Hagenah. Baden-Baden: Nomos, pp. 187-216.

_____ (1991). "Gesetzinterpretation, 'Richterrecht' und Konventionsbildung in Kognitivistischer Perspektive – Handeln unter Ungewißheitsbedingungen und richterliches Entscheiden". *Archiv für Rechts- und Sozialphilosophie* 77 (Stuttgart: Steiner), pp. 176-94.

_____ (1992). *Postmoderne Rechtstheorie*. Berlim: Duncker & Humblot.

_____ (1996). "Rechtliche Ordnungsbildung unter Ungewissheitsbedingungen und intersubjektive Rationalität". *In*: W. Krawietz e G. Preyer (orgs.). 1996, pp. 385-414.

LUHMANN, Niklas (1971). "Systemtheoretische Argumentationen: Eine Entgegnung auf Jürgen Habermas". *In*: J. Habermas e N. Luhmann. *Theorie der Gesellschaft oder Sozialtechnologie – Was leistet die Systemforschung?* Frankfurt am Main: Suhrkamp, pp. 291-405.

LUHMANN, Niklas (1973). *Zweckbegriff und Systemrationalität: Über die Funktion von Zwecken in sozialen Systemen*. Frankfurt am Main: Suhrkamp.

______ (1981a). "Machtkreislauf und Recht in Demokratien". *Zeitschrift für Rechtssoziologie* 2 (Opladen: Westdeutscher Verlag), pp. 158-67.

______ (1981b). *Politische Theorie im Wohlfahrtsstaat*. Munique: Olzog.

______ (1981c). *Ausdifferenzierung des Rechts: Beiträge zur Rechtssoziologie und Rechtstheorie*. Frankfurt am Main: Suhrkamp.

______ (1983). *Legitimation durch Verfahren*. Frankfurt am Main: Suhrkamp.

______ (1986). "Die Codierung des Rechtssystems". *Rechtstheorie* 17 (Berlim: Duncker & Humblot), pp. 171-203.

______ (1987). *Rechtssoziologie*. 3. ed. Opladen: Westdeutscher Verlag.

______ (1988). *Macht*. 2. ed. Stuttgart: Enke.

______ (1990a). *Paradigm lost: Über die ethische Reflexion der Moral – Rede anläßlich der Verleihung des Hegel-Preises 1989*, incluída a "*Laudatio*" de *Robert Spaemann*. Frankfurt am Main: Suhrkamp.

______ (1990b). "Verfassung als evolutionäre Errungenschaft". *Rechtshistorisches Journal* 9 (Frankfurt am Main: Löwenklau), pp. 176-220.

______ (1993a). "The Code of the Moral". *Cardozo Law Review* 14 (Nova York: Benjamin N. Cardozo School of Law – Yeshiva University), nºs 3-4, jan. 1993, pp. 995-1009.

______ (1993b). *Das Recht der Gesellschaft*. Frankfurt am Main: Suhrkamp.

______ (1996). *Protest: Systemtheorie und soziale Bewegungen*. Org. Kai-Uwe Hellmann. Frankfurt am Main: Suhrkamp.

______ (1997). *Die Gesellschaft der Gesellschaft*. Frankfurt am Main: Suhrkamp, 2 tomos.

______ (1999). "Öffentliche Meinung und Demokratie". *In*: R. Maresch e N. Werber (orgs.). *Kommunikation, Medien, Macht*. Frankfurt am Main: Suhrkamp.

MAUS, Ingeborg (1978). "Entwicklung und Funktionswandel der Theorie des bürgerlichen Rechtsstaates". *In*: M. Tohidipur (org.). *Der bürgerliche Rechtsstaat*. Frankfurt am Main: Suhrkamp, vol. 1, pp. 13-81.

______ (1994). *Zur Aufklärung der Demokratietheorie: Rechts- und demokratietheoretische Überlegungen im Anschluß an Kant*. Frankfurt am Main: Suhrkamp.

______ (1996). "Liberties and Popular Sovereignty: On Jürgen Habermas's Reconstruction of the System of Rights". *In*: J. Habermas *et al.* 1996, pp. 825-82.

MÜLLER, Jörg Paul (1989). "Versuch einer diskursethischen Begründung der Demokratie". *In*: W. Haller *et al.* (orgs.). *Im Dienst an der Gemeinschaft: Festschrift für Dietrich Schindler zum 65. Geburtstag*. Basileia/Frankfurt am Main: Helbing & Lichtenhahn, pp. 617-38.

______ (1993). *Demokratische Gerechtigkeit: Eine Studie zur Legitimität rechtlicher und politischer Ordnung*. Munique: Deutscher Taschenbuch Verlag.

______ (1996). "Die Aufgabe der Staatslehre im Zeichen der absterbenden und aufstrebenden Nationalismen". *In*: K. Weber e I. Rath-Kathrein (orgs.). *Neue Wege der Allgemeinen Staatslehre: Symposium zum 60. Geburtstag von Peter Pernthaler*. Viena: Braumüller, pp. 1-9.

______ (1999). *Der politische Mensch-menschliche Politik: Demokratie und Menschenrechte im staatlichen und globalen Kontext*. Munique: C. H. Beck.

NEVES, Marcelo (1992). *Verfassung und Positivität des Rechts in der peripheren Moderne: Eine theoretische Betrachtung und eine Interpretation des Falls Brasilien*. Berlim: Duncker & Humblot.

______ (1994). *A constitucionalização simbólica*. São Paulo: Acadêmica.

OST, François; KERCHOVE, Michel van de (1987). *Jalons pour une théorie critique du droit*. Bruxelas: Facultés Universitaires Saint-Louis.

______; ______ (1992). *Le droit ou les paradoxes du jeu*. Paris: Presses Universitaires de France.

PARSONS, Talcott (1964). *Social Structure and Personality*. Londres: Free Press.

PATTERSON, Dennis (1996). *Law and Truth*. Nova York/Oxford: Oxford University Press.

PETERS, Bernhard (1991). *Rationalität, Recht und Gesellschaft*. Frankfurt am Main: Suhrkamp.

PHILOSOPHISCHE GESELLSCHAFT BAD HOMBURG; HINSCH, Wilfried (orgs.) (1997). *Zur Idee des politischen Liberalismus: John Rawls in der Diskussion*. Frankfurt am Main: Suhrkamp.

PIAGET, Jean (1965). "Les relations entre la morale et le droit". *In*: J. Piaget. *Études sociologiques*. Genebra: Droz, pp. 172-202.

RAWLS, John (1990). *A Theory of Justice*. Oxford: Oxford University Press (1. ed. 1972).

______ (1992). *Die Idee des politischen Liberalismus: Aufsätze 1978-1989*. Org. Wilfried Hinsch. Frankfurt am Main: Suhrkamp.

______ (1993). *Political Liberalism*. Nova York: Columbia University Press.

______ (1997). "Erwiderung auf Habermas". *In*: Philosophische Gesellschaft Bad Homburg e W. Hinsch (orgs.). 1997, pp. 196-262.

REALE, Miguel (1979). *Teoria tridimensional do direito*. 2. ed. São Paulo: Saraiva.

RORTY, Richard (1991). "The Priority of Democracy to Philosophy". *In*: R. Rorty. *Objectivity, Relativism, and Truth: Philosophical Papers I*. Cambridge: Cambridge University Press, pp. 175-96.

SANTOS, Boaventura de Sousa (1987). "Law: A Map of Misreading. Toward a Postmodern Conception of Law". *Journal of Law and Society* 14 (Oxford: Robertson), pp. 279-302.

SCHUMPETER, Joseph A. (1943). *Capitalism, Socialism, and Democracy*. Londres: Allen & Unwin.

TEUBNER, Gunther (1989). *Recht als autopoietisches System*. Frankfurt am Main: Suhrkamp.

TEUBNER, Gunther (1996a). "Altera Pars Audiatur: Das Recht in der Kollision anderer Universalitätsansprüche". *Archiv für Rechts- und Sozialphilosophie*, número suplementar [*Beiheft*] 65 (Wiesbaden: Steiner), pp. 199-220.

______ (1996b). "De Collisione Discursuum: Communicative Rationalities in Law, Morality, and Politics". *In*: J. Habermas *et al.* 1996, pp. 901-18.

______ (1996c). "Des Königs viele Leiber: Die Selbstdekonstruktion der Hierarchie des Rechts". *Soziale Systeme: Zeitschrift für soziologische Theorie* 2 (Opladen: Leske + Budrich), pp. 229-55.

______ (1998a). "Nach der Privatisierung? Diskurskonflikte im Privatrecht". *Zeitschrift für Rechtssoziologie* 19 (Opladen: Westdeutscher Verlag), pp. 8-36.

______ (1998b). "Verrechtlichung – ein ultrazyklisches Geschehen: Ökologische Rekursivität im Verhältnis Recht und Gesellschaft". *In*: R. Voigt (org.). *Evolution des Rechts*. Baden-Baden: Nomos, pp. 193-213.

______ (1999). "Polykorporatismus: Der Staat als 'Netzwerk' öffentlicher und privater Kollektivakteure". *In*: H. Brunkhorst e P. Niesen (orgs.). *Das Recht der Republik*. Frankfurt am Main: Suhrkamp, pp. 346-72.

______; WILLKE, Helmut (1984). "Kontext und Autonomie: Gesellschaftliche Selbststeuerung durch reflexives Recht". *Zeitschrift für Rechtssoziologie* 6 (Opladen: Westdeutscher Verlag), pp. 4-35.

TIMASHEFF (TIMACHEFF), N. S. (1936). "Le droit, l'éthique, le pouvoir: essai d'une théorie sociologique du droit". *Archives de philosophie du droit et de sociologie juridique* 6 (Paris: Sirey), n°s 1-2, pp. 131-65.

______ (1937-1938). "What is 'Sociology of Law'?". *The American Journal of Sociology* 43, jul. 1937-maio 1938 (Chicago, Illinois: The University of Chicago Press), pp. 225-35.

WELSCH, Wolfgang (1991). "Gesellschaft ohne Meta-Erzählung?". *In*: W. Zapf (org.). *Die Modernisierung moderner Gesellschaften: Verhandlungen des 25. Deutschen Soziologentages in Frankfurt am Main 1990*. Frankfurt am Main/Nova York: Campus, pp. 174-84.

______ (1996). *Vernunft: Die zeitgenössische Vernunftkritik und das Konzept der transversalen Vernunft*. 2. ed. Frankfurt am Main: Suhrkamp.

WHITE, Stephen K. (org.) (1995). *The Cambridge Companion to Habermas*. Cambridge: Cambridge University Press.

CAPÍTULO 6

E SE FALTAR O DÉCIMO SEGUNDO CAMELO? DO DIREITO EXPROPRIADOR AO DIREITO INVADIDO

I

E se faltar o décimo segundo camelo? Na medida em que ele é apresentado por Luhmann como a expressão simbólica do fechamento operacional e da abertura cognitiva do sistema jurídico, representando a unidade dos diversos mecanismos de desenvolvimento dos paradoxos e da desparadoxização do direito[1], entra-se em um beco sem saída quando se pretende enfrentar, com o instrumental funcionalista da teoria dos sistemas, aquelas situações em que a besta simbólica está ausente. E se transportarmos o elegante modelo pós-moderno da abundância de camelos, *à la* Teubner[2], àquelas situações de carência de direitos, cairemos na virtualidade de um direito *soft* irresponsável em relação ao mundo *hard* (da falta) dos direitos básicos.

Uma dificuldade que se apresenta à discussão do texto de Luhmann reside no fato de que, embora ele desenvolva uma argumentação concernente ao direito positivo moderno, operacionalmente fechado, seu ponto de partida é uma ficção pré-moderna, no âmbito da qual o direito está misturado e mesmo

[1] Luhmann, 2000a [trad. franc., 2001; trad. bras., 2004].

[2] Teubner e Zumbansen, 2000, ou Teubner, 2001.

subordinado à religião (no caso, aos mandamentos de Alá), não se constituindo, portanto, em um sistema operacionalmente fechado. É importante, pois, que fique claro que a forma de decidibilidade construída no exemplo da tradição islâmica é a de um direito não diferenciado funcionalmente, que retira os elementos de sua decisão *diretamente* da sociedade, de uma sociedade fundamentalmente religiosa. Trata-se, antes, de paradoxo e desparadoxização no plano da sociedade como um todo, enquanto sistema social mais abrangente, não no âmbito específico do direito, pois este encontra-se trivializado pela religião. No caso do direito positivo moderno, a questão da decidibilidade expressa simbolicamente no décimo segundo camelo refere-se à existência de um direito funcionalmente diferenciado, no qual estão presentes formas específicas de paradoxos e desparadoxização mediante distinções e assimetrias internas ao sistema, tal como lícito/ilícito, sistema/ambiente, regra/decisão, direito constitucional/direito legal, direito processual/direito material, implicando duas maneiras diversas de observação do sistema: a auto-observação e a hetero-observação. E o que nos interessa na presente reflexão é a presença (ou não!) de um décimo segundo camelo laicizado enquanto referência simbólica da unidade e autonomia do direito moderno, um sistema normativamente fechado e cognitivamente aberto.

Na exposição que se segue, antes de considerar certos aspectos mais específicos, abordarei em primeiro lugar, numa perspectiva mais abrangente, aquelas situações em que a positividade como autonomia do sistema jurídico não se realiza ou é insatisfatória, as quais caracterizam o direito dos Estados periféricos na sociedade mundial de hoje, considerando os intrincamentos destrutivos dos diversos códigos de comunicação nos respectivos contextos sociais (II). Em segundo lugar, tratarei da quebra da circularidade entre regras e decisões ou, na linguagem dos juristas, entre norma jurídica e norma de decisão (III). Em seguida, discutirei os bloqueios da concretização do direito constitucional enquanto mecanismo reflexivo que serve ao fechamento operacional e à estruturação da capacidade cognitiva do sistema jurídico, assim como os limites da Constituição como acoplamento estrutural entre política e direito (IV). Com base nesses supostos, enfrentarei a relação problemática de desproporção entre redundância e variedade no âmbito do direito e no correspondente contexto social e, nesse passo, apontarei para a desconexão das decisões a argumentos juridicamente consistentes e socialmente adequados, sublinhando com isso as deficiências da dogmática jurídica no âmbito de um direito insuficientemente diferenciado (V). Na conclusão, assinalarei o provincianismo empírico das interpretações do décimo segundo camelo procedidas por Luhmann e Teubner, que não consideram adequadamente a maioria dos contextos de comunicação e práticas jurídicas da sociedade mundial do presente, e procurarei demonstrar as implicações normativas dessas interpretações (VI).

II

O surgimento da sociedade mundial moderna trouxe consigo uma bifurcação do desenvolvimento entre as regiões do globo terrestre: umas superdesenvolvidas e caracterizadas por uma complexidade social satisfatoriamente estruturada, pelo primado da diferenciação funcional e pelo predomínio da preferência por inclusão, constituindo os países centrais; outras menos desenvolvidas e marcadas por uma complexidade social insuficientemente estruturada, por graves limites à diferenciação funcional e por uma tendência à exclusão de amplas parcelas da população, constituindo os países periféricos[3]. Não desconheço que os recentes desenvolvimentos da sociedade mundial apontam no sentido de uma mobilidade nas posições de centro e de periferia[4], podendo-se observar também tendências a uma paradoxal periferização do centro[5]. Mas me parece teoricamente irresponsável desconhecer, em nome do rótulo "globalização" e da ideia de um mundo hodierno sem fronteiras, as enormes diferenças da reprodução social e jurídica nos países da América Latina, da África, de grande parte da Ásia e de parte da Europa, especialmente da Europa Oriental, em relação à realidade da mesma reprodução nas democracias desenvolvidas da Europa Ocidental e da América do Norte. Da mesma forma que é possível constatar certas características comuns nas últimas, tais como as acima referidas, também no que concerne às primeiras nos confrontamos com certos traços estruturais comuns, embora as respectivas semânticas sociais possam variar profundamente. E no que concerne à nossa discussão sobre o décimo segundo camelo, é relevante observar que os países da modernidade periférica – apesar da dissolução de uma moral tradicional válida em todas as esferas de comunicação, o que se relaciona com a complexidade crescente da sociedade mundial – são marcados pela falta de fronteiras claras entre os diversos domínios de ações e vivências,

---

[3] A respeito, cf. Neves, 1992, espec. pp. 72 ss.; 1994; 1995a. Evidentemente, não se trata aqui da diferenciação pré-moderna entre centro e periferia (Luhmann, 1997, pp. 663 ss.), mas sim de um problema da sociedade mundial moderna, de uma bifurcação paradoxal. Em relação a esse problema, afirma Luhmann (1986a, p. 168): "É por fundamentos políticos que se persiste na segmentação regional do sistema político da sociedade mundial em Estados, apesar de permanente perigo de guerra; e são fundamentos econômicos que forçam a diferenciação da sociedade em centro e periferia, em regiões superdesenvolvidas e regiões carentes de desenvolvimento."

[4] Luhmann, 1998, p. 377, ou 2000b, p. 224.

[5] Neves, 1998, pp. 153 ss.

o que resulta em que a identidade e a autonomia do direito em face do seu contexto social fiquem prejudicadas.

Na reprodução social nos países da modernidade periférica, verifica-se uma miscelânea social decorrente do entrelaçamento dos códigos de preferências (ter/não-ter, poder/não-poder, lícito/ilícito, verdade/falsidade, transcendente/imanente, amor/desamor etc.) e dos critérios ou programas dos diversos campos de comunicação[6]. Códigos e critérios de um domínio de ação invadem permanente e cotidianamente os outros campos de ação, relegando os códigos e programas destes à condição de mecanismos secundários na própria esfera em que pretensamente teriam o primado. Nesse contexto, não há um supercódigo ou uma esfera suprema, como seria o caso em uma sociedade pré-moderna, cuja unidade repousa na política. Há tendências a uma guerra hobbesiana entre os diversos domínios de ação, de tal maneira que a complexidade social permanece insuficientemente organizada ou deficientemente estruturada. Entretanto, pode-se observar a existência de códigos (mais) fortes e códigos (mais) fracos. Assim é que, em regra, o código-diferença "lícito/ilícito" (direito) é frágil em face dos códigos "poder/não-poder" (política) e do código "ter/não-ter" (economia), bem como, em certos casos, diante dos códigos das boas relações, como a diferença "amigo/inimigo". Isso leva a um bloqueio da reprodução consistente do direito, que é invadido e superexplorado por exigências imediatas de outros domínios de comunicação. O direito é incapaz de delimitar suas fronteiras em face das pressões da sociedade. Isso relaciona-se com a sua incapacidade de traduzir, com relevância prática, a linguagem social, especialmente a linguagem política e a econômica, em uma linguagem especificamente jurídica. Em

---

[6] Neves, 1995a.

situações as mais diversas, o sentido social de uma conduta impõe-se no interior das organizações burocráticas do sistema jurídico, como na prática da polícia e do judiciário, a tal ponto que as próprias expectativas normativas de comportamento passam a orientar-se primariamente em outros modelos sociais de conduta, não mais na semântica jurídica dos modelos textuais da Constituição e das leis, que muitas vezes apontam para um sistema jurídico operacionalmente autônomo. Dessa maneira, consolidam-se práticas paralisantes do direito, implicando restrições à realização dos próprios direitos fundamentais previstos no texto constitucional. A carência de direitos resultante da superexploração e invasão do domínio jurídico importa o deslocamento dos paradoxos e das desparadoxizações jurídicas para outras esferas da sociedade, sobretudo para o campo político e o econômico, mas também para o âmbito das boas relações: o paradoxo "lícito porque ilícito" é desparadoxizado pelas fórmulas "lícito porque poderoso", "lícito porque rico", "lícito porque amigo" etc. Em consequência, o direito torna-se incapaz de expropriar da sociedade o décimo segundo camelo e de atribuir-lhe um valor jurídico alienado do social, obtendo, com isso, uma mais-valia. Se o décimo segundo camelo é, na expressão de Luhmann, a positividade do direito, "mas, naturalmente, apenas se ele não é devolvido"[7], pode-se dizer que, no contexto da reprodução jurídica e social da modernidade periférica, a positividade do direito é, no mínimo, insuficientemente realizada, porque há uma tendência, com efeitos paralisantes, não só à falta de um décimo segundo camelo alienado ficticiamente do social, mas também a "furtos" dos camelos jurídicos "reais" pela sociedade, sonegando-se, com base em variáveis políticas e econômicas, direitos básicos de par-

[7] Luhmann, 2000a, p. 7 [trad. franc., 2001, p. 19; trad. bras., 2004, p. 38].

cela da população, mediante a negação do "direito-ao-discurso" [*Diskursrecht*] do domínio jurídico por tendências expansivas dos sistemas sociais.

Na concepção luhmanniana, a positividade não significa apenas que o direito se caracteriza por ser posto por decisões e permanentemente alterável[8], mas também e sobretudo pelo fechamento operacional do sistema jurídico, que pressupõe e implica a sua abertura cognitiva[9]. E o próprio conceito de positividade é considerado como insuficiente, na medida em que pode ser censurado como "decisionista" ou por supor uma contraposição com o direito natural[10]. Nesse sentido, a decidibilidade que caracteriza o direito positivo como sistema jurídico operacionalmente autônomo é indissociável da consistência das decisões, o que significa que o sentido de uma decisão é retirado de conteúdos de sentido presentes no ordenamento jurídico, e da capacidade de aprender por decisões adequadas ao contexto social, o que quer dizer que o sistema incorpora novos conteúdos mediante a releitura de fatores do seu ambiente. Portanto, a positividade do direito, nessa acepção estrita, importa que o sistema jurídico não é completo nem incompleto, mas sim um sistema permanentemente completável. E é nessa perspectiva que se desenvolve o conceito sociológico de autopoiese no modelo sistêmico luhmanniano, um conceito que não apenas se refere a uma distância do sistema diante das variáveis do ambiente (autorreferência), mas também exclui o insulamento do sistema, apontando para o fato de que ele está exposto e sensível a irritações e ruídos

---

[8] Cf., p. ex., Luhmann, 1987a, p. 203; 1983a, p. 141; 1981a, p. 125. Ver também Weber, 1968, pp. 215-6, 1985, p. 125; Schluchter, 1979, p. 146.

[9] Cf. Luhmann, 1993, pp. 38-123; 1988; 1985; 1983b.

[10] Cf. Luhmann, 1993, pp. 38 ss.

do ambiente (heterorreferência)[11]. Na invasão do direito pelo seu contexto social, sem claras fronteiras que determinem a identidade e diferenciação do jurídico em face do não jurídico, expressa-se exatamente a carência de autopoiese do direito, podendo-se mesmo falar de alopoiese jurídica, tendo em vista que a reprodução jurídica é impulsionada diretamente por fatores extrajurídicos, diluindo-se na autopoiese da sociedade[12].

Os intrincamentos entre domínio jurídico e outras esferas de comunicação, que se tornam problemáticos no contexto social complexo da modernidade periférica, não são "intrincamentos" (*Verflechtungen*) pós-modernos no sentido de Wolfgang Welsch, pois esse último conceito aponta para um entrelaçamento que fortifica a heterogeneidade discursiva e, portanto, a identidade dos respectivos discursos envolvidos[13]. A ambivalência de intrincamento e pluralidade no paradigma conceitual de Welsch é a expressão de uma "razão transversal", que se orienta no respeito à heterogeneidade e enfatiza o dissenso[14]. No âmbito jurídico, pode-se falar de uma justiça transversal, que importaria um direito sensível à heterogeneidade discursiva. É verdade que Welsch faz restrições ao modelo luhmanniano, considerando que este desconheceria os intrincamentos entre os diversos sistemas sociais[15]. Mas uma observação cuidadosa de ambos os paradigmas deixa-nos vislumbrar uma certa semelhança dos conceitos de acoplamento estrutural, interpenetração e *re-entry*, que fazem

---

[11] Não se trata aqui de isolamento (Luhmann, 1997, pp. 68 e 94; 1995, p. 15; 1993, pp. 43-4), mas sim de fechamento operativo, definido como "condição de possibilidade da abertura. Toda abertura apoia-se no fechamento" (Luhmann, 1987b, p. 606; cf. também *ibid.*, p. 602; *id.*, 1983b, pp. 133 e 139; 1984a, pp. 110 ss.).

[12] Neves, 1995a; 1995b.

[13] Ver Welsch, 1996, espec. pp. 48, 434-5 e 754 ss.

[14] Cf. Welsch, 1996, espec. p. 937; *id.*, 1991, pp. 179-80.

[15] *Id.*, 1996, pp. 687 ss.

parte da semântica luhmanniana[16], e também da ideia de interferência, proposta por Teubner[17], com a noção de intrincamento de Welsch. Diferentemente, os intrincamentos entre direito e outras esferas de comunicação, na modernidade periférica, são *intrincamentos autodestrutivos e heterodestrutivos*, afetando a autonomia/identidade dos respectivos discursos e, dessa maneira, prejudicando a heterogeneidade discursiva. Nesse contexto, há um *melting pot* social e jurídico, que não implica simplesmente a incerteza estrutural do direito positivo moderno, fator importante do desenvolvimento jurídico, mas antes a insegurança das expectativas normativas numa sociedade supercomplexa. O décimo segundo camelo não se apresenta como expressão construtiva do indeterminismo e incerteza do direito, mas a sua potencial falta leva a uma orientação difusa e incongruentemente destrutiva das expectativas normativas, com base em outras variáveis sociais. Por exemplo, não é raro ouvir-se: "é preciso subornar o policial ou o juiz para que o procedimento tenha andamento ou fique paralisado, pagar propinas ao funcionário administrativo ou ter boas relações com o chefe político para que se tenha chance numa licitação"; "uns são punidos ilegalmente só porque são frágeis política ou economicamente, outros permanecem impunes só porque são fortes política ou economicamente". Em tal contexto, a insegurança jurídica que se manifesta chega aos limites do insuportável, embora uma parte da população se beneficie dela.

---

[16] A respeito de acoplamento estrutural, ver Luhmann, 1997, pp. 100 ss. e 779 ss.; 1993, pp. 440-95; 1990a, pp. 193 ss.; 2000b, pp. 372-406. Luhmann retirou esse conceito da teoria biológica da autopoiese desenvolvida por Maturana e Varela (cf. Maturana, 1982, pp. 143 ss., 150 ss., 251 ss. e 287 ss.; Maturana e Varela, 1980, pp. xx-xxi, 2001, pp. 87 ss.). No que se refere ao conceito de "*re-entry*" (cf., p. ex., Luhmann, 1997, pp. 45-6; 1993, p. 76; 1987b, p. 230), ele recorreu a Spencer Brown (1971, pp. 56-7 e 69 ss.). A propósito do conceito de interpenetração, ver Luhmann, 1987b, pp. 286-345.

[17] Cf. Teubner, 1989, pp. 110-1; 1988, pp. 55 ss.

Também não pretendo retirar da miscelânea de códigos e critérios sociais que se manifesta nos países da modernidade periférica uma interpretação da sociedade contemporânea como proposta por Bruno Latour no seu livro *Nous n'avons jamais été modernes*[18]. Latour parte de um conceito iluminista da modernidade para constatar que tal conceito é inadequado para uma compreensão da sociedade hodierna. Trabalhando com a noção de "rede", ele enfatiza a mistura de natureza, cultura e poder[19]. Dessa maneira, rejeita também o desintrincamento de direito, poder e saber a que se refere Lefort em sua reconstrução dos direitos humanos como dimensão da invenção democrática[20]. O fato é que Latour despreza as noções de diferenciação e autonomia dos domínios de comunicação porque parte de uma concepção equivocada dessas noções, como se elas apontassem para o insulamento das esferas de ação. A teoria sistêmica não desconhece, porém, as interpenetrações, os acoplamentos estruturais, as irritações, as interferências entre os diversos sistemas sociais. Não cabe desconhecer também os entrelaçamentos que fortificam a heterogeneidade ou a pluralidade de campos comunicacionais. Porém, o que pretendo apontar, ao contrário de Latour, é para um problema interno à modernidade, que se apresenta crucial em certas regiões do globo terrestre: o aumento da complexidade social, a dissolução do moralismo tradicional pré-moderno, sem uma suficiente diferenciação ou autonomia das esferas de ação. Em tal contexto, não se trata de "redes", "misturas" ou "híbridos" no sentido de Latour, mas sim de intrincamentos destrutivos. Dada a fragilidade do código "lícito/ilícito" em relação a outros códigos de comunicação, essa situação implica, tal como já subli-

[18] Latour, 1997.

[19] Cf. *ibid.*, espec. pp. 10 ss.

[20] Lefort, 1981, p. 64.

nhado acima, que a reprodução do direito é permanentemente obstruída por fatores extrajurídicos, prejudicando o acesso aos direitos e a imposição de deveres. A positividade é afetada pela invasão frequente do direito: em uma medida muita elevada, decisões do judiciário e ações policiais são orientadas primariamente por fatores extrajurídicos, à margem do modelo constitucional e legal da prática jurídica. Em suma: com frequência, falta o décimo segundo camelo como símbolo da positividade do direito, impedindo-se com isso decisões juridicamente consistentes e socialmente adequadas, e, mais ainda, sonegam-se camelos reais enquanto conteúdos de direitos ou deveres básicos textualizados em dispositivos constitucionais e legais.

III

O décimo segundo camelo, símbolo da positividade do direito no modelo luhmanniano, pressupõe uma relação circular entre regra e decisão, uma *tangled hierarchy*[21]. A decisão não é um simples resultado da *aplicação* da regra, pois assume a posição de metalinguagem em relação à regra, falando desta (tanto descritiva quanto prescritivamente) enquanto sua linguagem-objeto e, dessa maneira, atribuindo-lhe sentido. A regra, por sua vez, não se restringe ao que dela se diz na decisão, uma vez que, em outra perspectiva, constitui uma metalinguagem enquanto se refere ao conteúdo e à forma de possíveis decisões, inclusive da decisão tomada concretamente, que, assim, se apresenta como linguagem-objeto. Entre regra e decisão, há como que uma relação paradoxal de identidade e diferença: a decisão é mais e menos do que a regra, a regra é mais e menos do que a decisão. Enfatizando o papel da textualização para a não identidade de regra e decisão,

---

[21] Hofstadter, 1979, pp. 10 e 684 ss.

escreve Luhmann na sua análise do décimo segundo camelo: "A textualização [*Vertextung*] das regras sugere sua dissociabilidade do processo decisório. Elas se tornam, com isso, objeto de decisões próprias, que, por sua vez, seguem regras, que, quando textualizadas, podem tornar-se objeto de decisões próprias."[22] Porém, ele acrescenta: "A textualização leva à ilusão do ser-em-si-e-para-si da regra, mas isso encobre apenas a constituição circular subjacente. As regras possibilitam decisões, porque as decisões possibilitam regras."[23] Isso porque o direito positivo enquanto "sistema autorreferencial nem é uma regra (para si mesmo) nem uma decisão (sobre si mesmo)"[24]. A circularidade autorreferencial de regras e decisões é constitutivo da positividade, mas ela precisa ser interrompida para que o décimo segundo camelo seja adquirido pelo sistema jurídico, produzindo-se, assim, uma "mais-valia" em favor do direito. Em face dessa interrupção da circularidade, fica afastada qualquer "ilusão da plena correspondência do abstrato e do concreto" e constitui-se um problema que deve "ser resolvido através de uma forma de não identidade integrada do abstrato e do concreto"[25]. O juiz está vinculado às regras aplicáveis, mas, em parte, produz essas mesmas regras em suas decisões.

A relação de não identidade entre regra e decisão, tal como elaborada na teoria dos sistemas, encontra uma certa correspondência com a distinção entre "norma jurídica" e "norma de decisão", proposta por Friedrich Müller. De acordo com Müller, o juiz não cria apenas a norma de decisão, que regula imediatamente o caso concreto, mas também a norma jurídica (geral), que

---

[22] Luhmann, 2000a, pp. 5-6 [trad. franc., 2001, p. 18; trad. bras., 2004, p. 36].

[23] *Ibid.*, p. 6 [trad. franc., 2001, p. 18; trad. bras., 2004, p. 37].

[24] *Ibid.*

[25] *Id.*, 1974, p. 52.

regula o caso apenas mediatamente[26]. Nesse sentido, ele distingue também entre norma e texto da norma[27]: o texto da norma, juntamente com o caso, é apenas um dado de entrada do processo concretizador[28]. Entretanto, ele enfatiza que a norma jurídica e a norma de decisão criadas pelo juiz no julgamento do caso concreto deve ser imputável ao texto da norma, ou seja, deve corresponder a um dos sentidos possíveis do texto[29]. Assim sendo, a criação da lei ou da norma constitucional pelo juiz, tal como formulado por Müller, é relativizada, não importa arbitrariedade ou subjetivismo, visto que o juiz está vinculado à linguagem dos textos constitucionais e legais quando "cria" a norma jurídica aplicável ao caso.

Essa concepção do juiz como criador da norma jurídica e da norma de decisão encontra respaldo no modelo desconstrutivista de Derrida, segundo o qual o juiz "inventa" a lei[30]. Mas também em Derrida, a invenção da lei pelo juiz não exclui o vínculo do juiz à lei. Há como que um paradoxo entre vínculo e liberdade. Nas palavras do próprio Derrida, fica bem claro que não se trata de pura arbitrariedade ou de um "decisionismo" radical:

> Para ser justa, a decisão de um juiz, por exemplo, deve não somente seguir uma regra de direito ou uma lei geral, mas deve assumi-la, aprová-la, confirmar-lhe o valor, por um ato de interpretação reinstaurador, como se, afinal, a lei não existisse antes, como se o juiz a criasse em cada caso. [...] Numa palavra, para que uma decisão seja justa e responsável, é preciso que, no

---

[26] Cf. Müller, 1994a, pp. 264 ss.

[27] Ver Müller, 1995, pp. 122 ss., 1994a, espec. pp. 147-67 e 234-40, 1990a, pp. 126 ss., 1990b, espec. p. 20; Christensen, 1989, pp. 78 ss.

[28] Müller, 1990b, pp. 20, 127 e 129; Jeand'Heur, 1989, p. 22.

[29] Cf. Müller, 1994b, p. 134; 1995, pp. 183 ss. e 272-3.

[30] Derrida, 1994, pp.-50-1. Cf. Müller, 1994a, p. 259, nota 48a.

> seu momento próprio – se realmente há este momento –, ela seja, ao mesmo tempo, regrada e sem regra, conservadora da lei e tão destrutiva ou suspensiva da lei que tenha de, a cada caso, reinventá-la, rejustificá-la, reiventá-la ao menos na reafirmação e na confirmação nova e livre de seu princípio.[31]

Portanto, mesmo nessa perspectiva, ao inventar a lei (a regra), o juiz está, ao mesmo tempo, subordinado a ela. E é essa posição paradoxal de uma decisão que cria a regra e que é determinada por essa mesma regra que viabiliza a aquisição do décimo segundo camelo sem sua devolução, a saber, a positividade do direito.

O problema nos países da modernidade periférica reside no fato de que o círculo autorreferencial entre regra e decisão não é simplesmente interrompido, mas antes bloqueado ou mesmo rompido na prática cotidiana do direito e da política. Constata-se frequentemente uma desconexão destrutiva entre regra e decisão, condicionada por injunções imediatas de fatores extrajurídicos. A decisão desvincula-se das regras constitucionais e legais, subordinando-se à constelação particularista de interesses que invadem o campo jurídico. Nesse contexto, não se trata de "orientação tendo em vista as consequências"[32], mas sim de uma quebra da circularidade e da reprodução autônoma do direito, o qual, na falta do fechamento operacional, não é capaz de uma abertura cognitiva adequada ao contexto social. A inconsistência jurídica das decisões e práticas dos operadores jurídicos impossibilitam uma estabilização das expectativas normativas com base em regras gerais, que permanecem como "letra morta" nos textos constitucionais ou legais.

---

[31] Derrida, 1994, pp. 50-1.

[32] Luhmann, 1974, pp. 31 ss.; Teubner (org.), 1995.

É assim que ganha um sentido especial nesse contexto a distinção entre norma e texto da norma, a que já me referi acima. O texto da norma é descaracterizado semântica e pragmaticamente no processo decisório. Ou seja, tanto na dimensão material (conteúdo temático) quanto na dimensão social (expectativas de comportamento), a decisão dos órgãos de aplicação jurídica não corresponde, em larga escala, a nenhuma norma passível de ser construída e generalizada a partir do respectivo texto normativo em questão. Ou seja, a degradação semântica e pragmática dos textos constitucionais e legais na prática jurídico-política impede que, com base nos próprios dispositivos constitucionais e legais, ocorra a generalização do direito na dimensão social (institucionalização), na dimensão material (identificação de sentido) e também na dimensão temporal (normatização)[33]. As expectativas normativas orientam-se, em grande parte, à margem dos textos constitucionais e legais, mesmo no âmbito dos órgãos estatais encarregados da aplicação jurídica. E isso sobretudo no que concerne àqueles dispositivos normativos que se referem ao Estado de direito, a saber, àquelas disposições constitucionais que dizem respeito à autonomia do direito perante a política e à vinculação do poder ao código "lícito/ilícito". Assim sendo, a desconexão entre regra e decisão ou o bloqueio da produção da norma, produção que se opera a partir do texto da norma, relaciona-se com a usurpação política do domínio jurídico, que atinge a própria concretização constitucional e, dessa maneira, implica – repito – a sonegação política do décimo segundo camelo enquanto símbolo da positividade do direito, mas também de camelos reais enquanto conteúdo de direitos básicos previstos no texto constitucional.

---

[33] A respeito da generalização do direito nessas três dimensões, ver Luhmann, 1987a, pp. 53-106.

IV

A Constituição tem uma importância decisiva na caracterização da autonomia do sistema jurídico, assim como de sua relação com a política. Superados os fundamentos sacros do direito, na falta de uma justificação jusnaturalista, a "Constituição como conquista evolucionária" da sociedade moderna[34] assume o papel paradoxal de fundamento do direito no interior do próprio sistema jurídico, passando a ser a instância reflexiva mais abrangente desse subsistema social[35]. É verdade que, com o direito constitucional, não fica superado o paradoxo do direito, pois, mesmo no plano constitucional, "deparamo-nos, novamente, com o paradoxo do direito, que dá razão a si mesmo (*recht gibt*) e não pode decidir se esse dar-se-razão-a-si-mesmo (*Sich-selbst-recht-Geben*) é conforme o direito (*rechtmäßig*) ou não"[36]. Porém, a assimetrização interna que resulta da Constituição importa a exclusão de uma assimetrização externa que contrarie a positividade como autonomia do direito. Nas palavras de Luhmann, "a Constituição é a forma com a qual o sistema jurídico reage à própria autonomia. A Constituição deve, com outras palavras, substituir apoios externos, tais como os que foram postulados pelo direito natural"[37]. A inexistência de Constituição juridicamente diferenciada conduz – na sociedade altamente complexa e contingente do mundo contemporâneo, não orientada por uma moral compartilhada e válida em todas as esferas da vida – à manipulação política arbitrária do direito, o que impede sua positivação. A uma legislação ilimitada, que tem como consequência a negação da autopoiese do sistema jurídico, isto é, a alopoiese da reprodução

---

34 Luhmann, 1990a.

35 Neves, 1992, pp. 193-5.

36 Luhmann, 2000a, p. 5 [trad. franc., 2001, p. 17; trad. bras., 2004, p. 36].

37 Luhmann, 1990a, p. 187.

da comunicação jurídica, opõe-se a forma *interna* de hierarquização através da validade supralegal do direito constitucional[38]. Isso não tem apenas significação técnico-jurídica[39]. Não se trata de vários planos isolados em relação a outros, mas sim de "*tangled hierarchies*": a validade e o sentido do direito constitucional dependem da atividade legislativa e da aplicação concreta do direito. A hierarquização interna "Constituição/lei" atua como condição da reprodução autopoiética do direito moderno; serve, portanto, ao seu fechamento normativo. Nesse sentido, enfatiza Luhmann que "a Constituição fecha o sistema jurídico, enquanto o regula como um domínio no qual ela mesma reaparece. Ela constitui o sistema jurídico como sistema fechado através do reingresso no sistema"[40]. Dessa maneira, qualquer intervenção legiferante do sistema político no direito é mediatizada por normas jurídicas. O sistema jurídico ganha com isso critérios para a aplicação do código "lícito/ilícito" ao procedimento legislativo. Sob esse ângulo, pode-se afirmar que a positivação do direito na sociedade moderna, além da distinção entre estabelecimento de norma geral (legislação) e aplicação concreta do direito (jurisdição, administração), pressupõe a diferenciação entre Constituição e lei. À luz do conceito de "mecanismos reflexivos"[41], é possível exprimir isso da seguinte forma: a Constituição como normatização mais abrangente de processos de normatização no interior do sistema jurídico é imprescindível à positividade como autodeterminação operativa do direito.

Nessa perspectiva, o direito constitucional funciona como limite sistêmico-interno para a capacidade de aprendizado (abertura

---

[38] Luhmann, 1990a, p. 190.

[39] Em sentido diverso, ver *id.*, 1973, p. 1.

[40] Luhmann, 1990a, p. 187.

[41] A respeito, ver *id.*, 1984b.

cognitiva) do direito positivo; em outras palavras, a Constituição determina como e até que ponto o sistema jurídico pode aprender sem perder sua autonomia operacional: "O direito pode ser alterado nos termos do direito constitucional. Este pode, por sua vez, ser alterado dentro dos limites autopostos, e estes limites são protegidos pelos regimentos do parlamento, os quais não permitem que sejam tratadas propostas violadoras da autolimitação da emenda constitucional."[42] A falta de uma regulação estritamente jurídica da capacidade de aprendizado do sistema jurídico conduz – em uma sociedade hipercomplexa, com consequências muito problemáticas – a intervenções diretas (não mediatizadas pelos próprios mecanismos sistêmicos) de outros sistemas sociais, sobretudo do político, no direito. Porém, tal como se extrai da citação acima, o direito constitucional também é capaz de aprender em relação ao que ele mesmo prescreve. Esse caráter cognitivo do direito constitucional expressa-se explicitamente através do procedimento específico de reforma constitucional, mas também se manifesta no decorrer do processo de concretização constitucional. Não se trata, por conseguinte, de uma hierarquização absoluta. Principalmente as leis ordinárias e as decisões dos tribunais competentes para questões constitucionais, que numa abordagem técnico-jurídica constituem direito infraconstitucional, determinam o sentido e condicionam a vigência das normas constitucionais[43]. A circularidade é mantida, pelo menos na "relação de mistura" entre criação e aplicação do direito[44].

---

[42] Luhmann, 2000a, p. 8 [trad. franc., 2001, p. 20; trad. bras., 2004, p. 39].

[43] "Pode haver diferenças de influência, hierarquias, assimetrizações, mas nenhuma parte do sistema pode controlar outras sem submeter-se, por sua vez, ao controle; e nessas circunstâncias é possível, antes altamente provável em sistemas orientados no sentido, que cada controle seja exercido em antecipação do controle inverso" (Luhmann, 1987b, p. 63; cf. em relação especificamente ao sistema jurídico, *id.*, 1981a, pp. 254-5).

[44] Cf. Luhmann, 1983b, p. 141, nota 26; cf. também *id.*, 1990b, p. 11.

O direito constitucional permite uma desparadoxização do direito apenas numa perspectiva interna ao sistema jurídico. Os seus programas ou critérios impedem que o código binário "lícito/ilícito" se aplique a si mesmo. Na linguagem do texto de Luhmamn, pode-se dizer que os programas ou critérios constitucionais estabelecem "um direito superior para camelos"[45], mas tão só do ponto de vista de um auto-observador do sistema jurídico. O paradoxo permanece do ponto de vista de um observador externo. Assim é que a Constituição, numa outra perspectiva, externaliza o paradoxo da autorreferência enquanto funciona como acoplamento estrutural entre direito e política[46]. A Constituição, nesse sentido, apresenta-se não apenas como uma via de prestações recíprocas, mas antes como mecanismo de interpenetração permanente e concentrada entre dois sistemas sociais autônomos, a política e o direito. Não se trata aqui apenas de acoplamento operativo como ligação momentânea entre operações do sistema e do ambiente[47]. O acoplamento estrutural importa que o sistema duradouramente pressupõe e conta, no plano de suas próprias estruturas, com particularidades do seu ambiente[48]. A Constituição assume a forma de acoplamento estrutural, na medida em que possibilita influências recíprocas permanentes entre direito e política, filtrando-as. Como "forma de dois lados" (*Zwei-Seiten-Form*), inclui e exclui, limita e facilita simultaneamente a influência entre ambos os sistemas[49]. Ao excluir certos "ruídos" intersistêmicos, inclui e fortifica outros[50]. Enquanto para

---

[45] Luhmann, 2000a, p. 5 [trad. franc., 2001, p. 17; trad. bras., 2004, p. 36].
[46] *Id.*, 1990a, pp. 193 ss.; 1993, espec. pp. 470 ss.; 1997, pp. 782-3; 2000b, pp. 389-92.
[47] Luhmann, 1993, pp. 440-1.
[48] *Ibid.*, p. 441.
[49] Cf. *ibid.*
[50] Cf. *id.*, 1990a, p. 202.

a política é provocadora de irritações, perturbações e surpresas jurídicas, para o direito provoca irritações, perturbações e surpresas políticas[51]. É nesse sentido que "possibilita uma solução *jurídica* do problema de autorreferência do sistema *político* e, ao mesmo tempo, uma solução *política* do problema de autorreferência do sistema *jurídico*"[52].

Através da Constituição como acoplamento estrutural, as ingerências da política no direito não mediatizadas por mecanismos especificamente jurídicos (e vice-versa) são excluídas. Configura-se um vínculo intersistêmico horizontal, típico do Estado de direito. A autonomia operacional de ambos os sistemas é condição e resultado da própria existência desse acoplamento. Porém, por meio dele, cresce imensamente a possibilidade de influência recíproca[53] e condensam-se as "chances de aprendizado" (capacidade cognitiva) para os sistemas participantes[54]. Assim sendo, a Constituição serve à interpenetração (e mesmo à interferência) de dois sistemas autorreferenciais, o que implica, simultaneamente, relações recíprocas de dependência e independência, que, por sua vez, só se tornam possíveis com base na formação autorreferencial de cada um dos sistemas[55].

Ao externalizar politicamente o paradoxo do direito, a Constituição enquanto acoplamento estrutural imuniza-o contra a política em sua ação de parasita[56]. Também se pode afirmar que, mediante a Constituição, o direito atua como um parasita em

---

[51] Cf. Luhmann, 1993, p. 442.

[52] Luhmann, 1990a, p. 202. Cf., no mesmo sentido, *id.*, 1993, p. 478.

[53] Luhmann, 1990a, p. 205.

[54] *Ibid.*, p. 206.

[55] *Id.*, 1981b, p. 165.

[56] Cf. Luhmann, 2000a, pp. 45 ss. [trad. franc., 2001, pp. 58 ss.; trad. bras., 2004, pp. 88 ss.]. Luhmann recorre aqui a Michel Serres, 1997 [1980].

face de outro parasita[57], neutralizando-lhe a ação parasitante. Numa formulação diferente, cabe sublinhar que uma domesticação jurídica da política é viabilizada pela Constituição enquanto acoplamento estrutural, embora essa domesticação nunca seja definitiva[58]. Assim é que, no âmbito do Estado democrático de direito, os procedimentos constitucionais servem tanto à desparadoxização jurídica da política (lícito/ilícito como segundo código do poder) quanto à desparadoxização política do direito (as decisões democráticas como mecanismo de produção de direito válido). De mero parasita[59], o décimo segundo camelo transforma-se em condição necessária da criação de direito legítimo, mas agora numa perspectiva externa ao sistema jurídico.

O problema que se tem verificado nos países da modernidade periférica, e no caso latino-americano isso se torna bem evidente, reside no fato de que a Constituição, seja numa perspectiva interna, isto é, enquanto direito constitucional, seja numa perspectiva externa, a saber, enquanto acoplamento estrutural entre política e direito, não se concretiza suficientemente. O processo de concretização constitucional é bloqueado por fatores os mais diversos, destacando-se os particularismos políticos. Não se trata aqui de leis constitucionais como meros instrumentos ou armas do poder político, tal como ocorre nos períodos autoritários, pois, nesses casos, não existe, nem sequer no plano textual, um modelo de Constituição como acoplamento estrutural e, portanto, não se estabelece uma relação horizontal entre sistema político e sistema jurídico, mas sim uma subordinação do direito à política com base nas próprias leis constitucionais. As situações

---

57 Luhmann, 2000a, p. 47 [trad. franc., 2001, p. 60; trad. bras., 2004, p. 90].

58 Cf. *ibid.*, p. 51 [trad. franc., 2001, p. 64; trad. bras., 2004, p. 95].

59 "O parasita é o décimo segundo camelo" (Luhmann, 2000a, p. 52 [trad. franc., 2001, p. 64; trad. bras., 2004, p. 96]).

às quais quero referir-me aqui são aquelas em que o modelo textual de Constituição corresponde ao paradigma da positividade como autonomia do sistema jurídico (do ponto de vista interno) e ao paradigma do Estado de direito (do ponto de vista externo), mas não há uma concretização constitucional em conformidade com esses paradigmas. O texto constitucional é degradado semântica e pragmaticamente no processo concretizador, de tal maneira que a reprodução autônoma do direito e o acoplamento estrutural entre direito e política são obstruídos de uma forma muito abrangente.

Na concepção sistêmico-teorética, o âmbito da matéria (econômico, político, científico, religioso, moral etc.), subordinado e orientado por outros códigos-diferença ("ter/não-ter", "poder/não-poder", "amor/desamor", "consideração/desprezo", "amigo/inimigo" etc.), sejam eles sistemicamente estruturados ou envolvidos no "mundo da vida", não está em condições de submeter-se a uma comutação seletiva por parte do código jurídico de diferença entre lícito e ilícito, com base em uma normatividade constitucional. Os procedimentos e argumentos especificamente jurídicos não têm relevância funcional em relação aos fatores do ambiente. Nesse contexto, ocorre o bloqueio permanente e estrutural da concretização dos critérios/programas jurídico-constitucionais pela injunção de outros códigos de preferência, de tal maneira que, no plano constitucional, ao código "lícito/ilícito" sobrepõem-se outros códigos-diferença orientadores das ações e vivências sociais. Nessa perspectiva, mesmo se admitindo a diferença entre constitucional e inconstitucional como código autônomo no interior do sistema jurídico[60], "o problema reside não apenas na constitucionalidade do direito, ele reside, antes de tudo,

---

[60] Cf. Luhmann, 1990a, pp. 188-9.

já na juridicidade da Constituição"[61]. Pode-se afirmar que a realidade constitucional, enquanto ambiente do direito constitucional, tem relevância "seletiva", ou melhor, destrutiva, em relação a esse sistema. Assim sendo, em grande parte, não se realiza a estabilização das expectativas normativas em conformidade com o modelo constitucional de Constituição, mas antes se manifestam formas instáveis e difusas de orientação das expectativas, no âmbito de mecanismos altamente seletivos, que são diretamente determinados por fatores políticos, econômicos e relacionais.

Daí por que, se considerarmos a Constituição especificamente como acoplamento estrutural entre sistema jurídico e sistema político, verifica-se que os procedimentos constitucionais são invadidos por particularismos políticos que bloqueiam esse acoplamento em detrimento do direito. O direito perde sua força prática como segundo código do poder. Nesse sentido, são bem expressivas as palavras de O'Donnell com relação à América Latina:

> Na América Latina há uma longa tradição de ignorar a lei ou, em reconhecendo-a, de deformá-la em favor dos poderosos e no sentido da repressão ou do controle dos fracos. Quando um homem de negócios pouco escrupuloso declarou recentemente na Argentina que "ser poderoso é ter impunidade [jurídica]", ele expressou um sentimento presumivelmente muito difundido, conforme o qual, em primeiro lugar, seguir voluntariamente a lei é algo que só os idiotas fazem e, em segundo lugar, sujeitar-se à lei não significa ser portador de direitos efetivamente exercíveis, mas antes um sinal de fraqueza social.[62]

Nesse contexto, não se pode falar de uma domesticação da política pelo direito, antes de um direito dominado por uma po-

---

[61] Luhmann, 1992, p. 3.

[62] O'Donnell, 1999, p. 312.

lítica selvagem. O direito é incapaz de imunizar-se contra a sua contaminação pelo poder. A política atua como parasita em relação ao direito, e os antídotos jurídicos previstos no modelo textual da Constituição são ineficazes contra essa ação parasitária. Portanto, "a condição de aceitação do parasita na própria casa", o Estado de direito[63], não se realiza.

Isso se relaciona com o fato de que a violência, mesmo a violência praticada pelos órgãos estatais encarregados da imposição do direito, sobretudo a polícia, está, em ampla parcela, fora do controle ou das mãos do direito[64]. Embora, nas palavras de Luhmann, "a violência física, enquanto 'cobertura' do poder político e do poder distribuído pelo direito, não seja congruente com o direito em seu todo", ela é e permanece "pressuposto de toda ordem jurídica complexa"[65]. A esse respeito, assistia razão a Benjamin quando enfatizava "que a violência, onde ela não se encontra nas mãos do respectivo direito, constitui-lhe uma ameaça, não através dos fins que ela pode aspirar, mas sim pela sua simples existência fora do direito"[66]. E se se quiser admitir que o décimo segundo camelo, que garante a decidibilidade dos problemas jurídicos, é a própria violência[67], pode-se dizer que, no contexto dos países latino-americanos, ele permanece subjugado a uma política selvagem, não domesticada juridicamente nos termos constitucionais. E essa política, por sua vez, é amplamente cor-

---

[63] Luhmann, 2000a, p. 51 [trad. franc., 2001, pp. 63-4; trad. bras., 2004, p. 95].

[64] A esse respeito, ver em relação ao Brasil, p. ex., Human Rights Watch e Americas, 1997; Oliveira, 1994, 1997; Capeller, 1995, espec. pp. 166 ss.; Pinheiro, 1991; Chevigny, 1999.

[65] Luhmann, 2000a, p. 15 [trad. franc., 2001, pp. 27-8; trad. bras., 2004, p. 49]. Ele também aponta para a função simbólica da violência física para o direito (1981a, pp. 138-40; 1987a, pp. 106-15 e 262).

[66] Benjamin, 1965, p. 35.

[67] Cf. Luhmann, 2000a, pp. 16-7 [trad. franc., 2001, pp. 28-9; trad. bras., 2004, pp. 49-50].

rompida pelo dinheiro: seria o décimo segundo camelo, nessas circunstâncias, não a violência de uma política selvagem, mas sobretudo o próprio dinheiro invasor do direito e da política e, assim, obstrutor da Constituição como acoplamento estrutural, de tal maneira que a economia não atuaria como "condição de possibilidade do direito"[68], mas antes como fator de bloqueio da reprodução consistente do direito com base no paradigma constitucional? Em todo caso, o décimo segundo camelo permanece sob o domínio de uma sociedade colonizadora e superexploradora do direito, sendo usurpado, de uma maneira direta, por uma política não domesticada juridicamente e corrompida economicamente, em detrimento de uma decidibilidade juridicamente consistente e socialmente adequada, nos termos constitucionais.

V

A questão do décimo segundo camelo ganha uma especial significação se considerarmos a relação entre redundância e variedade no interior do sistema jurídico. Na formulação de Henri Atlan, a relação equilibrada entre redundância ("cristal") e variedade ("fumaça") é condição necessária à autonomia dos sistemas em geral[69]. Em havendo excesso de redundância e insuficiente variedade, o sistema tende a uma rigidez insensível ao ambiente (cristal); em ocorrendo excesso de variedade e insuficiente redundância, o sistema tende a decompor-se no seu ambiente (fumaça)[70]. Quanto à situação do direito nos países da modernidade periférica, o problema reside sobretudo na insuficiente re-

---

[68] Luhmann, 2000a, p. 53 [trad. franc., 2001, p. 66; trad. bras., 2004, pp. 97-8].

[69] Ver Atlan, 1979, espec. p. 43.

[70] "A morte por rigidez, a do cristal, do mineral, e a morte por decomposição, a da fumaça", constituem, nas palavras de Atlan (1979, p. 281), os dois casos-limite na relação entre redundância e variedade.

dundância jurídica em face de uma excessiva variedade de fatores que invadem o campo jurídico. Nesse caso, falta fiabilidade, ou seja, conectividade dos elementos sistêmicos[71]. Assim sendo, fica prejudicada a legalidade como redundância normativa ou conectividade das comunicações jurídicas[72]. Desenvolve-se uma cultura da ilegalidade determinada diretamente pela variedade juridicamente indomesticável dos fatores sociais.

Essa relação desequilibrada entre redundância e variedade tem um impacto muito significativo no plano da reflexão jurídica. A redundância implica uma certa estruturação da incerteza jurídica no sentido de um potencial de informação no plano da argumentação: "Quando se conhece um tópico, um conceito, uma ideia tida por correta no sistema, pode-se adivinhar, com maior ou menor probabilidade/improbabilidade de êxito, como pode argumentar-se mais adiante."[73] Nessa perspectiva, a "redundância é, portanto, apenas uma outra formulação para o fato de que argumentos podem apoiar-se reciprocamente e também, em certas ocasiões, inspirar-se mutuamente"[74]. Com isso não se quer dizer que os argumentos, as justificações (*Begründungen*) e as razões (*Gründe*) reduzam-se à redundância. Enquanto a redundância é construída simetricamente, as justificações pressupõem uma assimetrização do sistema, e os argumentos tendem a assimetrizar a redundância recursiva, assim como as razões representam a redundância apenas em uma forma desparadoxizada[75]. Entretanto, tendo em vista que "as redundâncias são necessárias

---

[71] Cf. Atlan, 1979, pp. 52 e 129.

[72] Cf. Neves, 1992, pp. 185 ss.

[73] Luhmann, 2000a, p. 37 [trad. franc., 2001, p. 50; trad. bras., 2004, pp. 77-8].

[74] *Ibid.*, p. 38 [trad. franc., 2001, p. 50; trad. bras., 2004, pp. 77-8].

[75] *Ibid.*, pp. 39 ss. [trad. franc., 2001, pp. 51 ss.; trad. bras., 2004, p. 80].

e as justificações permanecem contingentes"[76], as argumentações jurídicas no sentido da justificação do direito pelo direito pressupõem a redundância recursiva, que estrutura a incerteza jurídica e, assim, torna-a suportável, impedindo-a de transformar-se em uma insegurança jurídica incontrolável.

Portanto, a ausência de redundância, "um nome novo para o velho camelo"[77], importa uma deficiência da reflexão jurídica. Os "argumentos" *ad hoc*, vinculados às respectivas constelações concretas de interesses, levam a uma sobrecarga de variedade e, com isso, a uma desestruturação da incerteza jurídica. Mas os limites da redundância no plano da reflexão do direito, seja essa na forma de dogmática jurídica ou de teoria do direito, são condicionados pela insuficiente redundância no âmbito da prática jurídica. Ou seja, bloqueada a autorreferência elementar – a legalidade no sistema jurídico – e, portanto, prejudicada a redundância no plano dos atos jurídicos, fica afetada a redundância no plano da reflexão enquanto construção da identidade do direito[78]. Mas essa redundância é, ao mesmo tempo, condição daquela.

Pressupõe-se aqui que a teoria do direito e a dogmática jurídica só podem construir-se e desenvolver-se suficientemente quando há diferenciação operacional do direito, diferenciação cuja manutenção, por sua vez, depende daquelas[79]. Em outras palavras, legalidade e constitucionalidade na práxis jurídica são indispensáveis ao desenvolvimento da dogmática jurídica e da teoria do direito como instâncias de (auto)reflexão, ou seja, de elaboração conceitual da própria identidade do sistema jurídico em face

---

[76] Luhmann, 2000a, p. 39 [trad. franc., 2001, p. 52; trad. bras., 2004, p. 80].

[77] *Ibid.*, p. 39 [trad. franc., 2001, p. 51; trad. bras., 2004, p. 79].

[78] Sobre a distinção entre autorreferência elementar, reflexividade e reflexão, ver Luhmann, 1987b, pp. 600 ss.; Neves, 1992, pp. 113-4 e 182 ss., 1998, pp. 109 ss.

[79] Cf. Luhmann, 1974, pp. 22 e 59; 1981a, pp. 438 ss.

do seu ambiente[80]. Na medida em que a práxis dos agentes de produção e aplicação jurídica afasta-se amplamente dos modelos constitucionais e legais, não se desenvolve suficientemente uma dogmática jurídica que esteja em condições de, conforme o modelo luhmanniano, preencher satisfatoriamente sua função de "controle de consistência em relação à decisão de *outros* casos" e, nos limites dessa função, definir com relevância prática "*as condições do juridicamente possível*, a saber, as possibilidades de construção jurídica de casos jurídicos"[81]. As abstrações conceituais da dogmática jurídica e as "abstrações de abstrações" da teoria do direito[82] não se refletem na práxis jurídica, na medida em que constelações concretas de interesses impedem uma consistente interdependência das decisões. Nesse contexto, não se pode repetir acriticamente a formulação de Luhmann[83] no sentido de que os problemas da dogmática jurídica não residem mais na determinação das fronteiras de *input*, mas sim nas fronteiras de *output* do sistema jurídico; ao contrário, trata-se ainda, "em primeiro lugar, de debilitar a pressão imediata que as distribuições de forças sociais exercem, através de entrelaçamentos particulares na fronteira de *input*, sobre o sistema jurídico – em outras palavras: de diferenciar o sistema jurídico nessa fronteira"[84]. Embora as variáveis tradicionais tenham perdido em relevância, permanece nos países da modernidade periférica o problema de

---

[80] Sobre reflexão como referência do sistema à sua própria identidade, cf. sobretudo Luhmann, 1981a, p. 423; 1982, p. 59; 1987b, p. 620.

[81] Luhmann, 1974, p. 19; no mesmo sentido, ver Ferraz Jr., 1980, pp. 99 ss.

[82] Luhmann, 1974, p. 13.

[83] *Ibid.*, pp. 29-30.

[84] Assim Luhmann, 1974, p. 29, afirmando que, pela exigência de orientação dirigida ao *output*, esse problema já teria sido posto em segundo plano há mais ou menos cem anos. Mas a pretensão de validade dessa assertiva deve restringir-se à experiência do Estado de direito na Europa Ocidental e na América do Norte.

realizar uma "prática decisória universalista" contra fatores e critérios particularistas, inversamente ao que teria ocorrido no âmbito da modernização da Europa Ocidental e dos Estados Unidos[85]. Com isso não se desconhece que, em virtude do rápido crescimento da complexidade social no desenvolvimento mais recente da sociedade mundial, há de exigir-se, também naqueles países, uma orientação dirigida às consequências sociais das soluções jurídicas; mas essa orientação implica consistência interna, ou seja, a construção heterorreferencial de "*conceitos jurídicos adequados à sociedade*"[86] depende da construção autorreferencial de *modelo conceitual juridicamente adequado.* Nas circunstâncias da modernidade periférica, a dificuldade reside exatamente no fato de que, com a crescente complexidade da sociedade, uma orientação dirigida às consequências (orientação para o *output*) ganha sempre mais em importância, sem que os problemas da fronteira de *input* sejam superados ou estejam sob controle.

Nessa situação, uma estratégia de fuga consiste em buscar uma adequada observação externa do direito e, assim, contribuir para a transformação da "realidade jurídica", em termos da sociologia jurídica, como se esta dispusesse do camelo, desse-o e retomasse-o[87]. É verdade que, "com a observação externa, adquire-se uma relação mais independente perante o objeto"[88]. Entretanto, a adequação dos conceitos e métodos sociológicos à realidade jurídica não assegura, de maneira alguma, a construção e o desenvolvimento de uma "auto-observação" do direito mediante a teoria do direito ou a dogmática jurídica, a não ser

85 Cf. Luhmann, 1974, p. 29; 1990b, p. 5.

86 Cf. *id.*, 1974, pp. 49 ss.

87 Em sentido contrário, cf. Luhmann, 2000a, p. 19 [trad. franc., 2001, p. 31; trad. bras., 2004, p. 53].

88 *Ibid.*, p. 18 [trad. franc., 2001, p. 30; trad. bras., 2004, p. 52].

que se defenda uma "jurisprudência sociológica", cujo caráter antissociológico já está evidente para os sociólogos[89].

Além disso, o problema torna-se mais complicado quando se considera que, nos países da modernidade periférica, a distinção entre auto-observação ou perspectiva interna e hetero-observação ou perspectiva externa[90], exatamente por não haver delimitação clara das fronteiras sistêmicas do jurídico, é discutível ou, no mínimo, muito problemática. É nesse sentido que se exige uma sobrecarga teórica relativamente à construção da identidade do direito como sistema social diferenciado. Em outros termos, a dogmática jurídica, caso não caia num legalismo estéril, insensível às consequências sociais das decisões e modelos jurídicos, é confrontada com problemas elementares de fronteiras de entrada, cuja solução é pressuposto de uma auto-observação consistente e adequada do direito. Por seu turno, a teoria do direito, que, de acordo com Luhmann, é sobretudo "apta a intermediar entre auto-observação e hetero-observação" e "a participar da diagnose do camelo"[91], torna-se, nessas circunstâncias, deficiente em seu papel de mediadora e diagnosticadora. E caso se deva também "conceituar o décimo segundo camelo como um observador"[92], pode-se dizer que ele é incapaz de observar nitidamente o direito, exatamente porque a delimitação das fronteiras do sistema jurídico é precária e, portanto, a positividade (um outro nome para nosso camelo) enquanto autonomia do direito é prejudicada em virtude da invasão do direito por variáveis so-

89 Luhmann, 1974, p. 10.

90 Sobre essa distinção em relação à teoria do direito ou à dogmática jurídica *versus* a sociologia do direito, ver Luhmann, 1989, 1986b, espec. p. 19, 1987a, pp. 360-1; Carbonnier, 1978, pp. 22 ss.

91 Luhmann, 2000a, p. 44 [trad. franc., 2001, p. 57; trad. bras., 2004, p. 87].

92 *Ibid.*, p. 60 [trad. franc., 2001, p. 73; trad. bras., 2004, p. 107].

ciais as mais diversas, variáveis cuja excessiva variedade tem efeitos lesivos à redundância jurídica.

VI

A abordagem sistêmico-funcional do décimo segundo camelo por Luhmann e a sua interpretação pós-moderna por Teubner são empiricamente limitadas, tendo em vista que elas não são aplicáveis a numerosos contextos de comunicação da sociedade mundial de hoje (supercomplexa) e à grande maioria das entidades territoriais em que se segmenta essa sociedade (Estados), onde a positividade como autonomia do sistema jurídico não se realiza suficientemente. Se o décimo segundo camelo, apesar de ter muitos nomes[93], pode ser definido como um símbolo do conjunto de operações em que se manifestam o paradoxo da autorreferência do direito e, ao mesmo tempo, a sua desparadoxização, uma vez quebrada (e não apenas suspensa) a autorreferência pelas pressões imediatas de fatores sociais os mais diversos, ele perde a sua singularidade jurídica, sendo usurpado pela sociedade. Nessas circunstâncias, falta o décimo segundo camelo enquanto a expressão simbólica da aquisição ou exploração de componentes sociais pelo direito, a expressão de uma justiça alienante. O direito é invadido e superexplorado pela sociedade, de tal maneira que o décimo segundo camelo simbólico permanece antes sob o domínio de uma política selvagem, não domesticada juridicamente, que, por sua vez, é corrompida pelo dinheiro. Com isso, os camelos reais, enquanto expressão dos direitos básicos, são sonegados pela sociedade, especialmente em face das imposições de uma política economicamente corrompida. Portanto, em vez

[93] Luhmann, 2000a, p. 58 [trad. franc., 2001, p. 71; trad. bras., 2004, pp. 104-5].

de multiplicação pós-moderna de camelos[94], tem-se, então, sonegação e carência de camelos.

Parece-me, porém, que o décimo segundo camelo é passível de leitura de um ponto de vista normativo. Embora essa não seja a vertente de Luhmann nem mesmo de Teubner, encontramos indícios de tal interpretação na obra de ambos. Na sociedade mundial supercomplexa do presente, tornou-se uma exigência normativa que os códigos e programas de uma esfera de comunicação não se imponham, diretamente, a outra esfera de comunicação. Exige-se o respeito à autonomia de todo e qualquer discurso social[95]. Por exemplo, é imperativo de justiça em uma sociedade complexa que "o ponto central da racionalidade interna de um setor social autônomo, como pesquisa, saúde ou educação, não deve ser substituído pela racionalidade econômica"[96]. Em geral, pode dizer-se que a racionalidade de um campo de comunicação não deve ser reduzida à de um outro ou afirmar-se que os códigos e critérios de uma esfera social autônoma não devem ser sabotados pelas exigências de uma outra. Nesse sentido, Luhmann mesmo enfatiza que, "agora, sabotagens de código tornam-se o problema moral – algo assim como a corrupção na política e no direito ou o *doping* no esporte ou a compra de amor ou a fraude de dados na pesquisa empírica"[97]. Com referência aos diversos jogos de linguagem, impõe-se uma justiça discursiva como "justiça em face do heterogêneo"[98]. Nessa perspectiva, justiça significa "a relação entre identidade e alteridade discursiva, não, contudo, a partir da perspectiva de um terceiro, mas sim da

---

[94] Teubner, 2001, ou Teubner e Zumbansen, 2000.

[95] Teubner, 1996, p. 218.

[96] *Id.*, 1998, pp. 21-2.

[97] Luhmann, 1997, p. 1043.

[98] Welsch, 1991, p. 176.

perspectiva singular do respectivo discurso em face de outros mundos discursivos"[99]. Em suma, a justiça pressupõe e exige o reconhecimento da pluralidade discursiva e complexidade sistêmica da sociedade mundial de hoje, implicando o respeito à autonomia das esferas discursivas ou dos sistemas de comunicação. E o décimo segundo camelo simboliza exatamente a forma em que o direito constrói sua autonomia como esfera de comunicação, adquirindo identidade e alteridade discursiva. Portanto, se o décimo segundo camelo é usurpado e, em consequência, os camelos reais são sonegados por uma política selvagem corrompida pelo dinheiro, o resultado é a injustiça estrutural, tal como ocorre nos países da modernidade periférica, caracterizados por uma cultura política da ilegalidade e pela grande fragilidade do direito perante o expansionismo destrutivo do meio dinheiro em uma economia globalizada.

Bibliografia

ATLAN, Henri (1979). *Entre le cristal et la fumée : essai sur l'organisation du vivant*. Paris: Seuil.

BENJAMIN, Walter (1965). "Zur Kritik der Gewalt". *In*: W. Benjamin. *Zur Kritik der Gewalt und andere Aufsätze*. Frankfurt am Main: Suhrkamp, pp. 29-65.

CAPELLER, Wanda de Lemos (1995). *L'engrenage de la répression: stratégies sécuritaires et politiques criminelles*. Paris: LGDJ.

CARBONNIER, Jean (1978). *Sociologie juridique*. Paris: Presses Universitaires de France.

CHEVIGNY, Paul G. (1999). "Defining the Role of the Police in Latin America". *In*: J. E. Méndez, G. O'Donnell e P. S. Pinheiro (orgs.). *The Un(Rule) of Law and the Underprivileged in Latin America*. Notre Dame, Indiana: University of Notre Dame Press, pp. 49-70.

---

[99] Teubner, 1996, p. 218.

Christensen, Ralph (1989). "Der Richter als Mund des sprechenden Textes. Zur Kritik des gesetzespositivistischen Textmodells". *In*: F. Müller (org.). *Untersuchungen zur Rechtslinguistik: Interdisziplinäre Studien zu praktischer Semantik und strukturierender Rechtslehre in Grundfragen der juristischen Methodik*. Berlim: Duncker & Humblot, pp. 47-91.

Derrida, Jacques (1994). *Force de loi – Le "Fondement mystique de l'autorité"*. Paris: Galilée.

Ferraz Jr., Tércio Sampaio (1980). *Função social da dogmática jurídica*. São Paulo: Revista dos Tribunais.

Hofstadter, Douglas R. (1979). *Gödel, Escher, Bach: an Eternal Golden Braid*. Hassocks: The Harvester Press.

Human Rights Watch; Americas (1997). *Police Brutality in Urban Brazil*. Nova York: Human Rights Watch.

Jeand'Heur, Bernd (1989). "Gemeinsame Probleme der Sprach- und Rechtswissenschaft aus der Sicht der Strukturierenden Rechtslehre". *In*: F. Müller (org.). *Untersuchungen zur Rechtslinguistik: Interdisziplinäre Studien zu praktischer Semantik und strukturierender Rechtslehre in Grundfragen der juristischen Methodik*. Berlim: Duncker & Humblot, pp. 17-26.

Latour, Bruno (1997). *Nous n'avons jamais été modernes: essai d'anthropologie symétrique*. Paris: La Découverte.

Lefort, Claude (1981). "Droits de l'homme et politique". *In*: C. Lefort. *L'invention démocratique: les limites de la domination totalitaire*. Paris: Fayard, pp. 45-83.

Luhmann, Niklas (1973). "Politische Verfassungen im Kontext des Gesellschaftssystems". *Der Staat* 12 (Berlim: Duncker & Humblot), pp. 1-22 e 165-82.

______ (1974). *Rechtssystem und Rechtsdogmatik*. Stuttgart: Kohlhammer.

______ (1981a). *Ausdifferenzierung des Rechts: Beiträge zur Rechtssoziologie und Rechtstheorie*. Frankfurt am Main: Suhrkamp.

LUHMANN, Niklas (1981b). "Machtkreislauf und Recht in Demokratien". *Zeitschrift für Rechtssoziologie* 2 (Opladen: Westdeutscher Verlag), pp. 158-67.

______ (1982). *Funktion der Religion*. Frankfurt am Main: Suhrkamp.

______ (1983a). *Legitimation durch Verfahren*. Frankfurt am Main: Suhrkamp.

______ (1983b). "Die Einheit des Rechtssystems". *Rechtstheorie* 14 (Berlim: Duncker & Humblot), pp. 129-54.

______ (1984a). "The Self-Reproduction of the Law and its Limits". *In*: F. A. de Miranda Rosa (org.). *Direito e mudança social*. Rio de Janeiro: OAB-RJ, pp. 107-28.

______ (1984b). "Reflexive Mechanismen". *In*: N. Luhmann. *Soziologische Aufklärung 1: Aufsätze zur Theorie sozialer Systeme*. 5. ed. Opladen: Westdeutscher Verlag, pp. 92-112.

______ (1985). "Einige Probleme mit 'reflexivem Recht'". *Zeitschrift für Rechtssoziologie* 6 (Opladen: Westdeutscher Verlag), pp. 1-18.

______ (1986a). *Ökologische Kommunikation: Kann die moderne Gesellschaft sich auf ökologische Gefährdungen einstellen?* Opladen: Westdeutscher Verlag.

______ (1986b). *Die soziologische Beobachtung des Rechts*. Frankfurt am Main: Metzner.

______ (1987a). *Rechtssoziologie*. 3. ed. Opladen: Westdeutscher Verlag.

______ (1987b). *Soziale Systeme: Grundriß einer allgemeinen Theorie*. Frankfurt am Main: Suhrkamp.

______ (1988). "Positivität als Selbstbestimmtheit des Rechts". *Rechtstheorie* 19 (Berlim: Duncker & Humblot), pp. 11-27.

______ (1989). "Le droit comme système social". *Droit et Société : Revue Internationale de Théorie du Droit et de Sociologie Juridique* 11-12 (Paris/Vaucresson: LGDJ/CRIV), pp. 53-66.

______ (1990a). "Verfassung als evolutionäre Errungenschaft". *Rechtshistorisches Journal* 9 (Frankfurt am Main: Löwenklau), pp. 176-220.

LUHMANN, Niklas (1990b). "Interesse und Interessenjurisprudenz im Spannungsfeld von Gesetzgebung und Rechtsprechung". *Zeitschrift für Neuere Rechtsgeschichte* 12 (Viena: Manz), pp. 1-13.

______ (1992). "Zur Einführung". *In*: M. Neves. 1992, pp. 1-4.

______ (1993). *Das Recht der Gesellschaft*. Frankfurt am Main: Suhrkamp.

______ (1995). "Probleme mit operativer Schließung". *In*: N. Luhmann. *Soziologische Aufklärung 6: Die Soziologie und der Mensch*. Opladen: Westdeutscher Verlag, pp. 12-24.

______ (1997). *Die Gesellschaft der Gesellschaft*. Frankfurt am Main: Suhrkamp, 2 tomos.

______ (1998). "Der Staat des politischen Systems: Geschichte und Stellung in der Weltgesellschaft". *In*: U. Beck (org.). *Perspektiven der Weltgesellschaft*. Frankfurt am Main: Suhrkamp, pp. 345-80.

______ (2000a). "Die Rückgabe des zwölften Kamels: Zum Sinn einer soziologischen Analyse des Rechts". *In*: G. Teubner (org.). *Die Rückgabe des zwölften Kamels: Niklas Luhmanns in der Diskussion über Gerechtigkeit*. Stuttgart: Lucius & Lucius, pp. 3-60 [trad. franc.: "Le restitution du douzième chameau : du sens d'une analyse sociologique du droit". *Droit et Société : Revue Internationale de Théorie du Droit et de Sociologie Juridique* 47 (Paris/Vaucresson: LGDJ/CRIV), 2001, pp. 15-73; trad. bras.: "A restituição do décimo segundo camelo: do sentido de uma análise sociológica do direito". *In*: A.-J. Arnaud e D. Lopes Jr. (orgs.). *Niklas Luhmann: do sistema social à sociologia jurídica*. Rio de Janeiro: Lumen Juris, 2004, pp. 33-107].

______ (2000b). *Die Politik der Gesellschaft*. Frankfurt am Main: Suhrkamp.

MATURANA, Humberto R. (1982). *Erkennen: Die Organisation und Verkörperung von Wirklichkeit. Ausgewählte Arbeiten zur biologischen Epistemologie*. Trad. alemã de Wolfgang K. Köck. Braunschweig/Wiesbaden: Vieweg.

MATURANA, Humberto R.; VARELA, Francisco J. (1980). *Autopoiesis and Cognition: The Realization of the Living*. Dordrecht: D. Reidel Publishing Company.

______; ______ (2001). *A árvore do conhecimento: as bases biológicas da compreensão humana*. Trad. bras. de Humberto Mariotti e Lia Diskin. São Paulo: Palas Athena.

MÜLLER, Friedrich (1990a). *Die Positivität der Grundrechte: Fragen einer praktischen Grundrechtsdogmatik*. 2. ed. Berlim: Duncker & Humblot.

______ (1990b). *Essais zur Theorie von Recht und Verfassung*. Org. Ralph Christensen. Berlim: Duncker & Humblot.

______ (1994a). *Strukturierende Rechtslehre*. 2. ed. Berlim: Duncker & Humblot.

______ (1994b). "Juristische Methodik: Ein Gespräch im Umkreis der Rechtstheorie", entrevista a Jan Möller. *Verwaltungsrundschau* 4 (Stuttgart: Kohlhammer), pp. 133-6.

______ (1995). *Juristische Methodik*. 6. ed. Berlim: Duncker & Humblot.

NEVES, Marcelo (1992). *Verfassung und Positivität des Rechts in der peripheren Moderne: Eine theoretische Betrachtung und eine Interpretation des Falls Brasilien*. Berlim: Duncker & Humblot.

______ (1994). "Entre subintegração e sobreintegração: a cidadania inexistente". *Dados – Revista de Ciências Sociais* (Rio de Janeiro: Iuperj), vol. 37, nº 2, pp. 253-75.

______ (1995a). "Do pluralismo jurídico à miscelânea social: o problema da falta de identidade da(s) esfera(s) de juridicidade na modernidade periférica e suas implicações na América Latina". *Direito em Debate* (Ijuí-RS: Universidade de Ijuí), vol. 4, nº 5, pp. 7-37.

______ (1995b). "Da autopoiese à alopoiese do direito". *Revista Brasileira de Filosofia* (São Paulo: Instituto Brasileiro de Filosofia), abr.-jun. 1995, vol. XLII, nº 178, pp. 117-41.

______ (1998). *Symbolische Konstitutionalisierung*. Berlim: Duncker & Humblot.

O'Donnell, Guillermo (1999). "Polyarchies and the (Un)Rule of Law in Latin America: A Partial Conclusion". *In*: J. E. Méndez, G. O'Donnell e P. S. Pinheiro (orgs.). *The Un(Rule) of Law and the Underprivileged in Latin America*. Notre Dame, Indiana: University of Notre Dame Press, pp. 303-37.

Oliveira, Luciano (1994). *Do nunca mais ao eterno retorno: uma reflexão sobre a tortura*. São Paulo: Brasiliense.

______ (1997). "Culture démocratique et répression pénale. Quelques notes sur le Brésil et la France". *Cahiers du Brésil Contemporain* 31 (Paris: Centre de Recherches sur le Brésil Contemporain), pp. 49-67.

Pinheiro, Paulo Sérgio (1991). "Police and Political Crisis: The Case of the Military Police". *In*: M. K. Huggins (org.). *Vigilantism and the State in Modern Latin America: Essays on Extralegal Violence*. Nova York: Praeger Publishers, pp. 167-88.

Schluchter, Wolfgang (1979). *Die Entwicklung des Okzidentalen Rationalismus*. Tübingen: Mohr.

Serres, Michel (1997). *Le Parasite*. Paris: Hachette Littératures (1. ed. 1980).

Spencer Brown, G. (1971). *Laws of Form*. Londres: George Allen and Unwin (reimpr. da 1. ed. de 1969).

Teubner, Gunther (1988). "Gesellschaftsordnung durch Gesetzgebungslärm? Autopoietische Geschlossenheit als Problem für die Rechtsetzung". *In*: D. Grimm e W. Maihofer (orgs.). *Gesetzgebungstheorie und Rechtspolitik* (*Jahrbuch für Rechtssoziologie und Rechtstheorie* 13). Opladen: Westdeutscher Verlag, pp. 45-64.

______ (1989). *Recht als autopoietisches System*. Frankfurt am Main: Suhrkamp.

______ (org.) (1995). *Entscheidungsfolgen als Rechtsgründe: Folgenorientiertes Argumentieren in rechtsvergleichender Sicht*. Baden-Baden: Nomos.

TEUBNER, Gunther (1996). "Altera Pars Audiatur: Das Recht in der Kollision anderer Universalitätsansprüche". *Archiv für Rechts- und Sozialphilosophie*, número suplementar [*Beiheft*] 65 (Wiesbaden: Steiner), pp. 199-220.

______ (1998). "Nach der Privatisierung? Diskurskonflikte im Privatrecht". *Zeitschrift für Rechtssoziologie* 19 (Opladen: Westdeutscher Verlag), pp. 8-36.

______ (2001). "Les multiples aliénations du droit : sur la plus-value sociale du douzième chameau". *Droit et Société : Revue Internationale de Théorie du Droit et de Sociologie Juridique* 47 (Paris/Vaucresson: LGDJ/CRIV), pp. 75-99.

______; ZUMBANSEN, Peer (2000). "Rechtsverfremdungen: Zum gesellschaftlichen Mehrwert des zwölften Kamels". *In*: G. Teubner (org.). *Die Rückgabe des zwölften Kamels: Niklas Luhmanns in der Diskussion über Gerechtigkeit*. Stuttgart: Lucius & Lucius, pp. 189-211.

WEBER, Max (1968). "Die drei reinen Typen der legitimen Herrschaft". *In*: M. Weber. *Methodologische Schriften*. Org. Johannes Winckelmann. Frankfurt am Main: Fischer, pp. 215-28.

______ (1985). *Wirtschaft und Gesellschaft: Grundriß der verstehenden Soziologie*. 5. ed. Org. Johannes Winckelmann. Tübingen: Mohr.

WELSCH, Wolfgang (1991). "Gesellschaft ohne Meta-Erzählung?". *In*: W. Zapf (org.). *Die Modernisierung moderner Gesellschaften: Verhandlungen des 25. Deutschen Soziologentages in Frankfurt am Main 1990*. Frankfurt am Main/Nova York: Campus, pp. 174-84.

______ (1996). *Vernunft: Die zeitgenössische Vernunftkritik und das Konzept der transversalen Vernunft*. 2. ed. Frankfurt am Main: Suhrkamp.

CAPÍTULO 7

DA AUTOPOIESE À ALOPOIESE DO DIREITO

O autor discute os limites empíricos do conceito de autopoiese do direito na sociedade mundial de hoje. A argumentação baseia-se sobretudo na observação dos problemas da reprodução do sistema jurídico nos "países periféricos". A tese central do artigo é que, nos países da "modernidade periférica", a reprodução do sistema jurídico é bloqueada por fatores sociais os mais diversos, de tal maneira que se pode falar antes de alopoiese do que de autopoiese do direito. Partindo do conceito biológico, o artigo aborda o conceito sociológico de autopoiese, para, então, analisar o conceito de autopoiese do direito e, com base nesse parâmetro teórico, expor o seu argumento sobre a alopoiese do direito nos "países periféricos". No final, retoma-se a tese central da alopoiese do direito nos "países periféricos" e aponta-se para os indícios de uma concepção normativa de autopoiese do direito nas teorias de Niklas Luhmann e de Gunther Teubner.

7.1 Introdução

No presente artigo, pretendo apontar os limites empíricos do conceito sistêmico de autopoiese do direito na sociedade mundial do presente. A argumentação baseia-se sobretudo na observação dos problemas da reprodução do sistema jurídico nos "países periféricos", também chamados de "subdesenvolvidos", "em desenvolvimento" ou do "terceiro mundo". Do ponto de vista teórico, está no primeiro plano uma confrontação dessa observação com a teoria dos sistemas de Luhmann, mas considerarei também o modelo pós-moderno da autopoiese do direito. A tese central do artigo é que, nos países da "modernidade periférica", o bloqueio permanente e generalizado da reprodução do sistema jurídico por fatores sociais os mais diversos, tais como dinheiro, poder e relações, torna a autonomia operacional do direito praticamente impossível, de tal maneira que se pode falar de alopoiese do direito em contraposição à ideia de um direito autopoiético. Isso significa que a reprodução do direito é sobredeterminada por variáveis do seu ambiente social.

Evidentemente não posso, no espaço deste artigo, desenvolver exaustivamente a minha argumentação. Aqui, trata-se antes de apresentar sucintamente a tese nuclear contida em argumentos mais amplamente desenvolvidos e discutidos em trabalhos anteriores. Este artigo serve, portanto, como uma introdução às ideias que neles apresentei com muito mais detalhe.

Na exposição que segue, apontarei em primeiro lugar para a origem biológica do conceito de autopoiese, para tratar de sua recepção e transformação nas ciências sociais, concentrando-me no paradigma luhmanniano (7.2). Em seguida, tratarei especificamente do conceito de autopoiese do direito como sistema social, sublinhando a teoria de Luhmann, sem desconsiderar, contudo, as variantes pós-modernas da concepção do direito autopoiético (7.3). Fixados os parâmetros, passarei, então, a discutir a tese central do artigo, a ideia de que a autopoiese do direito não tem nenhuma plausibilidade empírica em grande parte dos países da sociedade mundial de hoje, sustentando que, nas circunstâncias de reprodução social e jurídica da "modernidade periférica", uma miscelânea de códigos e critérios de comunicação impõe-se destrutivamente em todas as esferas da vida social e implica, pois, a alopoiese do direito; nesse ponto, destacarei que as relações de subintegração e sobreintegração no sistema jurídico constituem fatores determinantes e, ao mesmo tempo, resultantes da reprodução alopoiética do direito (7.4). Nas considerações finais, retomarei concentradamente a tese central, ressaltando os limites empíricos tanto da concepção funcionalista quanto da noção pós-moderna de autopoiese do direito, tendo em vista a reprodução jurídica em amplas partes da sociedade mundial do presente; nesse passo, apontarei para os indícios de uma concepção normativa de autopoiese do direito, que me parecem estar presentes na teoria de Niklas Luhmann e na concepção de Gunther Teubner (7.5).

7.2 Da autopoiese biológica à social

O conceito de autopoiese tem sua origem na teoria biológica de Maturana e Varela[1]. Etimologicamente, a palavra deriva do grego *autós* ("por si próprio") e *poiesis* ("criação", "produção")[2]. Significa inicialmente que o respectivo sistema é construído pelos próprios componentes que ele constrói. Definem-se então os sistemas vivos como máquinas autopoiéticas: uma rede de processos de produção, transformação e destruição de componentes que, através de suas interações e transformações, regeneram e realizam continuamente essa mesma rede de processos, constituindo-a concretamente no espaço e especificando-lhe o domínio topológico[3]. Trata-se, portanto, de sistemas homeostáticos[4],

---

[1] Cf. Maturana e Varela, 1980, pp. 73 ss., 1987, espec. pp. 55-60; Maturana, 1982, espec. pp. 141-2, 157 ss. e 279-80.

[2] Cf. Maturana e Varela, 1980, p. xvii.

[3] Maturana e Varela, 1980, pp. 78-9 e 135; Maturana, 1982, pp. 141-2, 158, 184-5 e 280. Segundo Teubner (1989, p. 32), apresenta-se aqui a "definição oficial" de autopoiese.

[4] Maturana e Varela, 1980, p. 78.

caracterizados pelo fechamento na produção e reprodução dos elementos[5]. Dessa maneira, procura-se romper com a tradição segundo a qual a conservação e evolução da espécie seriam condicionadas basicamente pelos fatores ambientais. Ao contrário, a conservação dos sistemas vivos (indivíduos) fica vinculada à sua capacidade de reprodução autopoiética, que os diferencia num espaço determinado[6].

A recepção do conceito de autopoiese nas ciências sociais foi proposta por Luhmann, tendo tido ampla ressonância[7]. A concepção luhmanniana da autopoiese afasta-se do modelo biológico de Maturana, na medida em que nela se distinguem os sistemas constituintes de sentido (psíquicos e sociais) dos sistemas orgânicos e neurofisiológicos[8]. Na teoria biológica da autopoiese, há, segundo Luhmann, uma concepção radical do fechamento, visto que, para a produção das relações entre sistema e ambiente, é exigido um observador fora do sistema, ou seja, um outro sistema[9]. No caso de sistemas constituintes de sentido, ao contrário, a "auto-observação torna-se componente necessário da reprodu-

---

[5] Cf., p. ex., Maturana e Varela, 1980, pp. 127-8, em relação ao sistema nervoso.

[6] Cf. Maturana e Varela, 1980, pp. 117-8, com críticas às implicações ideológicas da teoria darwiniana da seleção natural.

[7] A respeito, ver sobretudo Luhmann, 1987a; Haferkamp e Schmid (orgs.), 1987; Baecker *et al.* (orgs.), 1987, espec. pp. 394 ss.; Teubner (org.), 1987c; Teubner e Febbrajo, 1992. Para a crítica à recepção científico-social do conceito de autopoiese, ver Bühl, 1989, com referência especial ao paradigma luhmanniano (pp. 229 ss.). Para uma perspectiva abrangente da teoria dos sistemas de Luhmann, ver Krawietz e Welker (orgs.), 1992. Para a leitura crítica a partir da teoria do discurso, ver Habermas, 1988b, pp. 426 ss.; 1988a, pp. 30-1. Zolo (1986) designa autopoiese como um paradigma ideologicamente conservador.

[8] Ladeur (1985, pp. 408-9) interpreta de maneira diversa. Cf. também Teubner, 1988, p. 51; 1989, pp. 38, 43 e 46; criticando a tese sustentada por Luhmann (1985, p. 2; 1987c, p. 318), que nesse ponto acompanha Maturana e Varela (1980, p. 94; Maturana, 1982, p. 301), da impossibilidade de autopoiese parcial.

[9] Luhmann, 1987a, p. 64.

ção autopoiética"[10]. Eles mantêm o seu caráter autopoiético enquanto se referem simultaneamente a si mesmos (para dentro) e ao seu ambiente (para fora), operando internamente com a diferença fundamental entre sistema e ambiente[11]. O seu fechamento operacional não é prejudicado com isso, considerando-se que sentido só se relaciona com sentido e só pode ser alterado através de sentido[12]. Porém, a incorporação da diferença "sistema/ambiente" no interior dos sistemas baseados no sentido (a auto-observação como "momento operativo da autopoiese")[13] possibilita uma combinação de fechamento operacional com abertura para o ambiente, de tal maneira que a circularidade da autopoiese pode ser interrompida através da referência ao ambiente[14]. Portanto, na teoria dos sistemas sociais autopoiéticos de Luhmann, o ambiente não atua perante o sistema nem meramente como "condição infraestrutural da possibilidade da constituição dos elementos"[15], nem apenas como perturbação, barulho, "*bruit*"[16]; constitui algo mais, "o *fundamento* do sistema"[17]. Em relação ao sistema, atuam as mais diversas determinações do ambiente, mas elas só são inseridas no sistema quando este, de acordo com seus próprios critérios e código-diferença, atribui-lhes sua forma[18].

Além de diferenciar-se da teoria biológica da autopoiese, a concepção luhmanniana do fechamento autorreferencial dos sis-

---

[10] Luhmann, 1987a, p. 64.

[11] *Ibid.*

[12] *Ibid.*

[13] *Ibid.*, p. 63.

[14] *Ibid.*, pp. 64-5.

[15] *Ibid.*, p. 60.

[16] Para Varela (1983), o "ruído" ("*bruit*" – "*couplage par clôture*" em oposição a "*couplage par input*") atua como forma típica de influência do ambiente sobre sistemas autônomos.

[17] Luhmann, 1987a, p. 602.

[18] "Fundamento é sempre algo *sem forma*" (Luhmann, 1987a, p. 602).

temas baseados no sentido, especialmente dos sistemas sociais, afasta-se ainda mais claramente da clássica oposição teórica entre sistemas fechados e abertos[19]. O conceito de sistemas fechados ganha, "em comparação com a antiga teoria dos sistemas, um novo sentido. Ele não designa mais sistemas que existem (quase) sem ambiente e, portanto, podem determinar-se (quase) integralmente a si mesmos"[20]. Nesse sentido, afirma-se: "Fechamento não significa agora nem falta de ambiente, nem determinação integral por si mesmo."[21] Trata-se de autonomia do sistema, não de sua autarquia[22]. O fechamento operativo "é, ao contrário, condição de possibilidade para abertura. Toda abertura baseia-se no fechamento"[23]. A combinação de fechamento e abertura pode ser tratada sob duas perspectivas: (1) embora um sistema construtor e construído de sentido exerça o "controle das próprias possibilidades de negação por ocasião da produção dos próprios elementos" (fechamento), esse controle depende das *condições* de escolha entre o *sim* e o *não* do respectivo código sistêmico (abertura)[24]; (2) o controle das possibilidades de negação (fechamento) proporciona uma relação seletiva contínua e estável (ou, no mínimo, menos instável) do sistema com o seu ambiente (abertura adequada).

O conceito de autopoiese será definido mais enfaticamente por Luhmann, sob influência de Maturana e Varela, como autor-

---

19 Nessa direção, ver Bertalanffy, 1957, pp. 10 ss. Em contraposição, cf. Luhmann, 1987a, pp. 63-4.

20 Luhmann, 1987a, p. 602.

21 *Id.*, 1983b, p. 133.

22 *Id.*, 1983a, p. 69; Teubner, 1982, p. 20. "Autonomia do direito refere-se à circularidade de sua autorreprodução, mas não à sua independência causal do ambiente" (Teubner, 1989, p. 47). Portanto, não se trata de isolamento (causal). Ver Luhmann, 1995, p. 15; 1997, p. 68; 1993, pp. 43-4.

23 Luhmann, 1987a, p. 606; 1997, p. 68.

24 Luhmann, 1987a, p. 603. Cf. *id.*, 1986a, p. 83.

referência dos elementos sistêmicos: "Um sistema pode ser designado como autorreferencial; se ele mesmo constitui, como unidades funcionais, os elementos de que ele é composto..."[25] Aqui se trata primariamente da reprodução unitária dos elementos construtores do sistema e, simultaneamente, por ele constituídos[26], não da auto-organização ou da manutenção estrutural do sistema[27]. Nesse sentido, a unidade do sistema apresenta-se em primeiro lugar como unidade dos elementos básicos de que ele é composto e dos processos nos quais esses elementos reúnem-se operacionalmente[28]. Nessa perspectiva, formula-se "que um sistema autopoiético constitui os elementos de que é composto através dos elementos de que é composto e, dessa maneira, demarca fronteiras que não existem na complexidade infraestrutural do ambiente do sistema"[29].

Mas a concepção de autopoiese não se limita em Luhmann à autorreferência elementar ou *de base*, que se assenta na diferença entre elemento e relação[30]. A autorreferência de base apresenta-se apenas como "a forma mínima de autorreferência"[31], constituindo um dos três momentos da autopoiese[32]; os outros são a *reflexividade* e a *reflexão*, que se baseiam respectivamente na distinção "antes e depois" ou entre "sistema e ambiente"[33]. Reflexividade

---

[25] Luhmann, 1987a, p. 59.

[26] "Elementos são elementos apenas para os sistemas que os utilizam como unidade e só o são através desses sistemas" (Luhmann, 1987a, p. 43).

[27] Luhmann, 1983b, p. 132.

[28] *Ibid.*, p. 131.

[29] Luhmann, 1983b, p. 132. Ver também *id.*, 1997, pp. 65-6.

[30] Luhmann, 1987a, pp. 600-1.

[31] *Ibid.*, p. 600.

[32] Daí por que a confusão entre autopoiese e autorreferência de base (cf. Luhmann, 1987a, p. 602) deve ser relativizada e compreendida restritivamente no âmbito do modelo teorético-sistêmico de Luhmann.

[33] Luhmann, 1987a, pp. 601-2.

e reflexão incluem-se no conceito mais abrangente de mecanismos reflexivos[34].

A *reflexividade* diz respeito à referência de um processo a si mesmo, ou melhor, a processos sistêmicos da mesma espécie[35]. Assim se apresentam a decisão sobre a tomada de decisão, a normatização da normatização, o ensino do ensino etc.[36]. Mas, formulado dessa maneira, o conceito resulta insuficiente para caracterizar a reflexividade de um sistema autopoiético. Em face disso, Luhmann tenta defini-lo mais exatamente: "De autorreferência processual ou reflexividade queremos falar apenas, então, se esse reingresso no processo é articulado com os meios do processo."[37] Pode-se, de acordo com o modelo sistêmico-teorético, formular de maneira mais rigorosa: reflexividade, como mecanismo no interior de um sistema autopoiético, implica que o processo referente e o processo referido são estruturados pelo mesmo código binário e que, em conexão com isso, critérios e programas do primeiro reaparecem em parte no segundo. Por conseguinte, não é suficiente, por exemplo, indicar a normatização de normatização, pois a normatização religiosa ou ética da normatização jurídica, bem como a referência normativa de um

[34] Cf. Luhmann, 1984a.

[35] A respeito, ver espec. Luhmann, 1987a, pp. 601 e 610-6. Distinguindo do conceito lógico de reflexividade, observa Luhmann (1984a, p. 109, nota 6): "Ele designa uma relação que preenche o pressuposto de que cada membro está para si mesmo na mesma relação que está para o outro [...] Nós não nos atemos a essa definição porque a identidade exata da relação reflexiva obstruiria justamente o argumento a que queremos chegar: o aumento da eficiência através de reflexividade. Aqui, por isso, um mecanismo deve ser considerado então como reflexivo se ele tem em vista um objeto que é um mecanismo da mesma espécie, se, portanto, conforme a espécie, refere-se a si mesmo."

[36] Luhmann, 1984a, pp. 94-9.

[37] Luhmann, 1987a, p. 611. De acordo com Luhmann mesmo (*ibid.*, nota 31), faltava essa distinção em sua anterior contribuição para esse tema, publicada originariamente em 1966 (1984a).

padrão de "direito natural" à emissão de norma jurídico-positiva, não representa, nesse sentido estrito, nenhuma reflexividade da produção normativa.

Na *reflexão*, que pressupõe autorreferência elementar e reflexividade, é o próprio sistema como um todo que se apresenta na operação autorreferencial, não apenas os elementos ou processos sistêmicos[38]. Enquanto "teoria do sistema no sistema"[39], ela implica a elaboração conceitual da "identidade do sistema em oposição ao seu ambiente"[40]. Trata-se, pois, de "uma forma concentrada de autorreferência"[41], que possibilita a problematização da própria identidade do sistema[42].

Enquanto em Luhmann a autopoiese é concebida em três momentos interdependentes (autorreferência elementar, reflexividade e reflexão), Teubner propõe um conceito mais abrangente, definindo-a como "enlace hipercíclico" de elemento, processo, estrutura e identidade[43]. Parece-me, porém, que o modelo luhmanniano de autopoiese não contraria a noção de "enlace hipercíclico", envolvendo também o momento estrutural. Luhmann não reduziu a reprodução autopoiética à autorreferência dos elementos, mas apenas fixou que essa é a forma mínima de autopoiese. E o que caracteriza exatamente a concepção dos sistemas autopoiéticos é que ela parte dos aspectos operacionais, não se referindo primariamente à dimensão estrutural (autonomia).

Com relação aos sistemas sociais, enquanto se constituem a partir de uma conexão unitária (autorreferencial) de comuni-

---

38 Cf. Luhmann, 1987a, p. 601; 1981c, p. 423.

39 *Id.*, 1981c, pp. 422 e 446.

40 *Id.*, 1987a, p. 620.

41 *Id.*, 1981c, p. 423.

42 *Id.*, 1982, p. 59.

43 Teubner, 1987a, pp. 106 ss.; 1989, pp. 36-60. Cf. também *id.*, 1987b.

cações[44], a sociedade é o sistema mais abrangente. As unidades elementares da sociedade, as comunicações[45], que ela constitui através da síntese de informação, mensagem e compreensão[46], só estão presentes no interior dela, não em seu ambiente, de tal maneira que ela pode ser caracterizada como um sistema "real-necessariamente fechado"[47]. Embora a reprodução de comunicações só se realize dentro da sociedade (fechamento autorreferencial), existem imprescindivelmente comunicações sobre o seu ambiente psíquico, orgânico e químico-físico (abertura)[48].

O caráter autopoiético dos subsistemas da sociedade não pode, porém, ser esclarecido desse mesmo modo: a comunicação é a unidade elementar de todos os sistemas sociais; no ambiente de todos os subsistemas da sociedade, há comunicação; para esses sistemas parciais, desenvolvem-se não apenas comunicações *sobre* o seu ambiente, mas também comunicações *com* o seu ambiente[49]. Somente quando um sistema social dispõe de um específico código-diferença binário é que ele pode ser caracterizado como autorreferencialmente fechado (e consequentemente aberto

---

[44] Luhmann, 1987a, p. 92. Segundo Luhmann (*ibid.*, pp. 43-4), os sistemas sociais, unidades autopoiéticas de comunicações, emergem de "cima", ou seja, constituem-se ao estabelecerem, em um outro plano, uma nova diferença entre sistema e ambiente. Não resultam, pois, da acumulação de elementos infraestruturais, tais como consciência, seres humanos etc. Ao contrário, na distinção de Maturana e Varela (1980, pp. 107-11; 1987, pp. 196 ss.) entre autopoiese de primeira, segunda e terceira ordem, os seres vivos apresentam-se como componentes dos sistemas sociais (emergência de "baixo"). Cf. também Teubner, 1989, pp. 40-1. Vale advertir que o conceito de sociedade (gênero) de Maturana e Varela, primariamente biológico, é mais abrangente do que o de sociedade humana (espécie); cf. *id.*, 1980, pp. xxiv-xxx; 1987, pp. 196 ss.

[45] Luhmann, 1987a, pp. 192-3.

[46] Luhmann, 1983b, p. 137. Ver também *id.*, 1987a, pp. 193 ss.

[47] *Id.*, 1987a, pp. 60-1.

[48] Luhmann, 1983b, p. 137.

[49] *Ibid.*, pp. 137-8.

ao ambiente)[50]. Por meio do código sistêmico próprio, estruturado binariamente entre um valor negativo e um valor positivo específico, as unidades elementares do sistema são reproduzidas internamente e distinguidas claramente das comunicações exteriores[51].

7.3 O direito como sistema autopoiético

A diferenciação do direito na sociedade moderna pode ser interpretada, por conseguinte, como controle do código-diferença "lícito/ilícito" por um sistema funcional para isso especializado[52]. De acordo com o modelo luhmanniano, essa nova posição do direito pressupõe a superação da sociedade pré-moderna, diferenciada verticalmente, ou seja, conforme o princípio da estratificação. Na medida em que o princípio da diferenciação baseava-se numa distinção entre "acima" e "abaixo", praticamente apenas o sistema supremo, a ordem política da camada social mais alta, constituía-se autorreferencialmente[53]. O direito permanecia sobredeterminado pela política e pelas representações morais estáticas, político-legitimadoras, não dispondo exclusivamente de um código-diferença específico entre um *sim* e um *não*. A positivação do direito na sociedade moderna implica o controle do código-diferença "lícito/ilícito" *exclusivamente* pelo sistema jurídico, que adquire dessa maneira seu fechamento operativo[54].

---

[50] Cf. Luhmann, 1983b, p. 134; 1987a, p. 603; 1986a, p. 83; 1986b, pp. 171-2.

[51] Sobre o código binário em geral, ver Luhmann, 1986a, pp. 75 ss.

[52] Luhmann, 1986b, p. 171. Cf., em relação aos sistemas sociais em geral, *id.*, 1986a, pp. 85-6.

[53] Luhmann, 1981b, pp. 159-60; 1987b, pp. 168 ss.

[54] Luhmann, 1986a, pp. 125-6. Especificamente sobre o código binário do sistema jurídico, ver de forma abrangente *id.*, 1986b; 1993, pp. 165 ss. Aqui deve ser lembrado que o direito, na perspectiva de observação do sistema político, pode ser qualificado como um segundo código do poder político (*id.*, 1986b, p. 199; 1988a, pp. 34, 48 ss. e 56).

Nesse sentido, a positividade é conceituada como autodeterminação operacional do direito[55]. Assim como em relação aos outros sistemas sociais diferenciados, não se trata aqui de autarquia, (quase) privação de ambiente. Se o fato de dispor exclusivamente do código-diferença "lícito/ilícito" conduz ao fechamento operacional, a escolha entre lícito e ilícito é condicionada pelo ambiente. Por outro lado, autodeterminação do direito fundamenta-se na distinção entre expectativas normativas e cognitivas[56], que só se tornou clara a partir da codificação binária da diferença entre lícito e ilícito exclusivamente pelo sistema jurídico. Com base na distinção entre o normativo e o cognitivo, o fechamento operativo do sistema jurídico é assegurado e simultaneamente compatibilizado com sua abertura ao ambiente. A respeito escreve Luhmann:

> Sistemas jurídicos utilizam essa diferença para combinar o fechamento da autoprodução recursiva e a abertura de sua referência ao ambiente. O direito constitui, com outras palavras, um sistema *normativamente fechado*, mas *cognitivamente aberto*. [...] A qualidade normativa serve à autopoiese do sistema, à sua autocontinuação diferenciada do ambiente. A qualidade cognitiva serve à concordância desse processo com o ambiente do sistema.[57]

---

[55] Ver Luhmann, 1993, pp. 38-123; 1988b; 1983b; 1985; 1981c. Luhmann (1993, pp. 38-9) considera o conceito de positividade insatisfatório na medida em que pode ser censurado por "decisionismo" ou entendido como um conceito contrário ao conceito de direito natural, ou seja, a rigor ele não corresponde à autonomia operativa do direito.

[56] Luhmann, 1983b, pp. 138 ss. Em relação a essa distinção, ver Luhmann, 1987a, pp. 436-43, 1987b, pp. 40-53; Neves, 1992, pp. 22-3.

[57] Luhmann, 1983b, p. 139. Cf. também *id.*, 1984b, pp. 110 ss.; 1993, pp. 77 ss.

Daí resulta uma conexão entre conceito e interesse na reprodução do direito positivo. Ao mesmo tempo que o sistema jurídico "fatorializa" a autorreferência por meio de conceitos, ele constrói sua heterorreferência através da assimilação de interesses[58].

Nesse contexto, o sistema jurídico pode assimilar, de acordo com os seus próprios critérios, os *fatores* do ambiente, não sendo diretamente influenciado por esses fatores. A vigência jurídica das expectativas normativas não é determinada imediatamente por interesses econômicos, critérios políticos, representações éticas, nem mesmo por proposições científicas[59]; ela depende de processos seletivos de filtragem conceitual no interior do sistema jurídico[60]. A capacidade de reciclagem (dimensão cognitivamente aberta) do direito positivo possibilita que ele se altere para adaptar-se ao ambiente complexo e "veloz". O fechamento normativo impede a confusão entre sistema jurídico e seu ambiente, exige a "digitalização" interna de informações provenientes do ambiente. A diferenciação do direito na sociedade não é outra coisa senão o resultado da mediação dessas duas orientações[61].

---

58 Luhmann, 1990b, p. 10. Ver Luhmann, 1993, pp. 393 ss.

59 Com relação especificamente ao conhecimento científico, afirma Luhmann (1985, p. 17) em consonância com isso: "Seria, porém, seguramente fatal para o sistema jurídico – e sobretudo politicamente fatal –, se ele pudesse ser revolucionado através de uma substituição de elementos teóricos centrais ou mediante uma mudança de paradigma." Cf. também *id.*, 1990a, pp. 593-4 e 663-4; e, em relação à interdependência do direito e ciência, Luhmann, 1993, pp. 86 e 91-2. Em contrapartida, na perspectiva singular de Cláudio Souto e Solange Souto, pode-se definir o direito, em parte, *conforme os critérios empíricos do conhecimento científico* (cf. Souto e Souto, 1981, espec. pp. 101 e 106-13; Souto, 1992, pp. 43-5, 1984, pp. 82-4 e 91-2, 1978, pp. 85-117).

60 "Desenvolvimentos externos" – enfatiza Teubner (1982, p. 21) – "não são, por um lado, ignorados, nem, por outro lado, convertidos diretamente, conforme o esquema 'estímulo-resposta', em efeitos internos; em vez disso, eles são filtrados nas estruturas jurídicas de acordo com critérios de sua própria seletividade e encaixados na lógica interna do desenvolvimento normativo."

61 Luhmann, 1983b, pp. 152-3.

A alterabilidade do direito é, desse modo, fortificada, não – como seria de afirmar-se com respeito a um fechamento indiferente ao ambiente – impedida; mas ela ocorre conforme os critérios internos e específicos de um sistema capaz de reciclar-se, sensível ao seu ambiente[62].

Nessa perspectiva, o fechamento autorreferencial, isto é, a normatividade para o sistema jurídico, não constitui finalidade em si do sistema, antes é a condição da abertura[63]. A radicalização da tese do fechamento como falta de ambiente desconhece o problema central da capacidade de conexão (em contraposição à simples repetição) entre acontecimentos elementares[64]. Só sob as condições de abertura cognitiva em face do ambiente (capacidade de reciclagem), o sistema jurídico pode tomar providências para desparadoxizar a autorreferência, possibilitando a capacidade de conexão[65]. O fechamento cognitivo do sistema jurídico produziria um paradoxo insuperável da autopoiese; não permitiria, portanto, a interrupção da interdependência dos componentes internos através da referência ao ambiente[66].

Por outro lado, porém, a interrupção do fechamento normativo através do questionamento do código-diferença "lícito/ilícito" afetaria a autonomia do sistema jurídico, levaria a paradoxos heteronomizantes:

> Se um sistema emprega uma diferença-guia como código da totalidade de suas operações, essa autoaplicação do código ao código deve ser excluída. A autorreferência só é admitida dentro do código e, aqui, operacionalizada como negação. [...] A *auto-*

[62] Luhmann, 1983b, p. 136.
[63] *Id.*, 1987a, p. 606; 1993, pp. 76 e 79.
[64] *Id.*, 1987a, p. 62.
[65] Cf. *ibid.*, p. 59.
[66] Cf. *ibid.*, p. 65.

> *nomia* do sistema não é, então, nada mais do que o *operar conforme o próprio código*, e precisamente *porque esse desparadoxiza o paradoxo da autorreferência*.[67]

De acordo com a concepção de Luhmann, a "autoaplicação do código ao código" não implica apenas efeitos heteronomizantes, mas também imobilidade do sistema jurídico, na medida em que a capacidade de conexão da reprodução autopoiética é, dessa maneira, bloqueada.

Especialmente nesse ponto emergem as divergências entre a teoria luhmanniana da positividade e as novas concepções axiológicas do direito[68]. Pressuposto que à positividade do direito é inerente não apenas a supressão da determinação imediata do direito pelos interesses, vontades e critérios políticos dos "donos do poder", mas também a neutralização moral do sistema jurídico, torna-se irrelevante para Luhmann uma teoria da justiça como critério exterior ou superior do sistema jurídico: "Todos os valores que circulam no discurso geral da sociedade são, após a diferenciação de um sistema jurídico, ou juridicamente irrelevantes, ou valor próprio do direito."[69] Portanto, a justiça só pode ser

---

[67] Luhmann, 1985, p. 6. Em relação aos sistemas sociais em geral, cf. também *id.*, 1986a, pp. 76-7 e 80-1. Sobre "desparadoxização" e "destautologização" do direito por meio do código "lícito/ilícito", ver *id.*, 1993, espec. pp. 168-9.

[68] Cf., primariamente, Luhmann, 1981d; 1988b; 1993, pp. 214-38; 1996. Criticamente, ver Dreier, 1981; Habermas, 1992, pp. 573-80, 1996, pp. 393-8; Alexy, 1983, pp. 161-5; K. Günther, 1988, pp. 318-34. Defendendo a abordagem luhmanniana, Kasprzik, 1985.

[69] Luhmann, 1988b, p. 27. Daí por que Kasprzik (1985, pp. 368 ss.) designa o enfoque de Luhmann de "desfundamentalização". É de observar-se que a vigência do código "lícito/ilícito", diferença-guia da reprodução autopoiética do direito conforme Luhmann, é também independente de uma "norma fundamental" (Kelsen) ou de uma "norma de reconhecimento" (Hart). Cf. Kelsen, 1960, pp. 196-227 [trad. bras., 1998, pp. 215-246], 1945, pp. 110 ss.; Hart, 1994, pp. 94 ss.; Luhmann, 1983b, pp. 140-1; K. Günther, 1988, p. 328. Além disso, o conceito kelseniano de autoprodução do direito permanece no plano estrutural do ordenamento jurídi-

considerada consequentemente a partir do interior do sistema jurídico, seja como adequada complexidade (justiça externa) ou como consistência das decisões (justiça interna)[70]. Trata-se, com outras palavras, por um lado (externamente), de abertura cognitiva adequada ao ambiente; por outro lado (internamente), da capacidade de conexão da reprodução normativa autopoiética. A positividade não se limita, pois, ao *deslocamento* dos problemas de fundamentação no sentido da ética do discurso habermasiana[71], ela significa a eliminação da problemática da fundamentação. O fato de que o direito preenche sua função perante um ambiente hipercomplexo, inundado das mais diversas expectativas normativas, exige, segundo Luhmann, um desencargo mais radical com respeito à fundamentação ética, seja ela material ou argumentativo-procedimental[72]. A relevância eventual de pon-

---

co e consequentemente – ao contrário da interpretação de Ost (1986, pp. 141-4) – não é relacionado ao paradigma autopoiético, que se refere primariamente ao nível operacional e à circularidade da reprodução do direito. Cf. Kelsen (1960, pp. 73, 228 e 283 [trad. bras., 1998, pp. 80, 246 e 309]). Em contraste a ambas as posições, particularmente em relação à abertura cognitiva do sistema jurídico em Luhmann, ver Reisinger, 1982. Para uma reinterpretação sistêmica da teoria das normas fundamentais, ver Pawlik, 1994.

70 Luhmann, 1988b, pp. 26-7. Cf. também *id.*, 1981d, pp. 388 ss.; 1993, pp. 225-6.

71 "A função própria da positivação consiste em *deslocar problemas de fundamentação*, portanto, em descarregar a aplicação técnica do direito, *sobre amplos espaços*, de problemas de fundamentação, mas não em eliminar a problemática da fundamentação" (Habermas, 1982, p. 359). Mais tarde, a oposição à concepção luhmanniana da positividade como autonomia sistêmica vai ser expressa de forma mais vigorosa: "Um sistema jurídico adquire autonomia não apenas para si sozinho. Ele é autônomo apenas na medida em que os procedimentos institucionalizados para legislação e jurisdição garantem formação imparcial de julgamento e vontade e, por esse caminho, proporcionam a uma racionalidade ético-procedimental ingresso igualmente no direito e na política" (Habermas, 1987, p. 16). Cf. Habermas, 1992, p. 599, onde as expressões "julgamento" e "ético" são substituídas, respectivamente, pelos termos "opinião" e "moral".

72 Segundo Luhmann (1981d, p. 389, nota 33), "[...] formas discursivo-racionais de esclarecimentos de posições valorativas aceitáveis ou inaceitáveis ficam hoje encravadas no domínio do mero vivenciar. O pressuposto central da filosofia prática,

derações referentes a valores pretensamente universais teria como consequência a imobilidade do sistema jurídico, o bloqueio de sua tarefa seletiva; portanto, efeitos disfuncionais. Em suma: nos termos da concepção luhmanniana da positividade do direito, isto é, fechamento normativo e abertura cognitiva do direito moderno, o problema da justiça é reorientado para a questão da *complexidade* adequada do sistema jurídico e da *consistência* de suas decisões.

7.4 A alopoiese do direito

O modelo luhmanniano do *direito moderno* (positivo) *como sistema autopoiético é*, numa perspectiva empírica, *suscetível de restrições*. A determinação alopoiética do direito prevalece na maioria dos Estados, que são segmentações jurídico-políticas da sociedade moderna (mundial)[73]. Inicialmente cabem alguns esclarecimentos.

Ao contrapor-se à autopoiese a alopoiese, não se trata de uma discussão sobre a superação lógica do paradoxo da autorreferência[74]. Nesse sentido, orientou-se o debate entre Hart e Ross sobre a possibilidade lógica da autorreferência no direito[75]. De um lado, Hart fazia objeções à resposta de Kelsen ao argumento de que a série infinita de sanções na relação entre normas sancionadoras e sancionadas estaria em contradição com a noção de direito como ordem coativa[76]; de outro lado, contestava a tese, sustentada por Ross, de que a reforma constitucional das normas constitu-

---

segundo o qual, ao argumentar-se sobre o que hoje se designa de valores, poderia compreender-se melhor o *agir*, não é mais defensável nas condições hodiernas de um mundo muito mais rico em possibilidades".

73 A respeito, ver Neves, 1992.

74 Cf. Teubner, 1989, pp. 14-5.

75 Hart, 1983; Ross, 1959, pp. 80-4, 1969.

76 Cf. Hart, 1983, pp. 170-3; Kelsen, 1945, pp. 28-9.

cionais referentes à própria reforma da Constituição configuraria "um absurdo lógico"[77]. Hart apresentava o argumento conclusivo de que o direito não constitui um sistema de proposições no sentido lógico e, por conseguinte, admite autorreferência[78].

Nos termos da concepção sistêmico-teorética da autopoiese, a autorreferência pertence à realidade do direito como sistema social, não sendo tratada como um problema lógico. O conceito de autorreferência é "retirado de seu clássico posto na consciência humana ou no sujeito e transposto para o domínio dos objetos, a saber, para os sistemas reais como objeto da ciência"; daí resulta "uma certa distância em relação às dificuldades puramente lógicas da autorreferência"[79]. Nesse contexto, não é mais o pensamento sobre o direito que é considerado como autorreferencialmente constituído, mas sim o próprio direito[80]. A autorreferência autopoiética não é, então, um problema a ser superado, mas sim uma condição imprescindível à unidade operacional e estrutural do sistema jurídico.

Também não partimos aqui de uma distinção radical entre sistemas autorreferentes e alorreferentes no sentido da concepção biológica de Maturana, conforme a qual se distinguem, respectivamente, os "sistemas que só podem ser caracterizados com referência a si mesmos" e os "sistemas que só podem ser caracterizados com referência a um contexto"[81]. No caso dos sistemas sociais, a autopoiese operacional é combinada com a referência cognitiva ao ambiente. A heterorreferência informativa é pressuposto da autorreferência operacional e vice-versa. No sistema

77 Ross, 1959, pp. 80 ss.; 1969, espec. pp. 4-5, 20-1 e 23-4. Cf. Hart, 1983, pp. 175 ss.
78 Cf. Hart, 1983, pp. 177-8.
79 Luhmann, 1987a, p. 58.
80 Teubner, 1989, p. 18.
81 Maturana. *In*: Maturana e Varela, 1980, p. xiii.

jurídico, isso significa, como observamos no item anterior, a conexão entre fechamento normativo e abertura cognitiva. O direito enquanto sistema autopoiético é, ao mesmo tempo, normativamente simétrico e cognitivamente assimétrico[82]. Só quando há uma assimetrização externa ao nível da orientação normativa é que surge o problema da alopoiese como negação da autorreferência operacional do direito. Derivado etimologicamente do grego *alo* ("um outro", "diferente") + *poiesis* ("produção", "criação"), a palavra designa a (re)produção do sistema por critérios, programas e códigos do seu ambiente. O respectivo sistema é determinado, então, por injunções diretas do mundo exterior, perdendo em significado a própria diferença entre sistema e ambiente. Por outro lado, bloqueio alopoiético do sistema é incompatível com capacidade de reciclagem (abertura cognitiva) e, por conseguinte, com a própria noção de referência ao ambiente como interrupção da interdependência dos componentes sistêmicos.

A crítica à noção luhmanniana da autopoiese do sistema jurídico desenvolveu-se sobretudo entre os autores vinculados à concepção pós-modernista do direito[83]. Em Ladeur, argumenta-se no sentido da pluralidade do discurso jurídico, criticando-se o conceito de direito como generalização congruente de expectativas normativas, porque tal conceito estaria associado a uma concepção instrumental da linguagem como "sistema de signos"[84] e, portanto, não tomaria em consideração a heterogeneidade e

---

[82] Luhmann, 1984b, p. 111. Em relação aos sistemas sociais em geral, cf. *id.*, 1987a, pp. 65 e 262.

[83] Cf. Teubner, 1982, 1987a, 1987b, 1988, 1989; Teubner e Willke, 1984; Ladeur, 1983, 1984, espec. pp. 153 ss. e 222 ss., 1985, 1986, 1990, 1991, 1992, espec. pp. 80 ss. Para uma visão geral, ver Neves, 1992, pp. 41-4. De uma outra perspectiva, ver Rosenfeld, 1998.

[84] Ladeur, 1985, pp. 415 e 417-8, nota 131. Recuando nessa crítica, cf. *id.*, 1992, pp. 127-8.

descontinuidade histórica dos "jogos de linguagem"[85]. Disso resulta que não se fala de consenso (suposto), mas sim de compatibilização do dissenso[86]. A autopoiese é flexibilizada, na medida em que "o plano da virtualização de estrutura e função"[87] possibilita o entrelaçamento dos diversos sistemas sociais, o que exige "uma cultura jurídica da incerteza"[88]. Ladeur sustenta a pluralização em vez da unidade do direito[89], assim como o caráter constitutivo da "desordem" para a "ponderação" (*Abwägung*) como paradigma jurídico[90]. Mas mantém o conceito de autopoiese. Esta é interpretada situativamente a partir da "crescente heterogeneidade e diferenciação das arenas do agir social e administrativo"[91], exigindo a aplicação situativo-tópica do direito (ponderação)[92]; ela não é negada: a reprodução autopoiética realizar-se-ia nos termos de uma "lógica local" para a dogmática[93]. Apenas haveria uma pluralização da autopoiese.

O modelo pós-modernista proposto por Teubner e Willke aponta em outra direção. Na tentativa de compatibilizar a teoria dos sistemas de Luhmann com a teoria do discurso de Habermas, apresenta-se a noção de "direito reflexivo", o qual surgiria como uma reação à diferenciação funcional da sociedade (Luhmann) e como "constituição exterior" para a autorreflexão nos outros sis-

85 Ladeur, 1986, p. 268, nota 8.

86 *Ibid.*, p. 273.

87 Cf. *id.*, 1985, p. 414.

88 Ladeur, 1985, p. 423. A respeito, ver mais recentemente *id.*, 1990; 1991; 1992; 1995.

89 Ladeur, 1983, espec. pp. 479 ss.; 1984.

90 Ladeur, 1983, p. 478. Como aplicação dessa concepção teórica a uma questão constitucional concreta, ver *id.*, 1987; e, em controvérsia, Blanke, 1987.

91 Ladeur, 1986, p. 273.

92 Ladeur, 1983, p. 472. Cf. também *id.*, 1984, espec. pp. 205 ss.

93 Ladeur, 1985, p. 426.

temas sociais (Habermas)[94]. O "direito reflexivo" é concebido, então, como uma síntese superadora dos limites do direito formalmente racional e da racionalidade jurídica material[95]. No primeiro caso, haveria uma insensibilidade em relação ao contexto social; o direito materialmente racional, por sua vez, não responderia adequadamente à diferenciação da sociedade e não proporcionaria a autonomia do sistema jurídico. O direito reflexivo regularia o contexto social *autônomo*, respeitando a dinâmica própria dos outros subsistemas sociais, mas impondo-lhes restrições possibilitadoras da combinação de todas as partes, restrições essas que funcionariam, para cada sistema-parte, como "regras do contexto"[96]. Divergindo do modelo de Luhmann, essa construção pressupõe que os subsistemas sociais não se encontram apenas em relações de observação recíproca, admitindo também *interferências* intersistêmicas[97]. Não se nega, porém, a autopoiese do sistema jurídico; ao contrário, afirma-se a dupla autopoiese do direito e dos demais subsistemas da sociedade[98].

No desenvolvimento de sua concepção jurídica pluralista e pós-moderna, Teubner introduz a distinção entre direito autopoiético, direito parcialmente autônomo e direito socialmente difuso[99]. Parte-se da concepção de que o sistema jurídico autopoiético constitui-se do entrelaçamento entre os componentes

---

94 Teubner e Willke, 1984, pp. 24-30; Teubner, 1982, pp. 44-51. A respeito, ver, em diversas perspectivas, as críticas de Luhmann, 1985; Nahamowitz, 1985; Münch, 1985.

95 Cf. Teubner e Willke, 1984, pp. 19 ss.; Teubner, 1982, pp. 23 ss.

96 Teubner e Willke, 1984, p. 7.

97 Teubner, 1988, pp. 52-9; 1989, pp. 96 ss.

98 Cf. Teubner, 1988, pp. 46-8; 1989, pp. 88-90. Para uma perspectiva crítica, ver Nahamowitz, 1990. Para uma resposta à crítica de Nahamowitz, ver Luhmann, 1991. Distanciando-se de ambas as posições, ver Kargl, 1991.

99 Cf. Teubner, 1989, pp. 49 ss., especialmente o sugestivo quadro da página 50; *id.*, 1987a, pp. 106 ss. (o mesmo quadro à página 108); 1987b, pp. 432 ss.

sistêmicos, a saber, procedimento jurídico (processo), ato jurídico (elemento), norma jurídica (estrutura) e dogmática jurídica (identidade). No caso do direito parcialmente autônomo, haveria a autorreferencial constituição dos respectivos componentes sistêmicos, não surgindo, porém, o enlace hipercíclico entre eles. Ou seja, haveria (re)produção autorreferencial dos atos jurídicos entre si, das normas entre si, dos procedimentos entre si, dos argumentos e proposições dogmáticas entre si, mas esses diversos componentes sistêmicos não se entrelaçariam num hiperciclo autopoiético. Por fim, teríamos o direito socialmente difuso, no qual os componentes sistêmicos são produzidos sem diferenciação jurídica, ou seja, simplesmente como conflito (processo), ação (elemento), norma social (estrutura) e imagem do mundo (identidade). Ao distinguir esses três tipos de constituição e (re)produção dos componentes do sistema jurídico, Teubner é levado à seguinte aporia: tratando-se do mesmo âmbito de vigência, como se resolvem os conflitos entre os três diversos tipos sistêmicos do direito? Ele responde com o conceito de direito intersistêmico de colisão[100], inclusive para "o conflito entre ordem jurídica estatal e *ordens sociais plurais quase-jurídicas*"[101]. A questão, contudo, permanece: o direito intersistêmico de colisão constitui sistema autopoiético, ordem jurídica parcialmente autônoma ou direito socialmente difuso? Caso se trate de uma dessas duas últimas formas, não haveria, a rigor, direito autopoiético; se, ao contrário, for caracterizado como direito autopoiético, não haveria exatamente direito parcialmente autônomo ou direito socialmente difuso[102].

---

[100] Teubner, 1989, pp. 123-48.

[101] *Ibid.*, pp. 135-8.

[102] Em relação à colisão de discursos, Teubner mais recentemente formulou de maneira diferente: com base no conceito de *re-entry*, o direito de colisão e o discurso de colisão são instalados no direito colidente e no discurso colidente respectivamente. Ver Teubner, 1996b, pp. 907-18.

Quando falamos de direito alopoiético, referimo-nos ao próprio direito estatal, territorialmente delimitado. Procuramos observar que não se desenvolve, em determinado âmbito de vigência espacial delimitado fixamente, a diferenciação funcional suficiente de uma esfera do agir e do vivenciar jurídico, ou seja, não se constrói um sistema autorreferencial apto a, de maneira congruentemente generalizada no domínio da respectiva sociedade, orientar as expectativas normativas e direcionar as ações em interferência intersubjetiva. Não se trata, pois, do modelo tradicional do pluralismo jurídico, no qual se distinguiria direito "oficial" autônomo de esferas jurídicas construídas informalmente e de modo difuso. Em primeiro lugar, tal distinção nos conduz à já referida aporia insuperável quanto aos mecanismos de solução dos conflitos intersistêmicos, pois a prevalência de um dos modelos jurídicos implica a absorção do outro. Por outro lado, a concepção pluralista pós-moderna, de origem europeia, procura apontar para a relação de mecanismos extraestatais "quase-jurídicos" com um direito estatal operacionalmente autônomo. Em nosso caso, pretendemos considerar algo mais radical, a própria falta de autonomia operacional do direito positivo estatal. Isso significa a sobreposição de outros códigos de comunicação, especialmente do econômico (ter/não-ter) e do político (poder/não-poder), sobre o código "lícito/ilícito", em detrimento da eficiência, funcionalidade e mesmo racionalidade do direito.

Ao afirmar-se o intrincamento dos códigos e critérios de preferência das diversas esferas da vida social (economia, política, família etc.) com o código-diferença e os critérios do direito, não se desconhece que sempre há um condicionamento de todo e qualquer sistema autopoiético pelo seu ambiente e que isso constitui pressuposto da conexão autorreferencial dos componentes intrassistêmicos. Mas, nesse caso, há a "comutação" ou "digitalização" dos fatores externos pelo código e o critério do respectivo sistema. É na capacidade de "releitura" própria das determinantes ambientais que o sistema afirma-se como autopoiético. Na medida em que, ao contrário, os agentes do sistema jurídico estatal põem de lado o código-diferença "lícito/ilícito" e os respectivos programas e critérios, conduzindo-se ou orientando-se primária e frequentemente com base em injunções diretas da economia, do poder, das relações familiares etc., cabe, sem dúvida, sustentar a existência da alopoiese do direito. Não se trata aqui de fenômeno localizado de corrupção sistêmica à custa do acoplamento estrutural em organizações, como ocorreu nos Estados democráticos de direito da Europa Ocidental e da América do Norte[103], nem de "valor de rejeição" nos termos de Gotthard Günther[104], já que ambos pressupõem a autopoiese dos respectivos sistemas. Sob as condições típicas de reprodução do direito nos Estados periféricos da modernidade, a chamada corrupção sistêmica tem tendência à generalização[105], de tal modo que o próprio princípio da diferenciação funcional é afetado, e situações de alopoiese do direito são trazidas à tona[106]. Portanto, não se trata de bloqueios eventuais da reprodução autopoiética do direito positivo, superáveis através de mecanismos imunizatórios complementares do próprio sistema jurídico. O problema implica o comprometimento generalizado da autonomia opera-

---

[103] Luhmann, 1993, pp. 81-2 *passim*.

[104] G. Günther, 1976, pp. 286 ss.; cf. Luhmann, 1986b, pp. 181 ss., 1993, pp. 81, 181, 187 e 545 ss., 1997, pp. 751 ss.

[105] Ver Neves (1992, pp. 72-81), em que o conceito de "modernidade periférica" é mais precisamente descrito.

[106] Luhmann (1993, p. 82) reconhece que "no caso extremo" de corrupção do sistema "não se pode mais falar de fechamento autopoiético", mas daí ele não retira de forma consistente as consequências empíricas para sua construção teórica, na medida em que ainda insiste muito fortemente na primazia da diferenciação funcional na sociedade mundial atual. Ver Luhmann, 1993, p. 572; 1997, p. 743.

cional do direito. Diluem-se as próprias fronteiras entre sistema jurídico e ambiente, inclusive no que se refere a um pretenso direito extraestatal socialmente difuso.

A alopoiese afeta a autorreferência de base ou elementar (legalidade), a reflexividade (constitucionalidade) e a reflexão (legitimação) como momentos constitutivos da reprodução operacionalmente fechada do sistema jurídico. Atinge também a heterorreferência, ou seja, a função e prestações do direito[107]. Conforme o modelo de Teubner, a alopoiese implica, em primeiro lugar, a não constituição ou o bloqueio generalizado do entrelaçamento hipercíclico dos componentes sistêmicos (ato, norma, procedimento e dogmática jurídicos). Mas pode significar algo mais: a não constituição autorreferencial de cada espécie de componentes sistêmicos. Nesse caso, as fronteiras entre sistema jurídico e ambiente social não só se enfraquecem, elas desaparecem.

O problema típico da "modernidade periférica" em relação à alopoiese do direito[108] remonta à fraqueza, irrelevância, bem como ausência da Constituição como um acoplamento estrutural entre política e direito[109], um mecanismo que "torna possível uma solução *jurídica* para o problema da autorreferência do sistema *político* e, ao mesmo tempo, uma solução *política* para o problema da autorreferência do sistema *jurídico*"[110]. O político toma precedência sobre o jurídico de modo que dificilmente se pode falar de autonomia operativa ou diferenciação funcional de ambos os sistemas. E essa situação não ocorre apenas nas experiências autocráticas, nas quais o efeito destrutivo do código de poder

---

107 Para uma análise pormenorizada dos problemas de autorreferência e heterorreferência em situação de alopoiese do direito, ver, com apoio empírico no caso brasileiro, Neves, 1992, pp. 147-215.

108 Nesse sentido, ver Neves, 1992.

109 Luhmann, 1990c, pp. 193 ss.; 1993, pp. 470 ss.

110 *Id.*, 1990c, p. 202.

sobre o código jurídico – ou, mais exatamente, a superioridade do político sobre o jurídico – já é estruturalmente determinado no nível da legislação constitucional. Com a constitucionalização simbólica[111], em cujo contexto o texto constitucional adota o modelo do Estado democrático de direito, o problema da interferência destrutiva da política no sistema jurídico aparece apenas no curso da aplicação da Constituição. Se considerarmos a "concretização" da Constituição no sentido mais estrito, técnico-jurídico, como a construção da "norma jurídica" e da "norma de decisão" em cada caso particular[112], já se pode encontrar uma distorção semântica das cláusulas constitucionais: o conteúdo do significado que lhes é atribuído no caso concreto muitas vezes se desvia de qualquer interpretação generalizável dos princípios do Estado democrático de direito. Se "concretização" é definida no sentido mais amplo, de modo que a realização efetiva da Constituição também é incluída, pode-se concluir que existe uma divergência escandalosa entre o modelo constitucional baseado em princípios democráticos e no Estado de direito, por um lado, e a prática política e jurídica, por outro lado. Em termos gerais, há uma falta de normatividade constitucional consistente com o texto constitucional. A obstrução do processo de concretização da Constituição por interesses particulares diversos implica uma realidade política desjuridificante e uma prática jurídica desconstitucionalizante. Em relação ao direito, isso significa que a Constituição como "aquela forma com a qual o sistema jurídico reage a sua própria autonomia"[113] não é suficientemente concretizada ou construída.

---

[111] Neves, 1998.

[112] Nesse sentido, ver Müller, 1995, pp. 166-74, 1994, p. 263; Christensen, 1989, pp. 87-91.

[113] Luhmann, 1990c, p. 187. "A Constituição fecha o sistema jurídico, enquanto o regula como um domínio no qual ela mesma reaparece. Ela constitui o sistema jurídico como sistema fechado mediante reingresso no sistema."

O problema que ocorre quando a Constituição não se torna um mecanismo de autonomia operativa jurídica, particularmente no caso de distorções semânticas do texto constitucional no decorrer do processo de concretização, está intimamente relacionado ao problema generalizado da "exclusão social" dentro dos países periféricos, realizada tanto "de baixo" quanto "de cima". Não se trata mais aqui de "exclusão secundária", mas de "exclusão primária"[114]. O primeiro caso não evoca questionamento ou destruição do código do direito; antes, o código "apenas limita a extensão real de sua validade"[115]. No segundo caso, a exclusão é expandida e intensificada, resultando na liberação e generalização de consequências destrutivas que atuam contra a validade de códigos jurídicos diferenciados e contra uma Constituição baseada no Estado de direito, que representa o acoplamento estrutural entre direito e política. Não se trata de uma metadiferença leve de inclusão e exclusão nos termos de Luhmann, que mediaria os códigos dos sistemas funcionais e, assim, permearia a diferenciação funcional da sociedade e a diferenciação do direito, bem como da ordem constitucional[116], mas sim dos fenômenos generalizados de exclusão que questionam e ameaçam a diferenciação funcional, a autonomia do direito e a normatividade constitucional[117]. Mais exatamente, não há que se falar nesse contexto

---

[114] Müller, 1997, pp. 50-6.

[115] *Ibid.*, p. 51.

[116] Luhmann, 1997, p. 632; 1993, p. 583.

[117] Luhmann (1997, p. 168) reconhece: "A diferença entre inclusão e exclusão tem efeitos graves, já que, por um lado, é causada pela diferenciação funcional da sociedade mundial, por outro, dificulta – se não impede – a produção regional de condições de diferenciação funcional." Em outras palavras, trata-se de uma diferença "que é reconhecidamente gerada através da diferenciação funcional, mas que, no fundo, é *incompatível* com ela" (Luhmann, 1993, p. 582; grifo meu). Luhmann (1997, p. 632) insiste, entretanto, que, apesar das condições generalizadas de "inclusão/exclusão" como no caso latino-americano, não ocorre a eliminação da autopoiese do direito.

de "exclusão" social como se o isolamento comunicativo entre grupos populacionais ainda fosse possível na sociedade mundial moderna. Não me parece apropriado falar de esfera de inclusão (na qual "indivíduos contam como pessoas") e esfera de exclusão (na qual "indivíduos são considerados não mais como pessoas, mas como corpos")[118], como se ambas pudessem ser claramente distinguidas. O problema consiste na generalização das relações de sobreintegração e subintegração nos diferentes sistemas sociais[119]. Essas relações implicam posições hierárquicas nos sistemas funcionais, posições que não são guiadas por princípios, mas condicionadas factualmente. Nessas relações, a pessoa é integrada aos sistemas sociais "por cima" ou "por baixo", com a consequência de que a reprodução autônoma desses sistemas seja obstruída. O polo de sobreintegração tem acesso aos produtos e benefícios dos sistemas sociais sem depender simultaneamente de suas restrições e regras (integração positiva), enquanto o polo subintegrado depende das regras e restrições sem ter acesso aos produtos e benefícios (integração negativa), de modo que em ambos os polos existe inclusão defeituosa, assim como exclusão parcial[120].

Em relação ao direito, isso significa que os sobreintegrados têm acesso ao direito (assim como à proteção legal e vias judi-

118 Luhmann, 1997, pp. 632 ss.; 1995, pp. 237, 259-64 e 262; 1993, pp. 584-5.

119 Cf. Neves, 1992, pp. 78-9, 94-8 e 155-6; 1994; 1995.

120 Do ponto de vista da dependência e não do acesso, Luhmann (1993, pp. 584-5; 1997, pp. 631-2; 1995, pp. 259-60), em contraste com minha formulação, define a "área de exclusão" como altamente integrada e a "área de inclusão" como menos integrada. Dessa forma, a integração seria entendida unidimensionalmente "como a redução do grau de liberdade dos subsistemas" bem como "restrição do grau de liberdade para seleção"; portanto, negativamente como dependência e não positivamente como acesso. Ver Luhmann, 1997, pp. 603 e 631. Entretanto, de acordo com minha formulação, a subintegração e a sobreintegração implicam em cada caso uma "inclusão" insuficiente (portanto, exclusão parcial), seja por falta de acesso (de integração positiva) aos sistemas sociais, seja por falta de dependência (de integração negativa) dos mesmos.

ciais) sem ter que cumprir os deveres e responsabilidades impostos pelo sistema jurídico (impunidade), enquanto, ao contrário, os subintegrados não têm acesso à proteção legal e vias judiciais, embora estejam muito estritamente submetidos a deveres, responsabilidades e penalidades limitadoras de liberdade[121]. No mundo moderno altamente complexo, não existem, é certo, posições absolutas de sobreintegração ou subintegração, pois essas posições não se baseiam, como nas sociedades pré-modernas, em princípios ou normas sólidos, mas dependem de condições factuais concretas de reprodução da comunicação; no entanto, há partes da população que se encontram regularmente no polo superior ou inferior das relações de sobreintegração e subintegração. Para o sobrecidadão e o subcidadão, a Constituição não forma um horizonte para sua ação e experiência jurídico-política: para o primeiro, a Constituição pode ser usada, não usada, ou mal usada de acordo com os contextos concretos de interesses; para o segundo, os direitos e garantias fundamentais proclamados na Constituição são alheios. Segue-se que a generalização das relações de sobreintegração e subintegração nos subsistemas sociais, especialmente na política e no direito, leva à quebra da Constituição como (sub)ordem básica das comunicações jurídicas e políticas. E para o direito, isso significa que sua reprodução é suprimida através de atribuições comunicativas que são determinadas por "cima" ou por "baixo" de acordo com outros códigos binários. Dessa forma, o direito é de tal modo comprimido por determinantes verticais do ambiente que, apesar de todos os aumentos de complexidade e correspondentes exigências de diferenciação funcional ou autonomia do sistema, falta-lhe circularidade autorreferencial ou fechamento operativo.

[121] Seguindo esse argumento, ver, para a América Latina, O'Donnell, 1999, espec. p. 312.

7.5 Considerações finais: da realidade empírica à exigência normativa de autopoiese do direito

Assim compreendida, à alopoiese do direito, enquanto problema típico dos "Estados periféricos", não se pode aplicar o modelo do pós-modernismo jurídico, que, negando a unidade do direito como cadeia de comunicações operacionalmente diferenciada, sustenta que o sistema jurídico constrói-se pluralisticamente como uma *rede* de comunicações, importando *incerteza e instabilidade (des)construtivas* (autopoiese pluralista)[122]. A determinação predominantemente alopoiética das estruturas (normas), elementos (ações), processos (conflitos) e identidade (imagem do mundo) do direito implica, na sociedade supercomplexa de hoje, a *insegurança destrutiva* com relação à prática de solução de conflitos e à orientação das expectativas normativas. Impossibilita-se, assim, como no caso brasileiro, a generalização includente do código lícito/ilícito e promove-se a interferência direta (não decodificada), particularista e bloqueante de fatores sociais os mais diversos na reprodução do direito, sobretudo a injunção heteronomizante dos interesses econômicos e políticos concretos. A subordinação resultante do código do direito ao código ter/não-ter e poder/não-poder não é orientada por princípios altamente morais nem determinada ou controlada internamente através de critérios e programas de sistemas funcionais diferenciados, mas condicionada pela "exclusão social" real. Isso tem graves efeitos destrutivos na integração da sociedade e é, naturalmente, incompatível com a ideia de autopoiese do direito. Para essa situação, que é dominante em inúmeros contextos comunicativos da sociedade mundial atual e na maioria das regiões do globo, as abordagens existentes da teoria de sistemas, seja ba-

---

122 Cf. Ladeur, 1985; 1990; 1991; 1992.

seada no modelo funcional ou no paradigma pós-moderno, não oferecem nenhum modelo explicativo adequado.

Parece-me, porém, que a concepção de autopoiese do direito é passível de uma leitura de um ponto de vista normativo. Embora essa não seja a vertente de Luhmann nem mesmo de Teubner, encontramos indícios de tal interpretação na obra de ambos. Na sociedade mundial supercomplexa do presente, tornou-se uma exigência funcional com implicações normativas – mas que não constitui uma realidade empírica generalizada nem dominante – que os códigos e programas de uma esfera de comunicação não se imponham, diretamente, a outra esfera de comunicação. Exige-se o respeito à autonomia de todo e qualquer discurso social[123]. Por exemplo, é um imperativo de justiça em uma sociedade complexa que "o ponto central da racionalidade interna de um setor social autônomo, como pesquisa, saúde ou educação, não deve ser substituído pela racionalidade econômica"[124]. Em geral, pode dizer-se que a racionalidade de um campo de comunicação não deve ser reduzida à de um outro ou afirmar-se que os códigos e critérios de uma esfera social autônoma não devem ser sabotados pelas exigências de uma outra. Nesse sentido, o próprio Luhmann enfatiza que, "agora, sabotagens de código tornam-se o problema moral – algo assim como a corrupção na política e no direito ou o *doping* no esporte ou a compra de amor ou a fraude de dados da pesquisa empírica"[125]. Com referência aos diversos jogos de linguagem, impõe-se uma justiça discursiva como "justiça em face do heterogêneo"[126]. Nessa perspectiva, justiça significa "a relação entre identidade e alteridade discursiva, não, contudo, a

---

[123] Teubner, 1996a, p. 218.

[124] *Id.*, 1998, pp. 21-2.

[125] Luhmann, 1997, p. 1043.

[126] Welsch, 1991, p. 176.

partir da perspectiva de um terceiro, mas sim da perspectiva singular do respectivo discurso em face de outros mundos discursivos"[127]. Em suma, a justiça pressupõe e exige o reconhecimento da pluralidade discursiva e da complexidade sistêmica da sociedade mundial de hoje, implicando o respeito à autonomia das esferas discursivas ou dos sistemas de comunicação. E o conceito de autopoiese do direito refere-se exatamente à maneira pela qual o direito constrói a sua autonomia como esfera de comunicação, adquirindo identidade e alteridade discursiva. Portanto, se o direito é usurpado (e, dessa maneira, os direitos são sonegados) por uma política selvagem corrompida pelo dinheiro, o resultado é a injustiça estrutural, tal como ocorre principalmente nos países da modernidade periférica, caracterizados por uma cultura política da ilegalidade contrária ao Estado de direito e pela grande fragilidade do direito perante o expansionismo destrutivo do meio dinheiro em uma economia globalizada.

7.6 Bibliografia

ALEXY, Robert (1983). *Theorie der juristischen Argumentation: Die Theorie des rationalen Diskurses als Theorie der juristischen Begründung*. Frankfurt am Main: Suhrkamp.

BAECKER, Dirk *et al.* (orgs.) (1987). *Theorie als Passion: Niklas Luhmann zum 60. Geburtstag*. Frankfurt am Main: Suhrkamp.

BERTALANFFY, Ludwig von (1957). "Allgemeine Systemtheorie: Wege zu einer neuen mathesis universalis". *Deutsche Universitätszeitung* 12 (Bonn: Deutsche Universitätszeitung), n°s 5-6, pp. 8-12.

BLANKE, Thomas (1987). "Kritik der systemfunktionallen Interpretation der Demonstrationsfreiheit". *Kritische Justiz* 20 (Baden-Baden: Nomos), pp. 157-65.

---

[127] Teubner, 1996a, p. 218.

BÜHL, Walter L. (1989). "Grenzen der Autopoiesis". *Kölner Zeitschrift für Soziologie und Sozialpsychologie* 39 (Opladen: Westdeutscher Verlag), pp. 225-53.

CHRISTENSEN, Ralph (1989). "Der Richter als Mund des sprechenden Textes. Zur Kritik des gesetzespositivistischen Textmodells". *In*: F. Müller (org.). *Untersuchungen zur Rechtslinguistik: Interdisziplinäre Studien zu praktischer Semantik und strukturierender Rechtslehre in Grundfragen der juristischen Methodik*. Berlim: Duncker & Humblot, pp. 47-91.

DREIER, Ralf (1981). "Zu Luhmanns systemtheoretischer Neuformulierung des Gerechtigkeitsproblems". *In*: R. Dreier. *Recht – Moral – Ideologie: Studien zur Rechtstheorie*. Frankfurt am Main: Suhrkamp, pp. 270-85.

GÜNTHER, Gotthard (1976). "Cybernetic Ontology and Transjunctional Operations". *In*: G. Günther. *Beiträge zur Grundlegung einer operationsfähigen Dialektik*. Hamburg: Meiner, vol. 1, pp. 249-328.

GÜNTHER, Klaus (1988). *Der Sinn für Angemessenheit: Anwendungsdiskurse in Moral und Recht*. Frankfurt am Main: Suhrkamp.

HABERMAS, Jürgen (1982). *Theorie des Kommunikativen Handelns*. 2. ed. Frankfurt am Main: Suhrkamp, vol. 1.

______ (1987). "Wie ist Legitimität durch Legalität möglich?". *Kritische Justiz* 20 (Baden-Baden: Nomos), pp. 1-16.

______ (1988a). *Nachmetaphysisches Denken: Philosophische Aufsätze*. Frankfurt am Main: Suhrkamp.

______ (1988b). *Der philosophische Diskurs der Moderne*. Frankfurt am Main: Suhrkamp.

______ (1992). *Faktizität und Geltung: Beiträge zur Diskurstheorie des Rechts und des demokratischen Rechtsstaats*. Frankfurt am Main: Suhrkamp.

______ (1996). *Die Einbeziehung des Anderen: Studien zur politischen Theorie*. Frankfurt am Main: Suhrkamp.

HAFERKAMP, Hans; SCHMID, Michael (orgs.) (1987). *Sinn, Kommunikation und soziale Differenzierung: Beiträge zu Luhmanns Theorie sozialer Systeme*. Frankfurt am Main: Suhrkamp.

HART, H. L. A. (1983). "Self-referring Laws". *In*: H. L. A. Hart. *Essays in Jurisprudence and Philosophy*. Oxford: Clarendon Press, pp. 170-8 (originariamente em: *Festskrift till Karl Olivercrona*. Estocolmo: Norstedts, 1964, pp. 307-16).

______ (1994). *The Concept of Law*. 2. ed. Oxford: Clarendon Press (1. ed. 1961).

KARGL, Waller (1991). "Gesellschaft ohne Subjekte oder Subjekte ohne Gesellschaft? Kritik der rechtssoziologischen Autopoiese-Kritik". *Zeitschrift für Rechtssoziologie* 12 (Opladen: Westdeutscher Verlag), nº 1, pp. 120-41.

KASPRZIK, Brigitta (1985). "Ist die Rechtspositivismusdebatte beendbar? Zur Rechtstheorie Niklas Luhmanns". *Rechtstheorie* 16 (Berlim: Duncker & Humblot), pp. 367-81.

KELSEN, Hans (1945). *General Theory of Law and State*. Trad. ingl. de Anders Wedberg. Cambridge, Mass: Harvard University Press.

______ (1960). *Reine Rechtslehre*. 2. ed. Viena: Franz Deuticke (reimpr. inalterada de 1983) [trad. bras.: *Teoria pura do direito*. 6. ed. São Paulo: Martins Fontes, 1998].

KRAWIETZ, Werner; WELKER, Michael (orgs.) (1992). *Kritik der Theorie sozialer Systeme: Auseinandersetzungen mit Luhmanns Hauptwerk*. 2. ed. Frankfurt am Main: Suhrkamp.

LADEUR, Karl-Heinz (1983). "'Abwägung' – ein neues Rechtsparadigma? Von der Einheit der Rechtsordnung zur Pluralität der Rechtsdiskurse". *Archiv für Rechts- und Sozialphilosophie* 69 (Wiesbaden: Steiner), pp. 463-83.

______ (1984). *"Abwägung" – ein neues Paradigma des Verwaltungsrechts: von der Einheit der Rechtsordnung zum Rechtspluralismus*. Frankfurt am Main/Nova York: Campus.

LADEUR, Karl-Heinz (1985). "Perspektiven einer post-modernen Rechtstheorie: zur Auseinandersetzung mit Niklas Luhmanns Konzept der 'Einheit des Rechtssystems'". *Rechtstheorie* 16 (Berlim: Duncker & Humblot), pp. 383-427.

______ (1986). "'Prozedurale Rationalität' – Steigerung der Legitimationsfähigkeit oder der Leistungsfähigkeit des Rechtssystems?". *Zeitschrift für Rechtssoziologie* 7 (Opladen: Westdeutscher Verlag), pp. 265-74.

______ (1987). "Ein Vorschlag zur dogmatischen Neukonstruktion des Grundrechts aus Art. 8 GG als Recht auf 'Ordnungsstörung'". *Kritische Justiz* 20 (Baden-Baden: Nomos), pp. 150-57.

______ (1990). "Selbstorganisation sozialer Systeme und Prozeduralisierung des Rechts: von der Schrankenziehung zur Steuerung von Beziehungsnetzen". *In*: D. Grimm (org.). *Wachsende Staatsaufgabe – sinkende Steuerungsfähigkeit des Rechts*. Baden-Baden: Nomos, pp. 187-216.

______ (1991). "Gesetzinterpretation, 'Richterrecht' und Konventionsbildung in kognitivistischer Perspektive – Handeln unter Ungewißheitsbedingungen und richterliches Entscheiden". *Archiv für Rechts- und Sozialphiloshophie* 77 (Stuttgart: Steiner), pp. 176-94.

______ (1992). *Postmoderne Rechstheorie: Selbstreferenz – Selbstorganisation –Prozeduralisierung*. Berlim: Duncker & Humblot.

______ (1995). *Das Umweltrecht der Wissensgesellschaft: von der Gefahrenabwehr zum Risikomanagement*. Berlim: Duncker & Humblot.

LUHMANN, Niklas (1981a). *Ausdifferenzierung des Rechts*. Frankfurt am Main: Suhrkamp.

______ (1981b). "Machtkreislauf und Recht in Demokratien". *Zeitschrift für Rechtssoziologie* 2 (Opladen: Westdeutscher Verlag), pp. 158-67.

______ (1981c). "Selbstreflexion des Rechtssystems: Rechtstheorie in gesellschaftstheoretischer Perspektive". *In*: N. Luhmann. 1981a, pp. 419-50 (originariamente em: *Rechtstheorie* 10 [1979], pp. 159-85).

LUHMANN, Niklas (1981d). "Gerechtigkeit in den Rechtssystemen der modernen Gesellschaft". *In*: N. Luhmann. 1981a, pp. 374-418 (originariamente em: *Rechtstheorie* 4 [1973], pp. 131-67).

______ (1982). *Funktion der Religion*. Frankfurt am Main: Suhrkamp.

______ (1983a). *Legitimation durch Verfahren*. Frankfurt am Main: Suhrkamp.

______ (1983b). "Die Einheit des Rechtssystems". *Rechtstheorie* 14 (Berlim: Duncker & Humblot), pp. 129-54.

______ (1984a). "Reflexive Mechanismen". *In*: N. Luhmann. *Soziologische Aufklärung 1: Aufsäfze zur Theorie sozialer Systeme*. 5. ed. Opladen: Westdeutscher Verlag, pp. 92-112 (originariamente em: *Soziale Welt* 17 [1966], pp. 1-23).

______ (1984b). "The Self-Reproduction of the Law and its Limits". *In*: F. A. de Miranda Rosa (org.). *Direito e mudança social*. Rio de Janeiro: OAB-RJ, pp. 107-28.

______ (1985). "Einige Probleme mit 'reflexivem Recht'". *Zeitschrift für Rechtssoziologie* 6 (Opladen: Westdeutscher Verlag), pp. 1-18.

______ (1986a). *Ökologische Kommunikation: Kann die moderne Gesellschaft sich auf ökologische Gefährdungen einstellen?* Opladen: Westdeutscher Verlag.

______ (1986b). "Die Codierung des Rechtssystems". *Rechtstheorie* 17 (Berlim: Duncker & Humblot), pp. 171-203.

______ (1987a). *Soziale Systeme: Grundriß einer allgemeinen Theorie*. Frankfurt am Main: Suhrkamp.

______ (1987b). *Rechtssoziologie*. 3. ed. Opladen: Westdeutscher Verlag.

______ (1987c). "Autopoiesis als soziologischer Begriff". *In*: H. Haferkamp e M. Schmid (orgs.). 1987, pp. 307-24.

______ (1988a). *Macht*. 2. ed. Stuttgart: Enke.

______ (1988b). "Positivität als Selbstbestimmtheit des Rechts". *Rechtstheorie* 19 (Berlim: Duncker & Humblot), pp. 11-27.

______ (1990a). *Die Wissenschaft der Gesellschaft*. Frankfurt am Main: Suhrkamp.

LUHMANN, Niklas (1990b). "Interesse und Interessenjurisprudenz im Spannungsfeld von Gesetzgebung und Rechtsprechung". *Zeitschrift für Neuere Rechtsgeschichte* 12 (Viena: Manz), pp. 1-13.

______ (1990c). "Verfassung als evolutionäre Errungenschaft". *Rechtshistorisches Journal* 9 (Frankfurt am Main: Löwenklau), pp. 176-220.

______ (1991). "Steuerung durch Recht? Einige klarstellende Bemerkungen". *Zeitschrift für Rechtssoziologie* 12 (Opladen: Westdeutscher Verlag), pp. 142-46.

______ (1993). *Das Recht der Gesellschaft*. Frankfurt am Main: Suhrkamp.

______ (1995). *Soziologische Aufklärung 6: Die Soziologie und der Mensch*. Opladen: Westdeutscher Verlag.

______ (1996). "Quod Omnes Tangit: Remarks on Jürgen Habermas's Legal Theory". *Cardozo Law Review* 17 (Nova York: Benjamin N. Cardozo School of Law – Yeshiva University), pp. 883-99.

______ (1997). *Die Gesellschaft der Gesellschaft*. Frankfurt am Main: Suhrkamp, 2 tomos.

MATURANA, Humberto R. (1982). *Erkennen: Die Organisation und Verkörperung von Wirklichkeit. Ausgewählte Arbeiten zur biologischen Epistemologie*. Trad. alemã de Wolfgang K. Köck. Braunschweig/Wiesbaden: Vieweg.

______; VARELA, Francisco J. (1980). *Autopoiesis and Cognition: The Realization of the Living*. Dordrecht: D. Reidel Publishing Company.

______; ______ (1987). *Der Baum der Erkenntnis: Die biologischen Wurzeln des menschlichen Erkennens*. Trad. alemã de Kurt Ludewig. 3. ed. Berna/Munique/Viena: Scherz.

MÜLLER, Friedrich (1994). *Strukturierende Rechtslehre*. 2. ed. Berlim: Duncker & Humblot.

______ (1995). *Juristische Methodik*. 6. ed. Berlim: Duncker & Humblot.

______ (1997). *Wer ist das Volk? Die Grundfrage der Demokratie – Elemente einer Verfassungstheorie VI*. Berlim: Duncker & Humblot.

MÜNCH, Richard (1985). "Die sprachlose Systemtheorie. Systemdifferenzierung, reflexives Recht, reflexive Selbststeuerung und Integration durch Indifferenz. Kommentar zu Gunther Teubner und Helmut Willke (ZfRSoz 5, 1984, pp. 4-35)". *Zeitschrift für Rechtssoziologie* 6 (Opladen: Westdeutscher Verlag), nº 1, pp. 19-28.

NAHAMOWITZ, Peter (1985). "'Reflexives Recht': Das unmögliche Ideal eines post-interventionistischen Steuerungskonzepts". *Zeitschrift für Rechtssoziologie* 6 (Opladen: Westdeutscher Verlag), pp. 29-44.

______ (1990). "Autopoietische Rechtstheorie: mit dem baldigen Ableben ist zu rechnen – Kritische Anmerkungen zu: Gunther Teubner, Recht als autopoietisches System". *Zeitschrift für Rechtssoziologie* 11 (Opladen: Westdeutscher Verlag), nº 1, pp. 137-60.

NEVES, Marcelo (1992). *Verfassung und Positivität des Rechts in der peripheren Moderne: Eine theoretische Betrachtung und eine Interpretation des Falls Brasilien*. Berlim: Duncker & Humblot.

______ (1994). "Entre subintegração e sobreintegração: a cidadania inexistente". *Dados – Revista de Ciências Sociais* (Rio de Janeiro: Iuperj), vol. 37, nº 2, pp. 253-75.

______ (1995). "Do pluralismo jurídico à miscelânea social: o problema da falta de identidade da(s) esfera(s) de juridicidade na modernidade periférica e suas implicações na América Latina". *Direito em Debate* (Ijuí-RS: Universidade de Ijuí), vol. 4, nº 5, pp. 7-37.

______ (1998). *Symbolische Konstitutionalisierung*. Berlim: Duncker & Humblot.

O'DONNELL, Guillermo (1999). "Polyarchies and the (Un)Rule of Law in Latin America: A Partial Conclusion". *In*: J. E. Méndez *et al.* (orgs.). *The (Un)Rule of Law and the Underprivileged in Latin America*. Notre Dame, Indiana: University of Notre Dame Press.

OST, François (1986). "Entre ordre et désodre: le jeu du droit. Discussion du paradigm autopoïétique appliqué au droit". *Archives de Philosophie du Droit* 31 (Paris: Sirey), pp. 133-62.

PAWLIK, Michael (1994). "Die Lehre von der Grundnorm als eine Theorie der Beobachtung zweiter Ordnung". *Rechtstheorie* 25 (Berlim: Duncker & Humblot), pp. 451-7.

REISINGER, Leo (1982). "Der Staatsbegriff Kelsens und Luhmanns Theorie sozialer Systeme". *Rechtstheorie*, número suplementar [*Beiheft*] 4 (Berlim: Duncker & Humblot), pp. 483-90.

ROSENFELD, Michel (1998). *Just Interpretations: Law between Ethics and Politics*. Berkeley/Los Angeles: University of California Press.

ROSS, Alf (1959). *On Law and Justice*. Berkeley/Los Angeles: University of California Press.

______ (1969). "On Self-Reference and a Puzzle in Constitutional Law". *Mind* 78 (Oxford: Blackwell), pp. 1-24.

SOUTO, Cláudio (1978). *Teoria sociológica do direito e prática forense*. Porto Alegre: Fabris.

______ (1984). *Allgemeinste wissenschaftliche Grundlagen des Sozialen*. Wiesbaden: Steiner.

______ (1992). *Ciência e Ética no Direito: uma alternativa de modernidade*. Porto Alegre: Fabris.

______; SOUTO, Solange (1981). *Sociologia do direito*. Rio de Janeiro/São Paulo: Livros Técnicos e Científicos/Edusp.

TEUBNER, Gunther (1982). "Reflexives Recht: Entwicklungsmodelle des Rechts in vergleichender Perspektive". *Archiv für Rechts- und Sozialphilosophie* 68 (Wiesbaden: Steiner), pp. 13-59.

______ (1987a). "Hyperzyklus in Recht und Organisation. Zum Verhältnis von Selbstbeobachtung, Selbstkonstitution und Autopoiese". *In*: H. Haferkamp e M. Schmid (orgs.). 1987, pp. 89-128.

______ (1987b). "Episodenverknüpfung. Zur Steigerung von Selbstreferenz im Recht". *In*: D. Baecker *et al.* (orgs.). 1987, pp. 423-46.

______ (org.) (1987c). *Autopoietic Law: A New Approach to Law and Society*. Berlim/Nova York: Walter de Gruyter.

______ (1988). "Gesellschaftsordnung durch Gesetzgebungslärm? Autopoietische Geschlossenheit als Problem für die Rechtssetzung". *In*: D. Grimm e W. Maihofer (orgs.). *Gesetzgebungstheorie und Rechtspolitik (Jahrbuch für Rechtssoziologie und Rechtstheorie* 13*)*. Opladen: Westdeuscher Verlag, pp. 45-64.

TEUBNER, Gunther (1989). *Recht als autopoietisches System*. Frankfurt am Main: Suhrkamp.

______ (1996a). "Altera Pars Audiatur: Das Recht in der Kollision anderer Universalitätsansprüche". *Archiv für Rechts- und Sozialphilosophie*, suplemento [*Beiheft*] 65 (Wiesbaden: Steiner), pp. 199-220.

______ (1996b). "De Collisione Discursuum: Communicative Rationalities in Law, Morality, and Politics". *In*: J. Habermas *et al. Habermas on Law and Democracy: Critical Exchanges. Cardozo Law Review* 17 (Nova York: Benjamin N. Cardozo School of Law – Yeshiva University), n°s 4-5, pp. 901-18.

______ (1998). "Nach der Privatisierung? Diskurskonflikte im Privatrecht". *Zeitschrift für Rechtssoziologie* 19 (Opladen: Westdeutscher Verlag), pp. 8-36.

______; FEBBRAJO, Alberto (orgs.) (1992). *State, Law, and Economy as Autopoietic Systems: Regulation and autonomy in a new perspective* (*EYSL – European Yearbook in the Sociology of Law 91/92*). Milão: Giuffrè.

______; WILLKE, Helmut (1984). "Kontext und Autonomie: Gesellschaftliche Selbststeuerung durch reflexives Recht". *Zeitschrift für Rechtssoziologie* 6 (Opladen: Westdeutscher Verlag), pp. 4-35.

VARELA, Francisco (1983). "L'auto-organisation : de l'apparence au mécanisme". *In*: P. Dumouchel e J.-P. Dupuy (orgs.). *L'auto-organisation : de la physique au politique*. Paris: Seuil, pp. 147-62.

WELSCH, Wolfgang (1991). "Gesellschaft ohne Meta-Erzählung?". *In*: W. Zapf (org.). *Die Modernisierung moderner Gesellschaften: Verhandlungen des 25. Deutschen Soziologentages in Frankfurt am Main 1990*. Frankfurt am Main/Nova York: Campus, pp. 174-84.

ZOLO, Danilo (1986). "Autopoiesis: un paradigma conservatore". *Micro Mega* 1 (Roma: Periodici Culturale), pp. 129-73.

GRÁFICA PAYM
Tel. [11] 4392-3344
paym@graficapaym.com.br